职业技能等级认定培训教程

物业管理师

（基础知识）

中国就业培训技术指导中心
人力资源和社会保障部职业技能鉴定中心　组织编写

中国劳动社会保障出版社

图书在版编目（CIP）数据

物业管理师.基础知识／中国就业培训技术指导中心，人力资源和社会保障部职业技能鉴定中心组织编写. -- 北京：中国劳动社会保障出版社，2024

职业技能等级认定培训教程

ISBN 978 - 7 - 5167 - 6310 - 0

Ⅰ.①物… Ⅱ.①中… ②人… Ⅲ.①物业管理-职业技能-鉴定-教材 Ⅳ.①F293.33

中国国家版本馆 CIP 数据核字（2024）第 040236 号

物业管理师（基础知识）
WUYE GUANLISHI（JICHU ZHISHI）

中国劳动社会保障出版社出版发行

（北京市惠新东街1号　邮政编码：100029）

*

保定市中画美凯印刷有限公司印刷装订　　新华书店经销

787 毫米×1092 毫米　16 开本　14.75 印张　230 千字

2024 年 3 月第 1 版　2025 年 5 月第 2 次印刷

定价：45.00 元

营销中心电话：400 - 606 - 6496

出版社网址：https://www.class.com.cn

版权专有　　侵权必究

如有印装差错，请与本社联系调换：（010）81211666

我社将与版权执法机关配合，大力打击盗印、销售和使用盗版图书活动，敬请广大读者协助举报，经查实将给予举报者奖励。

举报电话：（010）64954652

职业技能等级认定培训教程
编审委员会

主　任　吴礼舵　张　斌　韩智力
副主任　葛恒双　葛　玮
委　员　李　克　朱　兵　赵　欢　王小兵
　　　　　贾成千　吕红文　瞿伟洁　高　文
　　　　　郑丽媛　陆照亮　刘维伟

本书编审人员

主　编　鲁　捷　于军峰
副主编　王晓华　杨学英　熊芸露
主　审　周心怡
审　稿　陈德豪　翁国强　李　璐

前　言

为加快建立劳动者终身职业技能培训制度，全面推行职业技能等级制度，推进技能人才评价制度改革，进一步规范培训管理，提高培训质量，中国就业培训技术指导中心、人力资源和社会保障部职业技能鉴定中心组织有关专家在《物业管理师国家职业技能标准（2023年版）》（以下简称《标准》）制定工作基础上，编写了物业管理师职业技能等级认定培训教程（以下简称物业管理师等级教程）。

物业管理师等级教程紧贴《标准》要求编写，内容上突出职业能力优先的编写原则，结构上按照职业功能模块分级别编写。该等级教程共包括《物业管理师（基础知识）》《物业管理师（四级）》《物业管理师（三级）》《物业管理师（二级）》《物业管理师（一级）》5本。《物业管理师（基础知识）》是各级别物业管理师均需掌握的基础知识，其他各级别教程内容分别包括各级别物业管理师应掌握的理论知识和操作技能。

本书是物业管理师等级教程中的一本，是职业技能等级认定推荐教程，也是职业技能等级认定题库开发的重要依据，适用于职业技能等级认定培训和中短期职业技能培训。

本书在编写过程中得到前海勤博教育科技（深圳）有限公司的大力支持以及深圳市龙华区勤博职业技能培训中心、深圳市普华博睿公共管理和行业标准化研究中心、内蒙古宏泰物业服务评估监理有限公司、深圳市星河产业投资发展集团有限公司、兰州城关物业服务集团有限公司、新大正物业集团股份有限公司、碧桂园服务控股有限公司、彩生活服务集团有限公司、福晟生活服务集团有限公司、黑龙江万瑞物业管理有限公司等单位的协助，在此一并表示衷心感谢。

中国就业培训技术指导中心
人力资源和社会保障部职业技能鉴定中心

目 录 CONTENTS

培训模块一　职业道德与职业守则
培训项目1　职业道德 …………………………………………………… 3
培训项目2　职业守则 …………………………………………………… 17

培训模块二　物业管理概述
培训项目1　物业、物权与物业管理的概念 …………………………… 23
培训项目2　物业管理的产生与发展 …………………………………… 40
培训项目3　物业管理的基本制度 ……………………………………… 43
培训项目4　物业管理基本制度建设的历史沿革 ……………………… 47
培训项目5　物业管理的性质与原则 …………………………………… 53
培训项目6　物业管理的主要内容和环节 ……………………………… 57
培训项目7　物业管理服务质量与标准 ………………………………… 64
培训项目8　物业管理行业从业人员的素质要求 ……………………… 73

培训模块三　物业管理机构基本知识
培训项目1　物业服务企业知识 ………………………………………… 79
培训项目2　业主大会及业主委员会 …………………………………… 85
培训项目3　建设单位知识 ……………………………………………… 98
培训项目4　专业性服务企业知识 ……………………………………… 103

培训模块四　物业管理相关知识
培训项目1　建筑工程基础知识 ………………………………………… 109
培训项目2　消防基础知识 ……………………………………………… 125
培训项目3　环境保护基础知识 ………………………………………… 140
培训项目4　信息技术应用基础知识 …………………………………… 154

培训模块五　物业管理相关法律法规知识

培训项目1　物业管理相关法律知识……………………………………… 167

培训项目2　物业管理相关行政法规知识…………………………………… 194

培训项目3　物业管理相关部门规章知识…………………………………… 202

培训项目4　物业管理相关技术标准知识…………………………………… 225

培训模块 一
职业道德与职业守则

培训项目 1

职业道德

一、职业

1. 职业的含义

职业是指人们为满足社会生产和个人生活需要，利用专门的知识和技能，所从事的某种相对稳定的工作。

对于从业人员来说，职业有三个方面的含义：第一，职业是人们谋生的手段和方式；第二，人们通过职业劳动使自己的体力、智力和技能水平不断得到发展和完善；第三，人们通过自己的职业劳动，履行对社会和他人的责任。承担特定的社会责任是职业的本质。

2. 职业的特征

（1）经济性。职业的经济性具有两层含义：第一，职业活动能够为社会创造物质财富和精神财富，带来经济贡献；第二，职业活动是以获得经济报酬为目的开展的经济活动。劳动者通过职业活动获得经济收入，以此来满足自己和家人的生活需要。

（2）社会性。职业是依据社会分工需要而产生的，是人类社会分工的产物，人们的职业劳动是与其他社会成员相互关联、相互服务的社会活动。

（3）稳定性。职业是在长期生产活动中逐步产生和发展的，并且能在产生后相对稳定地存在于一定时期甚至长期稳定存在。

（4）规范性。职业活动必须符合国家的法律和社会的道德规范，符合与其相关的操作规范。

（5）技术性。职业的技术性是指由于每一种职业的劳动过程中都有特定的活动内容、活动方式，因此，每一种职业对其劳动对象、劳动条件、劳动方式有相应的技术性要求。

（6）群体性。职业的群体性是指职业的存在和发展必须具有一定的从业人数。任何一种职业活动都是有一定数量的从业人员参加的群体性活动。凡是从业人员达不到一定数量规模的活动，都不能称为职业活动。

3. 职业的构成要素

构成职业的五个要素是：职业名称、职业主体、职业客体、职业报酬和职业技术。

（1）职业名称。职业名称是职业的符号特征，一般用社会通用的称谓来命名。

（2）职业主体。职业主体是指从事某一职业的劳动者，其必须具有承担该职业活动所需要的资格和能力。

（3）职业客体。职业客体是指职业活动的工作对象、内容、劳动方式和场所等。

（4）职业报酬。职业报酬是指通过职业活动所取得的经济报酬。

（5）职业技术。职业技术是指劳动者在从事职业活动中所运用的自然技术、社会技术与思维技术的总和。

4. 职业分类

职业分类是指按照一定的规则、标准以及方法，根据职业的性质和特点，把一般特征和本质特征相同或相似的社会职业分类并统一归纳到一定的类别系统中。社会分工是职业分类的依据。在分工体系的每一个环节中，劳动对象、劳动工具以及劳动的支出形式都有其特殊性，这种特殊性决定了各种职业之间的区别。

在《中华人民共和国职业分类大典（2022年版）》中，物业管理师属于国家职业分类中第四大类社会生产服务和生活服务人员中的第六中类房地产服务人员中的第一小类物业管理服务人员中的一个职业，职业编码为：4-06-01-01。

物业管理师的职业定义为：接受业主委托，组织相关资源，为业主提供建筑物及其附属设施的维修、养护、管理，环境卫生和公共秩序维护等服务的人员。

主要工作任务有：

（1）编制物业管理服务方案。

（2）组织房屋及配套设施设备的运维管理。

（3）组织维护物业服务区域内公共秩序，进行清洁、绿化、消杀等环境服务。

（4）选择、管理及评价供应商，经营管理物业资产。

（5）组织客户满意度调查、分析客户意见和需求，改进服务，维护客户关系、公共关系。

（6）识别防范物业管理风险，开展危机公关。

（7）配合开展社区治理等工作。

5. 职业资格

职业资格是对从事某一职业所必备的学识、技术和能力的基本要求。

当前我国对职业资格实行清单式管理，将职业资格分为准入类职业资格和水平评价类职业资格。准入类职业资格，其所涉职业（工种）必须关系公共利益或涉及国家安全、公共安全、人身健康、生命财产安全，且必须有法律法规或国务院决定作为依据；水平评价类职业资格，其所涉职业（工种）应具有较强的专业性和社会通用性，技术技能要求较高，行业管理和人才队伍建设确实需要。

2019年12月，国务院常务会议决定分步取消水平评价类技能人员职业资格，推行社会化职业技能等级认定。除与公共安全、人身健康、生命财产安全等密切相关的职业（工种）拟依法调整为准入类职业资格外，将其他水平评价类技能人员职业资格全部退出国家职业资格目录，不再由政府或其授权的单位认定发证；同时推行职业技能等级制度，由相关社会组织或用人单位按标准依规范开展职业技能等级评价、颁发证书。

6. 国家职业标准

（1）职业技能的含义。职业技能是指从业人员从事职业劳动和完成岗位工作应具有的业务素质，包括职业知识、职业技术和职业能力。其中职业知识包含基础知识、专业知识及包括人文素养等在内的其他知识；职业技术指从业人员驾驭本职业或岗位的科学技术；职业能力既指与职业相关的技能，也指从业人员需要具备的综合能力，包括学习能力、组织能力、交往和合作能力、专业能力、自主性和承受能力等。

（2）国家职业标准的含义。国家职业标准是在职业分类的基础上，根据职业活动内容，对从事本职业应具备的知识和技能要求提出的综合性水平规定。它是开展职业教育培训和技能人才评价的基本依据。国家职业标准包括职业概况、基本要求、工作要求和权重表四个部分。其中工作要求为国家职业标准的核心部分。它是在分析、细化职业活动的基础上，对从业人员完成本职业具体工作所应具备的技能要求和相关知识要求的描述。工作要求包括职业功能、工作内容、技能要求、相关知识要求。其中职业功能是指从业人员所要实现的工作目标，或本职业活动的主要方面（活动项目）；工作内容是指完成职业功能所应做的工作，是职业功能的细分。

（3）物业管理师国家职业标准。物业管理师国家职业标准经人力资源社会保障部、住房城乡建设部批准，于2023年3月公布、施行。该标准以"职业活动为导向、职业技能为核心"为指导思想，对物业管理师从业人员的职业活动内容进行了规范细致描述，对各等级从业人员的技能水平和理论知识水平进行了明确规定，物业管理师职业共设四个等级，分别为四级/中级工、三级/高级工、二级/技师和一级/高级技师。该标准包括职业概况、基本要求、工作要求和权重表四个方面的内容，含有物业管理项目投标、行政综合管理、物业运维管理服务、环境管理、客户服务与公共关系维护、物业资产管理、供应商管理、质量管理和风险管理九个职业功能。

二、道德

1. 道德的含义

马克思主义伦理学认为，道德是由一定社会的经济关系所决定的社会意识形态，是以善恶为评价标准，依靠社会舆论、传统习惯和内心信念所维持的，调整人们之间以及个人与社会之间关系的行为规范的总和。可以从以下几个方面来把握道德的含义。

第一，道德是调整人与人、人与环境、人与自我之间关系的行为规范，它伴随着人类社会的始终，在维持人类社会的和谐与稳定方面发挥着不可替代的作用。

第二，道德依靠社会舆论、传统习惯和内心信念来发挥自身的作用。道德通过社会舆论、传统习惯转变人们内心的道德要求、道德信念和道德理想，并表现为人们的自觉自愿行为。只有当社会舆论和传统习惯认为某种行为是道德的，并在人们的内心被接受和认可时，其作用才能显现出来。

第三，道德以善恶作为评价标准来评价和规范人们的行为。道德通过善恶评价，运用应该不应该的方式来调节人们的行为，引导人们扬善去恶，成为品质高尚的人。道德会渗透到其他各种类型的规范之中，成为它们的有机组成部分，如渗入职场，形成职业道德等。

第四，道德是由一定社会的经济关系所决定的意识形态。也就是说，道德属于上层建筑和意识形态，道德深深地根植于社会经济关系的土壤之中，有什么样的经济关系，就必然会有什么样的道德。社会经济关系所表现出来的利益直接决定道德的基本原则和主要规范，经济关系改变了，道德也会或迟或早地发生变化。

2. 道德的表现形式

道德主要表现为家庭美德、社会公德和职业道德三种形式。作为从事某一特定职业的从业人员，首先要结合自身实际，加强职业道德修养，担负职业道德责任；同时，作为社会一员和家庭的重要成员，也要加强社会公德、家庭美德修养，担负起应尽的社会责任和家庭责任。

3. 道德的功能与作用

道德作为人类社会生活发展到一定阶段的必然产物，既源于人的社会生活需要，也服务于人的社会生活需要。道德具有认识、调节、规范和教育等功能，这些功能在培养和塑造人才、维护社会秩序和稳定方面起着重要作用。

（1）道德的认识功能。道德是引导人们追求真善美的指南针。恩格斯在《反杜林论》中指出："人们自觉地或不自觉地，归根到底总是从他们阶级地位所依据的实际关系中……获得自己的伦理观念。"道德借助于道德观念、道德准则、道德理想等形式，引导人们认识社会生活的规律和原则，认识自己对家庭、对他人、对社会、对国家应负的责任和应尽的义务，从而帮助人们在明辨善恶的认识基础上进行道德选择并建立道德行为。

（2）道德的调节功能。道德是社会矛盾的调节器。社会是由不同阶级、阶层、团体、个人构成的，他们之间存在着合作协调，也不可避免会发生各种矛盾。道德的调节功能即是依靠社会舆论、风俗习惯和内心信念的力量，让人们自觉约束自我、节制自我、规范自己的行为，协调各种利益冲突，保障社会良性秩序，使人与人之间、个人与社会之间关系臻于完善与和谐。

（3）道德的规范功能。道德是规范行为的戒尺。道德能规范人们在职业领域、社会公共领域、家庭领域的行为，能指导人们以什么行为标准处理个人利益和整体利益的关系，能教导人们认识自己对家庭、对他人、对社会、对国家应负的责任和应尽的义务。

（4）道德的教育功能。道德是催人奋进的引路人。道德通过教育功能，唤起人们向善的积极性，培养个人的道德意识、道德情感和道德行为，树立正确的义务、荣誉、正义和幸福等观念，对人进行指导，陶冶人的情操，提高人的精神境界，使人逐步成为道德高尚的人。

4. 我国公民道德实践要求

（1）《"十四五"文化发展规划》相关要求。2022年8月，中共中央办公厅、国务院办公厅印发了《"十四五"文化发展规划》（以下简称《规划》）。

《规划》第四部分明确：加强新时代思想道德建设和群众性精神文明创建。坚持依法治国和以德治国相结合，深入贯彻落实《新时代公民道德建设实施纲要》《新时代爱国主义教育实施纲要》，推动形成适应新时代要求的思想观念、精神面貌、文明风尚、行为规范，培养担当民族复兴大任的时代新人。

针对公民道德建设，《规划》中要求：传承弘扬中华传统美德，加强社会公德、职业道德、家庭美德、个人品德建设，加强家庭、家教、家风建设。加强对革命、建设、改革时期各类先进典型的学习宣传，尊崇褒扬英雄模范，关心关爱先进典型人物。健全家庭、学校、政府、社会相结合的思想道德教育体系，把立德树人贯穿学校教育全过程。发挥优秀文化产品陶冶道德情操的作用，完善市民公约、乡规民约、学生守则、团体章程等社会规范，广泛开展弘扬时代新风行动，深化道德领域突出问题治理。

（2）《新时代公民道德建设实施纲要》相关要求。2019年10月，中共中央、国务院印发了《新时代公民道德建设实施纲要》（以下简称《纲要》），对新时代公民道德建设提出了总体要求和重点任务，并对深化道德教育引导、抓好网络空间道德建设等方面的工作作了具体安排。

《纲要》强调，加强公民道德建设是一项长期而紧迫、艰巨而复杂的任务，要适应新时代新要求，坚持目标导向和问题导向相统一，进一步加大工作力度，把握规律、积极创新，持之以恒、久久为功，推动全民道德素质和社会文明程度达到一个新高度。

《纲要》要求，要把社会公德、职业道德、家庭美德、个人品德建设作为着力点。推动践行以文明礼貌、助人为乐、爱护公物、保护环境、遵纪守法为主要内容的社会公德，鼓励人们在社会上做一个好公民；推动践行以爱岗敬业、诚实守信、办事公道、热情服务、奉献社会为主要内容的职业道德，鼓励人们在工作中做一个好建设者；推动践行以尊老爱幼、男女平等、夫妻和睦、勤俭持家、邻里互助为主要内容的家庭美德，鼓励人们在家庭里做一个好成员；推动践行以爱国奉献、明礼遵规、勤劳善良、宽厚正直、自强自律为主要内容的个人品德，鼓励人们在日常生活中养成好品行。

三、职业道德概述

1. 职业道德的概念

职业道德是指从业人员在职业活动中应该遵循的符合职业特征且能调整职业关系的职业行为准则和规范。它既是从业人员在职业活动中的行为标准和要求，也是该职业对社会所负的道德责任与义务。

2. 职业道德的核心思想和基本原则

社会主义职业道德的核心思想是为人民服务。为人民服务是指一切从人民的利益出发，热爱人民、服务人民、关心人民，坚持维护广大人民的利益。我国是社会主义国家，社会主义的生产目的是不断满足人民群众日益增长的物质和文化需求，因此，把为人民服务作为社会主义职业道德的核心，集中体现了社会主义职业道德的根本要求。这一核心具体到物业管理师职业道德上，就是指全心全意为业主服务，坚决维护业主切身利益。

社会主义职业道德的基本原则是集体主义。集体主义是一种先公后私、公私兼顾的思想，是强调集体利益高于个人利益、全局利益高于局部利益、长远利益高于眼前利益、兼顾集体利益与个人利益的价值观念和行为准则。集体主义作为物业管理师职业道德的基本原则，要求从业人员能正确处理个人利益和集体利益、国家利益之间的关系，发挥集体主义精神，克服利己思想，把集体主义原则贯彻落实到物业管理实践活动中。

3. 职业道德的特征

（1）职业性。职业道德的内容与职业活动紧密关联，反映着特定职业活动对从业人员行为的道德要求，并且通过从业人员的职业活动予以体现。

（2）普遍性。职业道德的普遍性，既表现在职业道德作为从业人员的基本行为规范，要求所有从业人员都要共同遵守，也表现在每一种职业的职业道德的原则和价值观都普遍相同。

（3）自律性。职业道德的自律性是指当从业人员内心认同、敬畏和尊崇职业道德时，会自觉依据职业道德，对自身利益和欲望加以节制，对自身职业行为进行自我约束、控制。

（4）他律性。从业人员在职业活动中，随时都会受到社会舆论对职业道德的宣传、监督的影响。通过社会舆论营造职业道德良好的社会氛围、行业风气、职业环境，可以有效地促进从业人员遵守职业道德，实现社会监督。

（5）继承性。职业道德是在长期实践过程中形成的并对职业活动起着积极作用，许多职业道德往往被作为经验和传统继承了下来。即使在不同的社会发展阶段，职业行为的道德要求的核心内容也能被继承和发扬，从而形成了被不同社会发展阶段普遍认同的职业道德规范，如"诚信""敬业""公平"等。中华民族正是通过对这些优秀的思想道德文化的传承，充分体现出文化自信。

4. 职业道德的作用

（1）有助于保证从业人员个人发展。职业道德对于从业人员个人发展至关重要。在现代社会里，职业角色是人们最重要的社会身份之一，职业活动是人们一生中最经常的活动，它占据着人们的大部分生活时间和空间。职业道德会直接影响从业人员对生活目标的确立和生活道路的选择，以及其道德观念和评价社会行为的道德标准，决定他以何种态度投入职业劳动、以何种精神状态投入职业生活。因而，职业道德对从业人员的道德品质的形成有重要影响，也是每个从业人员自我实现的重要保证。

（2）有助于调节职业交往中人与人之间的关系。职业道德的基本职能之一是调节职能。职业道德一方面可以调节从业人员内部的关系，即运用职业道德规范约束职业内部人员的行为，促进职业内部人员的团结与合作。如职业道德规范要求各行各业的从业人员都要团结、互助、爱岗、敬业，齐心协力地为发展本行业、本职业服务。另一方面，职业道德又可以调节从业人员和服务对象之间的关系，能帮助减少和避免矛盾发生，形成良好的社会关系。

（3）有助于维护和提高本行业的信誉。一个行业的信誉，也就是它的形象、信用和声誉，是指行业在社会公众中的受信任程度，需要本行业从业人员共同维护。职业道德是所有从业人员在活动中应该遵循的基本行为准则，它可以规范从业人员职业活动健康有序地进行，纠正行业的不正之风，从而塑造良好的职业形象，有助于维护并提升本行业形象和声誉，进一步促进行业发展。

（4）有助于提高全社会的道德水平。职业道德是社会道德的重要组成部分。如果每个从业人员都能够做到对自己负责、对工作负责、对社会负责，形成良好的职业道德精神，将对每个行业形成良好的职业道德风尚起到示范引领作用，从而有助于社会道德水平的整体提高。

5. 职业道德的基本要素

从职业道德的共性分析，职业道德的基本要素包含职业义务、职业权力、职业责任、职业纪律、职业良心、职业荣誉、职业幸福和职业理想八项内容，它们相互配合，形成严谨的职业道德模式。

（1）职业义务。职业义务是指从业人员在职业活动中对他人、对社会应尽的责任。它既包括社会和群众对某一职业及从业人员的职业行为提出的道德要求，又包括从业人员对他人、对社会应承担的道德责任。

职业义务具有利他性的基本特点。职业义务的利他性是指从业人员在尽职业义务时，自觉地做出了有利于他人、有利于社会的行为，这种行为的客观效果是对他人有利，而不是对自己有利，甚至有时还要作出某种程度上的自我牺牲。

（2）职业权力。职业权力是指从业人员在自己的职业范围内或职业活动中拥有的支配人、财、物的力量。

职业权力具有权威性，从业人员在职业活动中对他人、工作资源有一定约束力量和支配力量以保证职业活动顺利完成。职业权力来源于职业本身，应当用于职业发展；来源于人民赐予，应当服务于人民事业；来源于社会分工，应当谋利于社会公益。不能把它作为个人、单位或行业牟取私利的工具。

（3）职业责任。职业责任是指从事某种职业的个人，对他人、集体和社会所应承担的责任。各行各业的职业责任各不相同，但忠于职守、尽心尽力、保质保量按时完成党和国家、行业、单位交给自己的各项任务，都是共同的职业责任要求。

职业责任具有差异性、独立性和强制性三个特点。职业责任的差异性是指不同的职业岗位因其性质、功能、业务规范、技术要求以及与其他职业岗位的相互关系的千差万别，职业责任各不相同。职业责任的独立性是指从业人员在履行本岗位职责时相对独立，一般不容他人干预。职业责任的强制性是指职业责任是通过制定具体业务规章制度、岗位职责、条例、公约、守则等实现的，带有一定的强制性。

（4）职业纪律。职业纪律是指在特定的职业活动范围内从事某种职业的人们必须共同遵守的行为准则，它包括劳动纪律、组织纪律、财经纪律、群众纪律、保密纪律、宣传纪律、外事纪律等基本纪律要求以及各行各业的特殊纪律要求。

职业纪律具有一致性、特殊性和强制性三个特点。职业纪律的一致性是指各行各业的职业纪律的基本要求是一致的,主要反映在劳动纪律、组织纪律、财经纪律和群众纪律等方面。职业纪律的特殊性是指各种职业的特点不同,在职业纪律方面有一些有别于其他职业的特殊要求。职业纪律的强制性是指职业纪律以明文规定的守则、制度,以强制性手段让人们服从的特性。

(5)职业良心。职业良心是指从业人员在履行职业义务的过程中所形成的职业责任感以及对自己职业行为的稳定的自我评价与自我调节的能力。

职业良心有个体表现与群体表现两种形式。个体表现是指从业人员在职业活动中对工作的负责精神、对他人的同情感、对社会的责任感、对自己职业行为的是非感和对错误行为的羞耻感;职业良心的群体表现是指职业良心以单位、行业的整体方式表现出来。

职业良心具有时代性、内隐性和自育性三个特点。职业良心的时代性是指职业良心是人们在职业生活中逐渐形成的,受时代发展影响,与时代紧密相连。职业良心的内隐性是指职业良心是一种深藏于内心之中,平时不易显现的道德情感。职业良心的自育性是指职业良心是在职业生活中,靠树立正确的信仰、培养自己的仁爱之心、自觉参加道德实践,经过自我培养、自我教育形成的。

(6)职业荣誉。职业荣誉包含两个方面的含义:一是指社会对职业行为的社会价值所作出的公认的客观评价;二是指从业人员对自己职业行为价值的主观认识。当一个从业人员职业行为的社会价值赢得社会公认时,就会由此产生荣誉感;反之,就会产生耻辱感。

职业荣誉具有激励性和多样性两个特点。职业荣誉的激励性是指争取荣誉、避免耻辱的愿望往往是激励从业人员奋发向上的精神力量。职业荣誉的多样性是指因为职业活动的内容多种多样,获得职业荣誉的主题也不同,因而职业荣誉呈现出多样化特征。

(7)职业幸福。职业幸福是指从业人员在具体的职业活动中,由于奋斗目标、职业理想的实现而获得的精神上的满足和愉悦。

职业幸福具有层次性和广泛性两个特点。职业幸福的层次性是指不同层次的从业人员都有与自己所处层次相对应的职业幸福。职业幸福的广泛性是指每一种职业、每一个从业人员都有自己的职业幸福。

(8)职业理想。职业理想是指人们依据社会要求和个人条件,借想象而确定的个人职业发展目标,它与职业生涯选择息息相关。

职业理想具有差异性、发展性和时代性三个特点。职业理想的差异性表现在一个人选择什么样的职业，与他的思想品德、知识结构、能力水平、兴趣爱好等都有很大的关系。职业理想的发展性是指一个人的职业理想的内容会因时因地因事不同而变化。随着年龄的增长、社会阅历的增加、知识水平的提高，职业理想会由朦胧变得清晰，由幻想变得理智，由波动变得稳定。职业理想的时代性是指由于生产力发展的水平不同、社会实践的深度和广度的不同，人们的职业追求目标也会不同。

6. 职业道德与其他道德规范的关系

《新时代公民道德建设实施纲要》提出：新时代公民道德建设，要把社会公德、职业道德、家庭美德、个人品德作为着力点。全面推进社会公德、职业道德、家庭美德、个人品德建设，持续强化教育引导、实践养成、制度保障，不断提升公民道德素质。职业道德与社会公德、家庭美德、个人品德共同构成道德规范的四个方面。

社会公德是为全体公民所公认的，在公共生活中应该共同遵守的行为准则。它是几千年来人们在长期的社会实践中逐渐形成的，用以维持共同生活所需的最简单的、最起码的公共生活规则，也是维护社会成员之间最基本的社会关系秩序、保证社会和谐稳定的最起码的道德要求。社会公德的主要内容是：文明礼貌、助人为乐、爱护公物、保护环境、遵纪守法。职业道德与社会公德息息相关、相辅相成，从某种意义上说，职业道德属于社会公德的组成部分，包含和体现着社会公德的要求。如热情友好、诚实待人等，既是职业道德的要求，也是社会公德的内容。

家庭美德是每个公民在家庭生活中调整家庭成员间关系、处理家庭问题时应该遵循的行为准则。家庭美德的主要内容是：尊老爱幼，男女平等，夫妻和睦，勤俭持家，邻里团结。职业道德与家庭美德既有区别又有联系。两者的主要区别是在道德行为影响的地点范围及规范内容上有所差异。但因为职业生活与家庭生活是人类社会生活的重要组成部分，职业道德和家庭美德也是密切相关不可分割的：一是家庭美德往往成为职业道德发展的助推力，家庭美德对每个人的影响，是职业道德形成的自然基础之一；二是职业道德为家庭美德的形成创造良好的条件，也推动了家庭美德的进步和完善。

个人品德是一个人通过社会道德教育和个人自觉的道德修养所形成的稳定的

心理状态和行为习惯，也是道德原则规范在个人行为上的集中反映。职业道德与个人品德是相互影响、相互促进的正相关关系。个人品德是职业道德的根基，职业道德的水平很大程度上受制于个人品德的水平；职业道德是个人品德的外在表现形式，职业道德的培养有助于个人品德的内化。

职业道德、社会公德、家庭美德和个人品德这"四德"在各自的领域发挥着独特的作用，但又互为补充、相互影响、相互促进。个人品德是基础，但需要家庭、职场和社会的正确引导和养成；家庭美德是关键，家庭作为社会构成的基本单位，是"四德"建设中不可或缺的重要环节；职业道德是桥梁，是整个社会道德基础的主框架，它既承担了个人、家庭的具体诉求，又体现了社会公众的普遍愿望；社会公德是保证，它基于个人、家庭和职场的共同需求，又高于单个的社会结构，代表着整个社会的价值追求，对社会稳定起着根本性的影响。总之，加强社会主义道德建设必须坚持"四德并举"，标本兼治，既要注重公民个人品德建设，又要不断加强社会公德、职业道德和家庭美德建设。

四、职业道德修养与职业道德行为

1. 职业道德修养

（1）职业道德修养的含义。职业道德修养，是指从事各种职业活动的人员，按照职业道德基本原则和规范，在职业活动中所进行的自我教育、自我改造、自我完善，使自己形成良好的职业道德品质，达到一定的职业道德境界的过程。

（2）职业道德修养的途径和方法。职业道德修养的实质是从业人员自觉接受职业道德教育，对不同的道德观念自觉选择，"择其善者而从之，其不善者而改之"。职业道德修养的方法多种多样，具体而言，包括以下四个方面。

1）培养职业道德情感。职业道德情感是指人们通过对职业行为的善恶、是非的判断而形成的一种爱与憎、好与恶的情绪体验。职业道德情感的修养是指对正义感、责任感、良心感、荣誉感这些良好情感的自我激发和培养。物业管理师在职业活动中既要培养热爱本职工作的敬业情感，也要培养随时为祖国、为人民奉献一切的献身精神情感，既要培养对他人的仁爱之心、同情之心，也要培养自身的职业荣誉感和职业幸福感。只有热爱物业管理本职工作，才会全身心地投入到物业管理事业，在物业管理领域作出一番成绩，为行业进步、社会进步作出自己应有的贡献，从而实现自身的社会价值。

2）增强职业道德理论学习。孔子曰："德之不修，学之不讲，闻义不能徙，不善不能改，是吾忧也。"（《论语·述而》）孔子将修德、讲学、依从道义、改正缺点联系在一起，也说明了学习对于修德的重要性。职业道德不是强加给从业人员的戒律，它富含了深刻的人生价值观和理论支撑，也包含着具体情境中对于道德问题的判断。从业人员应首先把深入学习马克思列宁主义、毛泽东思想、邓小平理论、"三个代表"重要思想、科学发展观和习近平新时代中国特色社会主义思想作为必修课，不断提高马克思主义思想觉悟和理论水平，保持对远大理想和奋斗目标的清醒认知和执着追求，明确职业道德修养的目的，把握职业道德修养的方向。同时，还要加强文化知识、专业理论、操作技能的学习，这样才能精通业务，更好地在自己的岗位上履行职责，为社会多作贡献。

3）参与职业道德社会实践。职业道德是职业实践活动的产物，积极投身职业实践，在实践中学习提高，是职业道德修养的最关键、最根本的方法。一个人职业道德修养水平的高低，不是依靠自己的主观感觉确定，而是以实践为标准。通过职业道德实践来进行职业道德修养，要求从业人员必须把职业道德与具体的职业行为相结合，与日常的职业活动相联系，在实践中按照职业道德规范去脚踏实地地工作，接受实践的检验，做到"学做结合，知行统一"。

4）坚持职业道德自我修养。职业道德自我修养的过程是"内省"和"慎独"的过程。内省，即自觉地进行思想约束，内心时时反省检查自己的言行。内省是靠自觉性来约束的，不自觉或自觉性不高就难以真正进行内在的自我反省。慎独，既是一种崇高的道德境界，又是一种道德修养的重要方法，指的是在别人看不见、听不到的时候，在闲居独处的情况下，更要小心、谨慎，严格要求自己，使自己的言论和行为符合道德要求。

2. 职业道德行为

（1）职业道德行为的含义。职业道德行为是指从业人员在职业活动中，在一定的职业道德认识、情感、意志支配下所采取的自觉行为。它是衡量从业人员职业道德水平高低、职业道德品质好坏的客观标志。

（2）职业道德行为选择。职业道德行为选择是指从业人员在一定的职业道德意识支配下，根据一定的职业道德标准在不同的价值准则或善恶冲突之间的自觉自愿的抉择。

职业道德行为选择是一个复杂的道德现象和道德活动过程，从选择的善恶性质和选择处境的构成等方面综合考虑，职业道德行为的选择分为以下三种主要类型。

1）在社会价值的多种可能性中进行职业道德行为选择。这是指当一项职业活动要产生多种社会价值时，应根据追求的主要社会价值来选择职业道德行为。

2）在同属于善的多种层次中进行职业道德行为选择。这是指不同选择的职业道德行为都属于善的范围，但有层次上的区别。当一个人行为选择的层次越高，道德水准就越高。

3）在善恶对立的处境中进行职业道德行为选择。这是指在某些情况下选择的职业道德行为不善就恶，不好即坏，从业人员应当作出"择其善者而从之"的选择。

（3）职业道德行为评价。职业道德行为评价是指人们根据一定社会的职业道德原则和规范，通过社会舆论、职业习俗和内心信念等形式，对他人或自己的职业道德行为进行善恶判断的活动。凡是符合职业道德行为原则和规范的职业道德行为就是善行，反之，就是恶行；凡是促进社会生产力发展，符合社会发展客观规律，有利于社会进步，符合进步阶级利益的职业道德行为就是善的、道德的，反之，就是恶的、不道德的。

职业道德行为评价按评价主体不同分为社会评价、集体评价、自我评价三种类型。社会评价是指社会各方面对从业人员的职业道德行为作出善恶判断和表明倾向性态度；集体评价是指从业人员所在集体（班组、单位）对从业人员的职业道德行为作出善恶判断和表明倾向性态度；自我评价是指从业人员对自己的行为进行善恶判断和形成倾向性态度。如物业管理师，其职业道德行为评价可以是业主、企业及社会对物业管理师职业道德行为的评价，也可以是物业管理师对自己职业道德行为的自我评价。

职业道德行为评价具有维护职业道德原则和规范的作用，同时具有裁判、激励、调解和导向的作用。通过职业道德行为评价，可以引导和帮助从业人员明辨善恶、正邪，促进改善和提高服务态度、服务意识、服务质量和服务水平，调节从业人员与他人、与集体、与社会之间的关系，引导从业人员实现"为人民服务，树立行业新风"这一目标。

培训项目 2

职业守则

一、职业守则的含义

职业守则是人们在从事职业活动的过程中,为了适应职业活动要求而制定的具体行为规范和准则,是职业道德的表现形式。职业守则需要全体从业人员共同遵循和维护,职业不同,职业守则也不一样。

二、物业管理师职业守则的宗旨

物业管理师职业守则的宗旨是"诚信服务,务实创新,专业规范,共治和谐",其表达了四个层次的价值指向。

"诚信服务",是我国物业管理行业的行业价值取向,是物业管理行业的恒定目标。它在行业精神中居于最高层次,对其他层次的行业精神具有统领作用。

"务实创新",是物业服务企业的企业价值目标,是从企业层面对物业管理行业精神的概述。它是我国物业管理满足社会人民需求的内在驱动力,是走出有中国特色物业管理道路的基本保证。

"专业规范",是物业管理师的价值准则,是对物业管理师队伍的素质要求,是从人的层面对物业管理行业精神的概述。它是物业管理行业的核心价值,也为物业服务企业的团队建设指引了方向。

"共治和谐",是物业管理行业的社区价值导引,是对物业管理美好画面的描述,是从社会治理层面对物业管理行业精神的概述。它反映了我国物业管理行业的基本属性,引导各方关系协同建设和谐的社区生态环境。

三、物业管理师职业守则的内容

1. 遵法守约，爱岗敬业

遵法守约，是物业管理师的基本义务。物业管理师必须认真学习并遵守国家法律法规，增强法律意识和法治观念，做到知法、懂法、守法、护法；遵守物业服务合同相关约定要求，按照约定的物业服务内容和标准，主动地履行岗位职责。

爱岗敬业要求物业管理师要有较强烈的事业心。物业管理师不是一个职务，而是一个职业。物业管理师需要将个人价值的实现与职业联系在一起，将自身发展与职业使命结合在一起，对自己从事的职业从内心形成自豪感和荣誉感，从而珍惜自己的工作岗位，热爱本职工作，做到干一行、爱一行、专一行，兢兢业业，一丝不苟。

2. 忠于职守，勤勉尽责

忠于职守是一种基本的职业态度，是对物业管理师提出的认真履行职业责任、遵守职业纪律的基本要求。忠于职守要求物业管理师在工作中一定要具备忠实的服务观念：一是要忠于业主，严格履行物业服务合同，牢固树立全心全意为业主服务的思想，尽最大努力维护业主的利益；二是要忠诚于物业管理这一工作岗位，工作时全心全意投入，自觉、主动履行物业管理师的各项职责，凡属于自己工作范围内的事情，一定不能推诿、拖拉，要兢兢业业、持之以恒地做好物业管理的各项工作；三是要忠于物业服务企业，按照劳动合同维护企业的声誉和利益。

勤勉尽责指的是：物业管理师应当本着对业主高度负责的精神，切实履行应尽的职业责任，做好分内之事；应当对所在企业负有诚实信用义务，认真履行职责，维护所在企业的商业信誉，接受所属企业的管理；应当秉持勤勉的工作态度，努力避免工作中的失误，出现问题，勇于承担责任，总结经验教训，再千方百计把工作做好，真正为业主和物业使用人创造安全、舒适、宁静、方便的工作、生活、学习环境。

3. 诚实守信，热情友好

诚实守信是一个人的立身之本，处世之宝，是物业管理师职业道德规范的重中之重。诚实就是说话老实、办事老实、做人老实；守信即遵守诺言、言行统一、注重信用。"言必信，行必果""一言既出，驷马难追"这些流传了千百年的古话，都形象地表达了诚实守信的品质。这就要求物业管理师深刻认识诚信对社会、对他人、对自己的重要意义,做到诚实劳动、合法经营、信守承诺、讲求信誉。

热情友好是与人交好的首要条件,也是物业管理师敬业、乐业精神的具体体现。物业管理行业属于服务性行业,服务的对象是人,所以在服务中要一切从"以人为本"的基本原则出发。在服务时应发自内心地为业主、物业使用人热情服务,做到文明礼貌、称呼得当、语言规范、亲切友好、举止端庄、衣冠整洁、平等待人。只有在与业主和物业使用人的沟通中随时保持热情和友好的态度,才能建立良好的沟通机制和互相信任的关系,促进服务质量的提高。

培训模块 二
物业管理概述

培训项目 1
物业、物权与物业管理的概念

一、物业

1. 物业的概念

物业是指已经建成并投入使用的各类房屋及与之相配套的设备、设施和相关场地等。这是对物业的概念从实体角度常用的表述方式,也是根据《物业管理条例》第二条有关物业管理的概念规定所归纳的。

这里所说的各类房屋可以是单体建筑物,如住宅楼、写字楼、商业大厦、宾馆、饭店等,也可以是建筑群,如住宅小区、工业厂区等;与之相配套的设备、设施和相关场地等,是指房屋室内外的各类设备、设施和道路、场地等,如给排水系统(供水管线、排水管线、阀门、水泵、水箱等)、房屋卫生设备(洗面盆、浴缸、坐便器、蹲便器等)、房屋消防系统(消火栓、灭火器、自动报警系统、自动喷淋系统等)、房屋供电及照明系统(配电箱、变压器、照明灯具等)、房屋运输系统(电梯、自动扶梯等)、房屋弱电系统(有线电视、网络、通信等)、供暖和中央空调系统(供暖管线、散热器、空调机组等)、防雷系统和物业管理辖区内的绿化设施、保洁设施、交通设施、庭院、道路等。

我国行业标准《房地产业基本术语标准》(JGJ/T 30—2015)对"物业"一词的定义为:"已经竣工和正在使用中的各类建筑物、构筑物及附属设备、配套设施、相关场地等组成的房地产实体以及依托于该实体上的权益。"依照该定义,物业除建筑物、构筑物及附属设备、配套设施、相关场地等实体部分外,还包含了附着在其上的权益。这里的权益是指附着在上述实体上的权属衍生的权利、义务和利益等,如业主是房屋的所有权人,依法对物业享有占有、使用、收益和处分的权利,对物业负有养护维修的义务。

2. 物业的类型

物业可以从不同的角度进行分类,这里只从使用功能和经营性质两个角度介绍物业类型的划分。

(1) 按物业的使用功能,一般将物业划分为住宅物业和非住宅物业两类。

1) 住宅物业。住宅物业是指以居住为主要功能的物业,包括普通住宅、公寓、别墅等。

2) 非住宅物业。非住宅物业是指以非居住为主要功能的物业,包括办公楼、写字楼、学校、医院、酒店、产业园区、商业综合体等。

(2) 按物业的经营性质,一般将物业划分为收益性物业和非收益性物业两类。

1) 收益性物业。收益性物业是指其原始设计功能为经营性的物业,其能为业主带来经济效益,如写字楼、店铺、商场、厂房、公共停车场、宾馆、酒店、会展中心等。

2) 非收益性物业。非收益性物业是指其原始设计功能为公益性或者自有自用性的物业,业主并不要求其产生经济效益,如自有自用住宅、公寓、别墅,国家机关和事业单位的办公楼,公立学校,福利院用房等。

3. 物业的属性

物业具有自然属性和社会属性。

(1) 物业的自然属性。物业的自然属性也称为物业的物理属性,是指物业的物质实体或者物理形态方面的性质,是物业社会属性产生的基础。一般包括以下几项。

1) 二元性。一般来说,物业是土地与建筑物的统一体,土地和建筑物是构成物业的两个主要要素,因而物业兼有土地与建筑物两者各自所特有的物质内容和物理性质。物业的这种二元性,是其他一般商品所不具备的。

2) 固定性。固定性是指物业空间位置上的不可移动性。物业所包含的建筑物与其配套的设施设备附着在一定的土地上,由于土地的不可移动性决定了物业的位置固定、不可移动。这种固定性要求物业在规划、设计、施工及后期的管理中都要考虑地区经济状况和周围环境等因素的影响。同样,物业管理活动也会受到物业所在地的经济状况、物业管理市场环境等因素的影响,尤其是物业所在地的地方性法规、政策与相关行政主管部门监管等因素的影响。

3）长久性。物业一旦建成并投入使用，其使用寿命一般来说可达几十年甚至几百年。但物业在使用过程中，会受到来自自然、人为力量的作用，不可避免地会受到损耗，降低其使用年限和经济价值，因此，需要对组成物业的建筑物、附属设施设备等进行系列的养护、维修和管理，保证其正常使用功能，维持或延长其使用年限，实现其保值增值。所以，从物业全生命周期管理的角度，要考虑物业项目正处于全生命周期的具体阶段，根据该阶段的物业状况、业主需求等因素制定并实施物业管理养护维修方案。

4）差异性和多样性。物业会因为地段、设计、材料、施工、装饰、环境、设施等不同而有差异性；由于物业的使用功能、自然环境、位置、技术经济条件等不同，形成了物业形式上的多样性。物业的差异性、多样性决定了物业管理技术的综合性、物业管理专业知识和技能的复合性。所以，要根据物业不同类型的不同特点，开展相应的物业管理活动。

5）有限性。物业须建设在土地上，由于土地资源的有限性，因而，开发建设的物业数量会受到限制。尤其像医院、高校、政府办公楼等物业项目的数量更为有限，以此类物业项目为主要管理对象的物业服务企业采取跨区域承接该类物业项目是其必然的经营策略选择。

6）配套性。物业的配套性，是指物业要依靠其各种配套设施设备来满足人们对建筑物的各种功能需求，配套越齐全、功能越完备，物业的功能才能发挥得越充分。配套性主要是受其功能要求的影响，不同类型的物业，其配套的设施设备不同。所以，物业服务企业要根据配套性设计组织架构、确定人员以及设备的配备，才能完成相应的物业管理活动。

(2) 物业的社会属性。物业的社会属性包括物业的法律属性和社会经济属性，一般包括以下几项。

1）商品性。参与物业开发建设、经营与管理以及消费的人与人之间的关系，本质上是一种商品经济关系，决定了物业从开发、建设到销售、管理等活动过程中，所涉及的买卖、租赁、抵押以及土地使用权的转让等，都是商品经济活动，必须遵循价值规律来进行。因此，物业的基本经济属性是商品性。

2）高值性。物业不仅具有使用价值，而且由于物业建筑本体与配套设施设备和场地的综合价值很高，表现出很高价值的经济属性。

3）保值增值性。土地的稀缺、有限，使得物业成为有限商品，因此，物业具有保值增值性。所以，通过对房屋建筑本体及其附属设施设备进行专业合理的养护维修，能够保持其物理形态完好，确保物业在功能上安全使用，让业主的物业在资产上实现保值增值。

4）交易的契约性。物业属于不动产，我国对不动产所有权实行统一的登记制度，要求不动产交易申请登记时提供相关不动产交易合同，如房屋买卖合同，以保证交易双方的关系是建立在真实、自愿的协商约定基础上的，是以契约精神为前提的合法交易作保障的。物业管理中，一般通过物业的买卖合同确定业主的身份及变更，或者通过物业的租赁或居住权合同确定物业使用人以及物业服务费用等的承担主体。

5）权属性。物业的权属性是指物业所有权的归属。物业所有权是物业产权中的核心权利，是最完全的权利，是其他物业权利的源泉。物业的权属性是所有权人对物业进行养护、维修和管理的根本保障。

6）易受政策影响性。物业的固定性决定了物业只能就地开发、经营、使用和管理等，必然会受到政策的影响，进而对物业管理市场及物业管理服务行为产生影响。2020年以来，国家老旧小区改造政策鼓励物业服务企业统一管理在管项目周边老旧小区，为物业服务企业带来了存量物业项目的规模扩展方向。

二、物权

1. 物权的概念

物权是指权利人依法对特定的物享有的直接支配和排他的权利，包括所有权、用益物权和担保物权。

物权相关法律所规范的"物"，通常讲是有体物或者有形物，包括不动产和动产。不动产是指依照其物理性质不能移动或者移动将严重损害其经济价值的有体物，主要包括土地以及房屋、林木等土地定着物，物业（房地产）就是典型的不动产。动产是指不动产之外的物，即在性质上能够移动且移动不损害其经济价值的物，如汽车、电视机、手机等。

《物业管理条例》第六条规定："房屋的所有权人为业主。"该规定中的"房屋的所有权"就是物权。从物权角度看，业主是房屋物权的权利人，房屋作为特定的物，是房屋物权的客体，即业主对房屋享有物权。如果业主将房屋依法设定居住权，居住权人就获得房屋的用益物权；如果业主将房屋抵押给银行，为自己或他人的债务提供担保，那银行就获得房屋的担保物权，即抵押权。

因此，物权表面上是人对物的权利，但本质上是围绕着物而发生的人与人的权利义务关系。

2. 物权的特征

（1）物权是绝对权。绝对权，即绝对的支配权，是指以不特定的任何人为义务主体的民事权利。也就是物权人不但有权在法律规定的范围内按自己的意愿对物进行支配，包括对物进行占有、使用、收益或处分，而且有权排除他人对自己支配之物所给予的侵害、对自己行使物权造成的干涉和妨碍。如业主有权出售、出租、赠予自己的房屋，有权要求他人排除因占用共用部位给自己通行带来的妨碍，尤其是安全隐患。

（2）物权的客体是"物"。物权是权利主体对物进行直接支配的权利，自然应以"物"为客体。物业管理服务实践中，业主委托物业服务企业或其他管理人履行的养护维修义务是以业主共有部分为客体的。

（3）物权的内容是对物的直接支配并享受其利益。物权的权利人对物进行支配的目的是通过对物的支配而取得物的利益，即在民法保护下权利人直接享受物的使用价值和交换价值所带来的各种利益，这是物权的本质和核心。

（4）物权是具有排他性的权利。物权的排他性一方面是指同一物上不得同时成立两个内容不相容的物权。如某人对某物享有所有权，就排除其他任何人同时在该物设立另一个所有权。另一方面是指物权具有排除他人侵害、干涉、妨碍的性质。如某人对某物享有物权，其他任何人都是这个权利的义务主体，对该物权都负有不可侵害的义务。凡是侵害物权的行为，都在排除之列。

3. 物权的类型

《中华人民共和国民法典》（以下简称《民法典》）物权编规定了物权有所有权、用益物权和担保物权三大类型。

（1）所有权。所有权是指权利人依法按照自己的意志通过对其所有物进行占有、使用、收益和处分等方式，进行独占性支配并排斥他人非法干涉的物权。其中，占有、使用、收益、处分是所有权的四项基本权能，是所有权人对物直接支配权利的实现方式。

占有权能是指所有权的权利主体对于物实际管领和支配的权能，是所有权人对其物进行使用、收益和处分的前提和基础。

使用权能是指所有权人按照物的性能和用途对物加以利用，以满足生产、生活需要的权能。

收益权能是指收取由原物产生出来的新增经济价值（包括孳息与利润）的权能。

处分权能是指所有权人对其所有物进行处置，从而决定所有物权属变化或者物理形态变化的权能。

其中，处分权能是所有权的核心内容，这是因为处分权能涉及物的续存与灭失和所有权的发生、变更和终止问题，而占有、使用、收益通常不发生所有权的根本改变。

业主可以在其拥有所有权的房屋里生活、生产，也可以通过出租或直接的经营活动获取收益，甚至可以赠予或卖出该房屋。业主在行使上述权利时无须得到其他业主的同意或协助，也可以排除他人的非法干预。但法理不是要求所有人同时拥有这四项权能，如所有权人设定用益物权时，就让渡了对标的物占有、使用、收益等权能，但保留了处分权能。

所有权是全面支配物的物权，即对物的占有、使用、收益和处分的权利完全归属于所有权人，因此，被称为"完全物权"。同时，所有权是权利人对于自己的财产享有的物权，因此，所有权也称为"自物权"。

（2）用益物权。用益物权是指非所有权人依法对他人所有的物享有的占有、使用和收益的排他性权利。

用益物权的基本内容，是对用益物权的标的物享有占有、使用和收益的权利。这是从所有权的权能中分离出来的权能，表现的是对财产的利用关系。用益物权人享有用益物权，就可以占有用益物、使用用益物、取得对用益物直接进行经营活动等产生的收益。

用益物权主要包括土地承包经营权、建设用地使用权、宅基地使用权、居住权、地役权等。在物业管理中，要留意用益物权中居住权的原理和相关规定。居住权是指自然人依照合同的约定，对他人所有的住宅享有占有、使用的用益物权。居住权可以通过合同、遗嘱方式设立，双方当事人在订立了书面形式的居住权合同后，还应申请居住权登记，经过登记后，居住权才正式设立，居住权人取得居住权。居住权人取得居住权无须支付对价，即居住权为无偿设立，而房屋日常使用中物业费和房屋的重大修缮、更新改造等费用的承担，需要在居住权合同中明确约定。

（3）担保物权。担保物权是指为了确保债务履行而设立的物权。当债务人不履行债务时，债权人依法有权就担保物的价值优先受偿。

担保物权是对他人提供担保的物或权利的价值所享有的权利，担保物权包括抵押权、质权和留置权。

抵押权是指债权人对于债务人或者第三人不转移占有而为债权提供担保的抵押财产，当债务人不履行到期债务或者发生当事人约定的实现抵押权的情形时，依法享有的就该物变价优先受偿的担保物权。

质权是指债务人或第三人将特定的财产交由债权人占有，或者以财产权利为标的作为债权的担保，债务人不履行债务或者发生当事人约定实现质权的情形时，债权人享有以该财产折价或拍卖、变卖所得价款优先受偿的权利。

留置权是指对法律规定可以留置的债权，债权人依债权占有属于债务人的动产，在债务人未按照约定的期限履行债务时，债权人有权依法留置该财产，以该财产或者以拍卖、变卖所得价款优先受偿的权利。

由于用益物权和担保物权都是对他人的物享有的权利，因此可统称为"他物权"。用益物权和担保物权都是对他人的物设定的权利，实际上是由所有权人的意志设定的，所以也可统称为"定限物权或限制物权"。

4. 物权的效力

物权的效力，是指物权所特有的功能和作用，是物权的占有、使用、收益、处分权能发挥作用的结果。物权的本质在于其对物的支配和排他性，故物权具有排他效力、优先效力、追及效力等特殊效力，并以物权请求权作为救济手段。

（1）物权的排他效力。物权的排他效力是指同一物上，不允许同时存在两个以上内容不相容的物权。

物权的排他效力主要体现在以下三个方面。第一，在同一物上已有所有权存在的，不能另有其他所有权成立。如一个人对某物依法取得所有权，即使另一个人在事实上占有该物，也不能享有法律上的所有权。第二，在一个特定物上存在着法律上的所有权，但是他人由于善意而取得对该物的所有权时，则先前的所有权将因此而消灭，并不得对抗后一个所有权。第三，在同一物上，已存在占有为内容的用益物权存在的，不得另有同样性质的用益物权的成立。

（2）物权的优先效力。物权的优先效力是指权利效力的强弱，即同一标的物上有数个利益相互矛盾、相互冲突的权利并存时，具有较强效力的权利排斥或先于具有较弱效力的权利的实现。

物权的这种优先效力主要表现在两个方面。第一，当物权与债权并存时，物权优先于债权。如房屋租赁期间，不影响房屋的转让。第二，同时存在数个物权的，一般以设立的时间先后确定受偿顺序。如同一财产向两个以上债权人抵押的，到期清偿的顺序是抵押权已经登记的，按照登记的时间先后确定清偿的先后顺序。

（3）物权的追及效力。物权的追及效力，是指物权的标的物不论流通到何人手中，所有人可以依法向物的占有人主张返还原物。

5. 物权的保护

物权的保护是指通过法律规定的方法和程序，保障物权人在法律许可的范围内，对其所有的财产行使占有、使用、收益和处分权利的制度。

（1）物权受到侵害的救济途径。《民法典》第二百三十三条规定，物权受到侵害的，权利人可以通过和解、调解、仲裁、诉讼等途径解决。即物权因无权占有、妨碍物权的行使、物的毁损或灭失等情形受到侵害的，权利人可以选择和解、调解、仲裁、诉讼等途径进行救济。

和解是指权利人与侵害人通过沟通、协商达成协议解决物权纠纷的救济方式。

调解是指在第三方调处下争议双方通过协议方式达成利益平衡的救济方式。我国调解主要有行政调解（行政机关在执法过程中的调解）、诉讼调解（法院在诉讼过程中的调解）、仲裁调解（仲裁机关在仲裁过程中的调解）和人民调解（群众性组织即人民调解委员会的调解）四种方式。调解可以在诉讼中达成，也可以在诉讼外达成，行政调解、人民调解就属于诉讼外调解。由法院和仲裁机构作出的生效调解书，具有法律上的强制执行力。经行政调解、人民调解达成的协议，经争议各方签字盖章，具有合同效力；当事人应当自觉履行调解协议的内容，不得擅自变更或解除调解协议。人民调解经司法确认的具有强制执行力。

仲裁是指纠纷当事人协议约定仲裁条款选择仲裁机构，由仲裁机构解决纠纷的争议解决方式。物权纠纷由仲裁机构解决的前提是当事人自愿达成有效的仲裁协议，否则仲裁机构不予受理。仲裁协议主要内容应包括仲裁事项、仲裁的意思表示和选定的仲裁机构。

诉讼是指权利人向有管辖权的人民法院提起请求保护其利益，由法院作出相应裁判的救济方式。

除了以上四种救济途径外，《民法典》第一百八十一条规定了民法上的正当防卫行为，第一百八十二条规定了紧急避险行为，第一千一百七十七条规定了自助行为。权利人为保护自己的物权采取正当防卫行为、紧急避险行为、自助行为三种行为救济时，需要满足法律规定的相应的构成要件，才可以被确认行为有效。

（2）物权的保护方式。物权的保护方式就是请求权的实现。物权保护的请求权可分为物权确认请求权和物权请求权。

1）物权确认请求权。物权确认请求权是指利害关系人在物权归属和内容发生争议时，有权请求确认物权归属、明确权利内容的权利。《民法典》第二百三十四条规定，因物权的归属、内容发生争议的，利害关系人可以请求确认权利。

2）物权请求权。物权请求权是指物权的权利人在其权利的实现上遇到某种妨害时，对造成妨害其权利事由发生的人请求除去妨害的权利。《民法典》物权编规定的物权请求权有返还原物请求权，停止侵害请求权，排除妨碍请求权，消除危险请求权，修理、重作、更换或者恢复原状请求权，损害赔偿请求权等。如物业管理中因占用公共通道、楼梯间、阻碍他人通行等行为，被要求停止侵害、排除妨碍或消除危险；物业服务企业因利用业主的共有部分进行经营活动，业主请求公示或返还公共收益。

（3）物权保护方式的适用。《民法典》第二百三十九条规定了物权的保护方式可以单独适用，也可合并适用。如果合并适用，则需要满足一定的条件，即权利人所主张的请求权之间不能产生冲突，权利人不能通过同时主张多个请求权获得超额利益。

三、业主的建筑物区分所有权

1. 建筑物区分所有权的概念

建筑物区分所有权是指多个所有人共同拥有一栋建筑物时，各个所有人对其在构造上和使用上具有独立性的建筑物专有部分所享有的所有权，对供全体或部分所有人共同使用的建筑物共有部分所享有的共有权以及基于建筑物的管理、维护和修缮等共同事务而产生的共同管理的权利的总称。

2. 建筑物区分所有权的内容

（1）专有权。建筑物区分所有权中的专有权是指业主对其专有部分所享有的所有权，即专有部分所有权。

专有权是建筑物区分所有权的一个组成部分，其客体是指建筑物内的专有部分。专有权的客体不是独立存在的，而是建筑物中由墙体等围成的特定空间，不能独立发挥应有的功能和用途。

专有权也具有占有、使用、收益和处分四项权能，在权能内容上与所有权虽然基本一致，但在实际行使时，会受到比所有权行使更多的限制。这是因为在建筑物区分所有的情况下，多个业主居住在同一栋建筑物和同一建筑区划内，建筑物的整体性以及相邻关系的限制，要求任何业主在行使其对专有部分的所有权时，都应当遵循《民法典》第二百七十二条关于业主行使权利不得危及建筑物的安全，不得损害其他业主的合法权益的禁止性规定，第二百七十九条对将住宅改变为经营性用房的限制性规定等。如对途经专有部分的共用管道、线路进行改装，或者在专有部分大声喧哗、制造噪声等，会影响相邻其他区分所有权人使用物业、正常生活休息等，即属于损害其他业主的合法权益；在专有部分放置危险物品，或者改动承重结构，即属于危及建筑物安全的行为。这些行为都受到禁止限制。

《最高人民法院关于审理建筑物区分所有权纠纷案件适用法律若干问题的解释》（以下简称《建筑物区分所有权解释》）第二条规定，建筑区划内符合下列条件的房屋，以及车位、摊位等特定空间，应当认定为《民法典》第二编第六章所称的专有部分：第一，具有构造上的独立性，能够明确区分；第二，具有利用上的独立性，可以排他使用；第三，能够登记成为特定业主所有权的客体。规划上专属于特定房屋，且建设单位销售时已经根据规划列入该特定房屋买卖合同中的露台等，应当认定为前面所称的专有部分的组成部分。业主专有部分的认定，应同时具备三个条件。一是构造上的独立性。构造上的独立性是指作为建筑物中属于业主专有的部分应当在建筑构造上能够与同一建筑物中的其他部分完全隔离，使其成为专有权直接支配的对象。如在建筑物中都有明确的分隔墙来确保每一套房屋与其他房屋相区分，以保证其构造上是独立的。二是使用上的独立性。使用上的独立性是指该部分能够被单独地加以使用，具有独立的使用价值。如住宅楼的专有部分可以用来满足人们居住、生活、休息的使用需求；写字楼、办公楼分隔出的办公室、会议室等可以用来办公、召开会议；仓库可以用来存放货物。三是能够登记成为特定业主所有的客体。能够登记成为特定业主所有的客体是指符合不动产单元的要求，可以被依法记载于不动产所有权登记簿上。

（2）共有权。共有权是指业主对共有部分所享有的所有权，即共有部分共有权。共有权是区分所有人依据法律、合同以及区分所有人之间的规约，对建筑物的共用部分、基地使用权、物业管理区域的共用场所、共用设施设备等所共同享有的财产权利。业主对共有部分享有的共有权包括占有、使用、收益和处分的权利，只是在行使权利时要遵守相关法律规定和业主共同约定的规则。如业主自治管理中需要业主共同决定事项的议事规则、管理规约等。

共有权的客体是共有部分，是明确物业管理范围和内容的主要依据。共有部分可从建筑物和物业管理区域两个方面来考虑：建筑物中的共有部分可以用排除法来界定，即在建筑物中，除专有部分以外的部分，均为共有部分，如楼道、电梯间、建筑物外墙面、屋顶等部位；物业管理区域内的共有部分，可以依据《民法典》第二百七十四条、第二百七十五条和《建筑物区分所有权解释》第三条的规定进行认定。

《建筑物区分所有权解释》第三条对共有部分问题作了明确规定。该条第一款规定，除法律、行政法规规定的共有部分外，建筑区划内的以下部分，也应当认定为《民法典》第二编第六章所称的共有部分：第一，建筑物的基础、承重结构、外墙、屋顶等基本结构部分，通道、楼梯、大堂等公共通行部分，消防、公共照明等附属设施设备，避难层、设备层或者设备间等结构部分；第二，其他不属于业主专有部分，也不属于市政公用部分或者其他权利人所有的场所及设施等。该条第二款规定，建筑区划内的土地，依法由业主共同享有建设用地使用权，但属于业主专有的整栋建筑物的规划占地或者城镇公共道路、绿地占地除外。

根据共有人的范围，共有部分可分为两种：全体业主共有，如小区的道路、绿地、物业服务用房等；部分业主共有，如建筑物屋顶、外墙等，或者单元的电梯、楼梯、过道等。

（3）共同管理的权利。共同管理的权利也称成员权，是指建筑物区分所有权基于建筑区划、建筑物的构造、权利归属以及使用上不可分离的共同关系而产生的，作为建筑区划、建筑物的团体组织的成员对共有部分所享有的权利与承担的义务。

建筑物构造上的不可分割性，使得全体建筑物区分所有权人在建筑物的共有部分形成了一种共同体关系，并以此为基础，共同管理共有部分的使用、收益以及由此形成的共同事务，即共同管理的权利。

共同管理的权利是因共有部分所有权而衍生的管理权,包括对建筑物的管理和对建筑物区分所有权人使用物业行为的规范。对建筑物的管理包括对建筑物及其附属设施设备的保存、改良、利用和处分,与广大业主关系最为密切的,就是共有部分的养护、维修和使用、收益。对建筑物区分所有权人使用物业行为的规范,主要是对建筑物区分所有权人正确使用物业的引导,以及对不当使用物业行为、危及物业安全行为、损害其他业主合法权益行为的监督与纠正。

共同管理权与专有权和共有权共始终,具有永续性,其权利的取得、变更与灭失,取决于专有权的取得、变更与灭失。

业主共同管理的具体权利和义务见培训模块三的培训项目2"业主大会及业主委员会"。

3. 建筑物区分所有权的特征

(1) 权利的复合性。权利的复合性是指建筑物区分所有权是由专有权、共有权和共同管理权三种权利共同构成的复合性权利类型,并非一般所有权那样是单独或共有的所有模式。

(2) 权利一体性。权利一体性是指建筑物区分所有权的权利人,就其享有的专有权、共有权和共同管理权,不能分割行使,建筑物区分所有权的三项权利必须一并转让、继承,权利人不得保留其中某一项或两项权利而转让、继承其他两项或一项权利。

(3) 专有权的主导性。在建筑物区分所有权的专有权、共有权和共同管理权中,专有权居于主导地位,是共有权和共同管理权的基础,共有部分共有权和共同管理权随专有权的产生而产生,随专有权的消灭而消灭。建筑物区分所有权人只有取得专有权,才能取得共有部分共有权和共同管理权,专有权的权利范围在很大程度上决定了共有权和共同管理权的权利范围。

(4) 共有部分的权利义务具有非对称性。建筑物区分所有权人对共有部分享有权利的同时必须承担相应的义务,即使权利人放弃了权利,仍要承担相应的义务。如业主即使没有居住使用其专有部分也要按时支付物业费。

四、物业管理

1. 物业管理的概念

物业管理是指业主通过选聘物业服务企业,由业主和物业服务企业按照物业服务合同约定，对房屋及配套的设施设备和相关场地进行维修、养护、管理，维护物业管理区域内的环境卫生和相关秩序的活动。这是《物业管理条例》第二条规定的物业管理的概念，可从以下几个方面理解其含义。

（1）业主是物业管理的管理主体、责任主体。作为物业的所有权人，业主在物业管理活动中居于主导地位，有权依照自己的意愿自主决定物业的管理方式，有权选聘、解聘物业服务企业。

（2）《物业管理条例》的调整范围限于市场化的物业管理。法律并没有强制规定业主必须选择物业服务企业来管理物业，但提倡业主通过公开、公平、公正的市场竞争机制选择物业服务企业。将业主选聘物业服务企业作为物业管理活动的前提条件，就是强调物业管理是一种市场行为、市场关系和市场活动，政府就要制定相应的市场规则来维护市场秩序、履行物业管理市场的监管职能，业主和物业服务企业就必须遵守物业管理市场规则，服从政府主管部门的监管。

（3）物业管理的依据是物业服务合同。物业管理作为一种市场行为，是通过订立并履行物业服务合同实现的。物业服务合同是物业管理活动产生与实施的契约基础，其内容明确了业主和物业服务企业双方在物业管理活动中各自的权利与义务。物业服务企业根据物业服务合同提供物业管理服务，业主根据物业服务合同支付相应的物业费。

（4）物业管理的对象是物业。物业是物业管理的对象，物业管理的基本内容就是对物业进行养护、维修、管理。具体体现在以下四个方面：一是房屋及配套设施设备和相关场地的养护、维修、管理，也称为房屋与设施设备管理；二是物业管理区域公共秩序的维护，也称秩序维护管理；三是物业管理区域环境卫生的清洁、维护，也称保洁管理；四是物业管理区域绿化的养护，也称绿化管理。

（5）物业服务的对象是人。物业服务的对象是业主和物业使用人。业主是物业的所有权人，业主通过订立的物业服务合同将物业管理权委托给物业服务企业，以满足业主能够正常、安全使用物业的需求，业主就是物业服务企业的服务对象；物业使用人是物业的用益物权人，和业主一样能够使用物业，一样有权接受物业服务企业提供的物业管理服务。

2. 物业管理的本质

业主取得物业所有权的目的，是通过行使物权的支配权（即占有、使用、收益和处分），实现对物业的使用、收益目的。实现这一目的的前提是物业的存续。能够保证物业存续的基本手段或措施，就是依据建筑物全生命周期的科学规律在建筑物的不同生命阶段对物业进行的全程的、必要的、科学的持续养护维修。所以，在业主取得物权的同时，就产生了对物业的养护维修这一根本义务。业主的物业养护维修义务的范围，既包括专有部分，也包括共有部分。

根据业主的物业养护维修义务，结合《物业管理条例》第二条规定的物业管理的定义、《民法典》第九百三十七条第一款规定的物业服务合同的定义，可以概括提炼出物业管理的本质是以实现物业正常使用、安全使用为目的，对物业实施的养护维修行为，以及对养护维修行为进行计划安排、协调监管的管理活动。

3. 物业管理的本质特征

通过对物业管理本质的认识与理解，物业管理的本质特征主要表现为业主的主导性、义务的委托性、行为的契约性、管理的互动性和专业的综合性。

（1）业主的主导性。业主的主导性是指业主在物业管理活动中始终处于主导地位。

《民法典》第二百八十四条第一款规定物业管理有业主自行管理和业主委托管理两种方式。选择"自行管理"还是"委托物业服务企业或者其他管理人管理"，是业主的权利，由业主共同决定。即选择物业管理方式的决策权在业主，业主处于主导地位。

若采取业主自行管理方式，物业管理活动的一切决策均由业主或业主委员会在受托权利范围内自主作出，业主的主导地位是显而易见的。如果采取业主委托管理方式，在委托物业服务企业的情形下，《物业管理条例》第二条表述中"业主通过选聘物业服务企业"一句，从法规层面明确规定了选聘物业服务企业是由业主决定的，业主处于选聘决策的主导地位。

《民法典》第二百八十五条规定，"物业服务企业或者其他管理人根据业主的委托，依照本法第三编有关物业服务合同的规定管理建筑区划内的建筑物及其附属设施，接受业主的监督，并及时答复业主对物业服务情况提出的询问"，明确了业主的委托人身份和物业服务企业的受托人身份，以及物业服务企业接受业主监督、答复业主询问的义务，表明实施物业管理活动过程中，业主居于主导地位。

上述内容表明，无论是选择物业管理方式、选聘解聘物业服务企业或其他管理人，还是实施物业管理，业主在物业管理活动中的各个方面都始终处于主导地位。

（2）义务的委托性。义务的委托性是指业主委托给物业管理实施主体业主委员会、物业服务企业或者其他管理人代为履行的是其物业养护维修义务。

根据《民法典》第二百七十一条、第二百七十二条和第二百七十三条的规定，可以推断出物业管理活动中对物业共有部分的养护维修，不仅是业主的根本义务，而且还是强制性义务。面对物业较强的专业综合性，依据"专业的事交给专业的人去做，是最有效的选择"的市场法则，根据《民法典》第二百八十四条第一款的规定，业主的最佳选择，就是将物业养护维修义务委托给物业服务企业或其他管理人代为履行。

（3）行为的契约性。行为的契约性是指在物业管理活动中，业主和物业服务企业或其他管理人的物业管理行为要遵守并履行物业服务合同的约定。

业主自行管理，实质是业主委员会代行全体业主对建筑区划内专有部分以外的共有部分的共同管理的权利，其委托事务的范围、权限是通过全体业主共同决定方式进行约定的，业主委员会在实施物业管理活动过程中需要履行并遵守约定，不可超越权限随意主张、擅自决定。这实际上体现的就是行为的契约性。

业主委托管理，业主与物业服务企业或其他管理人订立的物业服务合同具有委托合同的性质。委托合同是建立在当事人双方相互信任的基础上的，特别倡导契约精神，因而，物业管理活动中要求业主、业主委员会和物业服务企业或其他管理人各方的行为必须符合物业服务合同约定，各方享有的物业管理权利与履行的物业管理义务要在物业服务合同框架下受到约束，不可擅自行事，更不可侵犯侵占对方权益，否则物业管理活动将难以维系。

（4）管理的互动性。管理的互动性是指在物业管理活动中物业服务企业实施物业管理行为需要业主和物业使用人的全面配合与积极参与。

根据《物业管理条例》第三十四条第二款的规定，当事人双方都享有权利和承担义务，且呈明显的对应关系，即一方权利的实现对应对方义务的履行。如业主享有享受物业管理的权利，物业服务企业须履行提供物业管理的义务；物业服务企业履行业主委托的物业养护维修义务，业主须履行支付物业费的义务等。

从服务的视角看，物业管理是以劳务的形式，提供对物业的养护维修这一服务产品来满足业主对物业的管理这一特殊需要。服务主要通过人的行为来实现，强调服务者、被服务者双方的互动，以及被服务者的参与，因而物业管理目标的实现，需要业主的理解支持、全面配合和积极参与。否则，单靠业主委员会、物业服务企业或者其他管理人，是无法实现的。

（5）专业的综合性。专业的综合性是指对物业的管理涉及不同的专业知识领域，且需将这些专业知识领域整合成一个崭新的专业。

房屋的配套设施设备包括供配电系统、给排水系统、消防系统、通信系统、电梯系统、监控系统、供暖系统、燃气系统、防雷系统、中央空调系统等，涉及房屋构造、建筑识图、建筑施工、建筑材料、房屋修缮、供电工程、给水工程、排水工程、弱电工程、燃气工程、消防工程、监控工程、供暖工程、自动控制、机械、智能管理、综合布线、空调通风、防雷避雷、有线通信、无线通信等专业知识。在物业管理实践中，这些专业知识相互交叉、相互通融、相互支持，仅电梯系统就涉及电梯井构造、强电动力、弱电自控、重量感应、机械传动、钢绳曳引、红外传感等多个专业知识领域，对其进行维修、养护和管理，不仅需要综合型的专业技术人员，还需要全面调度的管理能力，体现出物业管理的专业综合性特征。

物业除上述实物外，其概念还包括依托物业实体而存在的物业权属和物业权益，而且对业主的物业权属和物业权益的尊重，是物业管理活动最根本的原则性要求，因此，在物业管理活动中还需要掌握相关的法律法规、部门规章等，并能灵活而有效地运用。

从物业管理的基础业务看，物业管理工作涉及早期介入、承接查验、装修管理、房屋修缮、设施设备维护、环境绿化、保洁卫生、消杀虫害、车辆交通、秩序维护、消防安全、档案管理、公共关系、社区文化等专项业务。随着社会发展的需要，还将涉足社区养老、社区商业等领域，可见其所涉及的专业知识是极其广泛的，且需要统一协调、融会贯通、综合处置，不具备很强的专业综合性能力，是难以胜任的。

4. 物业管理的作用

物业管理的作用，可以从以下三个角度进行分析。

（1）物的角度。从物的角度看，物业管理有利于完善和增强物业的使用功能，实现物业的保值增值。

通过对物业进行专业的养护、维修和管理，能促使物业的使用功能充分发挥，使物业得以持续存在，实现业主对物业安全使用、收益的目的，实现物业的保值增值，实现业主利益的最大化。

（2）人的角度。从人的角度看，物业管理有利于为业主和物业使用人创造良好的生活、工作环境，提升其工作、生活品质。

物业为人所用，人们对不同类型的物业有不同的使用目的和要求，而人的需求具有多样化、个性化的特点。所以，在物业管理的具体实施过程中，必须坚持以业主为主导开展全方位、多层次、高效率、高质量的管理服务工作，为广大业主和物业使用人提供并保持整洁、文明、安全、舒适的良好生活、工作环境，以保障业主和物业使用人生活、工作的正常、有序进行。

（3）社会的角度。从社会的角度看，物业管理有利于促进和谐社区、和谐社会的构建。

社区是社会的细胞，加强社区治理是推进国家治理体系和治理能力现代化的重要组成部分，在国家治理体系中发挥着至关重要的作用，也是构建和谐社会的基础。居住社区（住宅小区）是居民生活的主要空间，是基层社会治理的重要内容，将物业管理融入基层社会治理，能够得到社会基层治理组织及时有效的支持与监督，推动物业服务向高品质和多样化升级，提高广大人民群众居住生活品质，促进城市安全运行和社会稳定。

培训项目 2

物业管理的产生与发展

一、国外物业管理的产生与发展

国外的物业管理起源于19世纪60年代的英国。一位名叫奥克塔维亚·希尔（Octavia Hill，1838—1912）的女士首次尝试自己的房屋管理方案，专为劳工打造廉租住房，形成了自成一体的运营管理模式并不断推广。

19世纪末20世纪初的美国，因城市人口增多、政策限制以及新建筑技术的应用，附属设备多、结构复杂、需要日常维修和养护管理的高层建筑大量出现。于是，专业性物业管理机构应运而生，由其提供统一的专业化管理和系列服务，这标志着现代物业管理的诞生。

1908年，世界上第一个物业管理行业性组织——芝加哥建筑物管理人员组织（CBMO）成立；1933年，美国第一家物业管理专业协会——全美物业管理协会（IREM）成立。之后，美国的物业管理得到快速的发展，表现出较高的市场化、专业化水平，很多物业管理的前沿理论都是在美国产生并应用于实践。其后，伴随着美国的政治、经济、文化在全球影响力的扩展，美国的物业管理也传播到世界各地。

在亚洲，第二次世界大战后城市人口激增，居住和治安问题显得十分突出。为此，日本、新加坡等都实施了物业管理，改善了人们的居住环境，也形成了适合本国的物业管理体系。

二、我国物业管理的产生与发展

改革开放前，在计划经济体制下，我国城镇住房的管理一直采取福利型的行政管理模式，即城镇住房由国家和国有企业投资并实物分配后，只收取较低的福利租金并由国家包修包养。因此，地方政府房产管理部门在其下辖国有房产管理企业成立了"房管所"专门对国有住房进行养护、维修与管理。但是，这种福利型的住房建设、分配和管理制度，造成了建设资金有投入无回收，严重制约了内地住宅建设的发展。同时，过低的房租不能维持房屋的养护维修，大量的危旧房屋得不到改造，房屋损坏严重。

改革开放后，房地产生产方式的改革，促成住宅小区的房屋产权多元化和共用设施社会化，这些共用设施设备如何管理、使用、养护、维修就成了急需解决的问题。因此，各地对住宅小区的管理模式进行了多方面的探索与实践。1981年3月10日，深圳市第一家涉外商品房管理的专业公司——深圳市物业管理公司成立，第一家市场化的物业管理公司诞生。该公司借鉴其他地区先进的物业管理经验，结合特区的实际情况，对物业管理新体制进行了探索和实践。该公司按照社会化、专业化的管理原则，对住宅小区实施专业管理，为业主提供有偿服务，收取相应的服务费用，建立了"独立核算、自负盈亏、自我发展、自我完善"的运行机制，使房屋管理工作从政府福利行为转变为企业市场行为，使房屋管理从政府补贴为主转为自负盈亏，为特区乃至全国房屋管理工作的改革提供了成功的经验，至此，城镇房屋福利性管理开始走上市场化、专业化的物业管理道路。其后，业主自治模式、住宅小区物业管理模式、非住宅业态的物业管理、物业管理招标投标的改革与实践逐步展开推广，物业管理法律法规也开始制定实施。

1993年6月，第一家物业管理行业协会组织——深圳市物业管理行业协会成立；1994年11月，第一部物业管理地方性法规——《深圳经济特区住宅区物业管理条例》正式施行。

2000年10月，中国物业管理协会成立，对加强行业发展指导和行业自律起到了重要作用。

2003年9月1日，《物业管理条例》实施，标志着我国物业管理进入法制化、规范化的新发展阶段。《物业管理条例》实施以后，物业管理得到快速发展，物业管理队伍持续壮大，各地物业服务企业和从业人员的数量迅速增加，物业管理市场逐步完善、规范。

2007年10月1日，《中华人民共和国物权法》（以下简称《物权法》）施行，建筑物区分所有权进一步明确了业主在物业管理中的主导地位，业主对物业管理方式和对物业服务企业选择权的实现，有效地维护了业主的合法利益，促进了物业管理市场化的真正实现与发展。对物业服务企业来说，身份从原来的"管理者"变成了"服务者"，促进了物业服务企业重新对自身进行定位，不断提高自身的竞争实力，通过敬业的服务态度和优质的服务质量，树立良好的口碑，赢得自己的市场。

2014年，彩生活服务集团在香港上市。自此以后，越来越多的物业服务企业上市，这些物业服务企业越来越重视市场化能力，通过收并购使行业集中度迅速攀升，探索创新服务模式，不断拓展业务领域。

2020年新冠疫情暴发以后，物业管理行业积极承担防疫责任，受到政府和社会各界认可，社会地位得到大幅提升。

2021年施行的《民法典》，凸显了物业管理在社会经济生活中的重要性，为物业管理服务提供了法律依据，明确了业主和物业服务企业双方的权利义务，对物业管理纠纷起到了定纷止争的作用，对建设和谐小区有重大意义。

随着我国市场经济的完善和改革开放的深入，物业管理市场竞争将更加激烈，物业服务企业要明确自身市场定位，主动迎合市场需求，完善物业管理制度，提高服务标准，在挑战中找到发展的机遇。

培训项目 3

物业管理的基本制度

一、业主大会制度

业主大会制度是指在物业管理区域内，业主通过业主大会行使共同管理权的自治管理制度。业主共同管理权的行使需要全体业主共同实施，而共同实施的途径就是业主大会这一业主自治管理组织。业主大会制度设计的根本出发点就是强调业主自治。

业主大会由物业管理区域内的全体业主组成，代表和维护物业管理区域内全体业主在物业管理活动中的合法权利，履行相应义务。业主大会是业主为实现自我管理共同财产而设立的财产组织，以保护业主共同财产权为组织目的，代表全体业主行使共同管理权。业主委员会是业主大会的执行机构，可以在业主大会的授权范围内就某些物业管理事项作出决定，但物业管理重大事项只能由业主大会作出决定。业主大会及业主委员会应当依法履行职责，不得作出与物业管理无关的决定，不得从事与物业管理无关的活动。

业主大会制度的核心价值是建立民主协商、自我约束、平衡利益的业主自我管理机制。"民主协商"，是指业主共同决定的事项须通过业主大会会议进行集体表决；"自我约束"，是指凡是合法合规合程序的业主共同决定，对全体业主都具有约束力，全体业主必须服从，即使在表决中表达了反对的意见，也应自觉执行这一决定；"平衡利益"，是指业主的共同决定首先要充分考虑全体业主的共同利益，但也要兼顾个别业主的利益诉求，尤其不能侵犯个别业主的合法权益。若违背这一管理机制，业主所享有的共同管理权就根本无法行使，全体业主的共同财产利益乃至业主个人专有部分的财产利益都会蒙受损失。

二、管理规约制度

管理规约制度是指在物业管理区域内，为规范业主使用、维护、管理物业，并要求全体业主共同遵守而建立的行为规范制度。业主自治是业主大会制度设计的根本出发点，而管理规约是业主自治的重要基础。

《物业管理条例》第十七条规定：管理规约应当对有关物业的使用、维护、管理，业主的共同利益，业主应当履行的义务，违反管理规约应当承担的责任等事项依法作出约定，管理规约对全体业主具有约束力。由此可见，管理规约是业主行使业主共同管理权的契约性文件，是全体业主共同制定并遵守的行为准则，对全体业主具有约束力。

业主之间的相互关系是基于共同财产和共同利益建立的，管理规约是以保护业主的财产权利为核心内容的行为规则，是单个业主财产利益与全体业主整体利益的协调准则，是对业主自我管理财产即自治管理的规范。实行管理规约制度有利于提高业主的自律意识，缓解物业服务企业和业主之间的矛盾和冲突，预防和减少物业管理纠纷。因而，遵守管理规约就是要强调业主行为的自觉性。

三、前期物业管理招标投标制度

前期物业管理招标投标制度是指住宅物业的建设单位必须通过招标投标的方式选聘物业服务企业的制度。

《物业管理条例》第二十四条规定：国家提倡建设单位按照房地产开发与物业管理相分离的原则，通过招标投标的方式选聘物业服务企业；住宅物业的建设单位，应当通过招标投标的方式选聘物业服务企业。这里明确规定了住宅物业的建设单位必须通过招标投标的方式选聘前期物业管理的物业服务企业。原因有两点：一是销售前建设单位是住宅物业的所有权人，即业主；二是依照商品房销售相关规定，商品房销售之前应落实物业管理方案。所以，建设单位有权依法选聘物业服务企业，并与之订立前期物业服务合同。为防止建设单位在选聘物业服务企业时，直接将物业管理项目交给自建或关联的物业服务企业，以及在订立前期物业服务合同中约定损害业主合法权益的事项，导致在物业管理实施中出现物业管理职责不清、责任与权利归属不明等问题，国家实行前期物业管理招标投标制度，这样既可建立公平竞争的物业管理市场秩序，又可保护业主的合法权益。为进一步规范前期物业管理招标投标活动，2003年6月建设部发布《前期物业管理招标投标管理暂行办法》。

四、物业承接查验制度

物业承接查验制度是指物业服务企业承接物业项目前，与建设单位、业主按照国家有关规定和物业服务合同的约定，共同对物业共用部位、共用设施设备进行检查和验收的制度。

《物业管理条例》第二十八条和第二十九条规定：物业服务企业承接物业时，须对物业共用部位、共用设施设备进行查验，办理物业承接查验手续，移交有关资料。物业承接查验制度的确立，对明确建设单位、业主、物业服务企业的责、权、利，减少物业服务矛盾，促进建设单位提高建设质量，加强物业建设与管理的衔接等，具有重要意义。

2010年10月，住房城乡建设部印发了《物业承接查验办法》，对《物业管理条例》的有关规定进行细化、补充和完善，增强了物业承接查验制度的可操作性。

五、住宅专项维修资金制度

住宅专项维修资金制度是指建筑物区分所有权情形下，住宅共用部位、共用设施设备保修期满后发生维修及更新、改造时，业主共同筹集、使用所需资金的制度。

《物业管理条例》第五十三条规定：住宅物业、住宅小区内的非住宅物业或者与单幢住宅楼结构相连的非住宅物业的业主，应当按照国家有关规定交纳专项维修资金；专项维修资金属于业主所有，专项用于物业保修期满后物业共用部位、共用设施设备的维修和更新、改造，不得挪作他用；专项维修资金收取、使用、管理的办法由国务院建设行政主管部门会同国务院财政部门制定。住宅专项维修资金制度对保证物业共用部位、共用设施设备的养护维修，保证物业的正常使用，保证物业维修的资金需要，维护全体业主的合法权益，起到了重要作用。

2007年12月，建设部、财政部发布《住宅专项维修资金管理办法》。该办法规定了住宅专项维修资金的交存标准，住宅专项维修资金的代管与业主自管的管理办法与要求，住宅专项维修资金的使用程序与分摊规则等，细化了住宅专项维修资金制度的具体内容，促进了住宅专项维修资金制度的有效实施。

2021年1月施行的《民法典》，对维修资金筹集和使用的业主共同决定条件分别进行了调整，明确了维修资金归业主共有，明确了维修资金的使用范围和使用用途，明确了维修资金的筹集、使用情况信息的公布要求，原则性规定了紧急情况下维修资金的使用要求。

培训项目 4
物业管理基本制度建设的历史沿革

一、《物业管理条例》颁布前我国物业管理的制度建设

从 20 世纪 90 年代初到 2003 年《物业管理条例》颁布前，对于物业管理这一新生事物，无论国家还是地方都尝试通过制度建设加以推动和规范。这一阶段的物业管理政策法规主要体现以下特点：一是借鉴性，主要借鉴新加坡等国的先进经验；二是过渡性，主要考虑传统房管模式根深蒂固，采取渐进式的方法进行改革；三是针对性，主要是针对当时当地物业管理实践中出现的问题，选择应对性的政策和方法。

2003 年以前出台的全国性物业管理法规政策主要有：

1.《城市新建住宅小区管理办法》

1994 年 3 月建设部发布的《城市新建住宅小区管理办法》，确立了城市新建住宅小区物业管理的新体制，指明了我国房屋管理体制改革的前进方向。它是我国第一个系统规范物业管理的制度性文件，是推动我国全面开展物业管理活动的基石，对我国建立物业管理活动秩序产生了重大影响。该办法已于 2007 年 9 月废止。

2.《城市住宅小区物业管理服务收费暂行办法》

为规范物业服务企业的服务收费行为，保护消费者的正当权益，1996 年国家计委和建设部联合发布了《城市住宅小区物业管理服务收费暂行办法》。该暂行办法实施后，对维护物业管理正常收费秩序发挥了重大作用。该暂行办法因《物业服务收费管理办法》于 2004 年 1 月 1 日施行而废止。

3.《物业管理企业财务管理规定》

为规范物业服务企业财务管理行为，有利于企业公平竞争，加强财务管理和

经济核算，财政部于 1998 年发布了《物业管理企业财务管理规定》，该规定结合物业服务企业的特点及其管理要求，从代管基金、成本、费用、营业收入和利润等方面具体规范物业服务企业的财务管理行为。该规定现已失效。

4. 《住宅共用部位共用设施设备维修基金管理办法》

为保障住房售后的维修管理，维护住房产权人和使用人的共同利益，建设部、财政部于 1998 年 11 月印发了《住宅共用部位共用设施设备维修基金管理办法》。该办法规定：凡商品住房和公有住房出售后都应当建立住宅共用部位共用设施设备维修基金，专项用于保修期满后的大修、更新和改造。该办法因《住宅专项维修资金管理办法》于 2008 年 2 月 1 日施行而废止。

5. 《物业管理企业资质管理试行办法》

为规范物业管理市场秩序，加强对物业服务企业经营活动的管理，1999 年建设部印发《物业管理企业资质管理试行办法》，要求从事物业管理的企业按照该办法的规定，申请企业资质评定，然后才能依法运营。该办法因《物业管理企业资质管理办法》于 2004 年 5 月 1 日施行而废止。

6. 《住宅室内装饰装修管理办法》

2002 年 3 月建设部发布了《住宅室内装饰装修管理办法》，自 2002 年 5 月 1 日起施行。该办法明确了装饰装修活动的禁止行为，明确了装修人、装饰装修企业、物业服务企业以及相关行政管理部门在装饰装修活动中的法律关系和法律责任，规定了装饰装修管理服务协议和装饰装修合同的主要内容。该办法是物业服务企业规范业主装饰装修行为的主要政策依据，目的是加强住宅室内装饰装修管理，保证装饰装修工程质量和安全，维护公共安全和公众利益。

二、《物业管理条例》颁布后我国物业管理的制度建设

2003 年 6 月 8 日国务院颁布了《物业管理条例》，该条例自 2003 年 9 月 1 日施行。《物业管理条例》颁布后，国务院有关部门和地方各级政府及房地产主管部门纷纷开展相应政策的立、改、废工作，全国上下掀起物业管理制度建设的新高潮。这一阶段物业管理政策法规主要体现出以下特点：一是配套性，主要是以《物业管理条例》的配套性文件和实施细则的方式出现，贯彻落实《物业管理条例》；二是经验性，主要是总结物业管理实践的经验教训，有针对性地作出制度安排；三是操作性，主要是将《物业管理条例》中的基本制度和原则规定予以细化，使其

在现实操作层面上得以实施。《物业管理条例》先后于 2007 年 8 月 26 日、2016 年 2 月 6 日和 2018 年 3 月 19 日进行了三次修订。

《物业管理条例》颁布后至《物权法》生效前，全国性的物业管理法规政策主要有以下几项。

1.《业主大会规程》

2003 年 6 月 26 日，建设部印发了《业主大会规程》，规范业主大会的活动，保障民主决策，维护业主的合法权益。该规程因《业主大会和业主委员会指导规则》于 2010 年 1 月 1 日施行而废止。

2.《前期物业管理招标投标管理暂行办法》

2003 年 6 月，建设部发布了《前期物业管理招标投标管理暂行办法》，自 2003 年 9 月 1 日起施行。该办法从招标投标规则和明确监管职责两个角度，对前期物业管理招标投标活动进行了制度规范。目的是保护招标投标当事人的合法权益，促进物业管理市场的公平竞争。

3.《物业服务收费管理办法》

2003 年 11 月，国家发展改革委、建设部发布了《物业服务收费管理办法》，自 2004 年 1 月 1 日起施行。该办法明确了国家鼓励物业服务企业开展正当的价格竞争、禁止价格欺诈，确定了物业服务收费实行政府指导价和市场调节价的定价形式，确定了包干制和酬金制的物业服务计费方式，明确了物业服务成本或者物业服务支出构成，要求物业费实行明码标价。目的是规范物业服务收费行为、保障业主和物业服务企业的合法权益。

4.《物业管理企业资质管理办法》

2004 年 3 月 17 日，建设部发布了《物业管理企业资质管理办法》，该办法于 2018 年 3 月 8 日废止。

5.《物业服务收费明码标价规定》

2004 年 7 月，国家发展改革委、建设部发布《物业服务收费明码标价规定》，自 2004 年 10 月 1 日起施行。该规定对明码标价的原则、内容、方式及监督检查作了具体规定，目的是进一步规范物业服务收费行为，提高物业服务收费透明度，维护业主和物业服务企业的合法权益，促进物业管理行业的健康发展。

6.《业主临时公约（示范文本）》和《前期物业服务合同（示范文本）》

2004 年 9 月，建设部发布《业主临时公约（示范文本）》和《前期物业服务合同（示范文本）》。这两个示范文本明确了前期物业管理活动中当事人各方的责、权、利关系，反映了物业管理的基本内容，能够充分表达当事人双方的意愿，维护了全体业主的共同利益，对于指导、规范建设单位与物业服务企业切实做好前期物业管理工作，提高物业管理水平和规范物业管理市场等起到重要的作用。

三、《物权法》颁布后我国物业管理的制度建设

2007年3月16日，第十届全国人民代表大会第五次会议审议通过《物权法》。其第六章"业主的建筑物区分所有权"对业主共同管理建筑物及其附属设施中的权利义务作出了具体规定。为维护国家法律制度的统一，根据《物权法》第六章的有关规定，国务院于2007年8月公布了《国务院关于修改〈物业管理条例〉的决定》。与此同时，以《物权法》为指导，物业管理的政策法规开始了新一轮的修改和完善，这一时段的物业管理政策法规主要体现以下特点：一是协调性，主要是强调制度建设要与上位法保持一致，以避免法律适用的冲突，保证国家法制统一；二是引导性，主要是政府从改善民生和发展经济出发，着力制定指导和支持物业服务业发展的产业政策；三是创新性，主要是在总结多年物业管理发展经验的基础上，进行符合市场规律和行业特征的制度创新。

《物权法》颁布后至《民法典》颁布前，主要制定了以下全国性的物业管理政策法规。

1.《物业服务定价成本监审办法（试行）》

2007年9月，国家发展改革委、建设部发布了《物业服务定价成本监审办法（试行）》，该办法自2007年10月1日起施行。该办法适用于政府价格主管部门制定或者调整实行政府指导价的物业服务收费标准，对相关物业服务企业实施定价成本监审的行为。该办法明确了物业服务定价成本的构成、相关项目的审核方法和标准，目的是提高政府制定物业服务收费的科学性、合理性，对业主与物业服务企业和其他管理人约定物业费标准有借鉴意义。

2.《住宅专项维修资金管理办法》

2007年12月，建设部、财政部发布了《住宅专项维修资金管理办法》，该办法自2008年2月1日起施行。该办法是《物业管理条例》明确的住宅专项维修资金制度的配套规章，是对住宅专项维修资金制度的细化、补充和完善，对维修资金的交存、使用、监督管理等作了具体的规定。目的是加强对住宅专项维修资金

的管理，保障住宅共用部位、共用设施设备的维修和正常使用，维护住宅专项维修资金所有者的合法权益。

3. 最高人民法院关于物业管理的两部司法解释

2009年5月，最高人民法院发布《最高人民法院关于审理建筑物区分所有权纠纷案件具体应用法律若干问题的解释》和《最高人民法院关于审理物业服务纠纷案件具体应用法律若干问题的解释》。这两部司法解释是最高人民法院根据《物权法》等法律规定，结合民事审判实践制定的，是正确审理建筑物区分所有权或物业服务纠纷案件，依法保护当事人的合法权益的依据。

4.《业主大会和业主委员会指导规则》

2009年12月，住房城乡建设部发布《业主大会和业主委员会指导规则》，该规则自2010年1月1日起施行。《业主大会和业主委员会指导规则》是《物业管理条例》明确的业主大会制度的配套规章，将《物业管理条例》的有关规定进行了细化、补充和完善，增强了业主大会制度的可操作性，规范了业主大会和业主委员会的性质、成立、职责、活动等内容，明确了街道办事处、乡镇人民政府和居民委员会等的指导和监督职能，目的是规范业主大会和业主委员会的活动，维护业主的合法权益。

5.《物业承接查验办法》

2010年10月，住房城乡建设部发布《物业承接查验办法》，该办法自2011年1月1日起施行。《物业承接查验办法》是《物业管理条例》明确的物业承接查验制度的配套规章，将《物业管理条例》的有关规定进行了细化、补充和完善，增强了物业承接查验制度的可操作性，明确了建设单位、物业服务企业和业主在承接查验活动中的权利和义务，目的是减少建设单位的开发遗留问题，降低物业服务企业的管理服务风险，维护业主共同财产权益，化解物业管理矛盾纠纷，构建和谐互信的物业管理关系。

四、《民法典》颁布后我国物业管理的制度建设

2020年5月28日，第十三届全国人民代表大会第三次会议通过了《民法典》，自2021年1月1日起正式施行。《民法典》的颁布实施标志着我国物业管理制度建设进入了新阶段。《民法典》首次明确物业服务合同为典型合同，对业主共同决定事项和表决规则作出了调整，同时也是首次提出"物业服务人"的概念，进一步

明确了业主和物业服务人的权利和义务，对于依法规范物业管理行业具有巨大推动作用。

《民法典》施行后，原有的《物权法》《中华人民共和国合同法》《中华人民共和国侵权责任法》等多部法律废止，与之对应的物业管理相关规定也一并失效。2020年12月，最高人民法院依照《民法典》对与物业管理相关的两部司法解释进行了修订，修订为《最高人民法院关于审理建筑物区分所有权纠纷案件适用法律若干问题的解释》和《最高人民法院关于审理物业服务纠纷案件适用法律若干问题的解释》。

培训项目 5

物业管理的性质与原则

一、物业管理的性质

物业管理具有委托性质，即物业管理实施主体业主委员会、物业服务企业的物业管理权利源自物业管理的管理主体业主的委托。

《民法典》第二百八十四条规定："业主可以自行管理建筑物及其附属设施，也可以委托物业服务企业或者其他管理人管理。"这是对物业管理方式选择的规定，即物业管理有业主自行管理和业主委托管理两种方式。

1. 业主自行管理

业主自行管理的方式是指业主本身或业主通过业主委员会对物业进行养护、维修和管理。在业主自行管理方式下，除单个业主独立享有物业所有权的情形外，在建筑物区分所有权的情形下，其实质是通过业主共同决定将建筑区划内专有部分以外的共有部分的共同管理权以及对共有部分的养护维修义务委托给了业主财产自治管理组织业主大会的执行机构业主委员会代为行使和履行，其委托事务的范围、权限通过全体业主表决同意的方式进行约定。因此，业主自行管理本身就是以委托作为基础的，其实施物业管理源自物业管理的管理主体业主的委托。

2. 业主委托管理

业主委托管理的方式是指业主或业主委员会代表全体业主委托物业服务企业对物业进行养护、维修和管理。

物业管理活动中对业主共有部分的养护、维修和管理的活动，是一项专业综合性较强的活动，依据"专业的事交给专业的人去做，是最有效的选择"的市场法则，以及《民法典》第二百八十四条第一款的规定，业主的最佳选择就是将物业养护维修委托给物业服务企业代为履行。当然，业主委托管理实施的前提条件就是要依照《民法典》第二百七十八条规定的条件选聘物业服务企业,《物业管理条例》第二条中也是强调业主选聘物业服务企业,这里的选聘物业服务企业的实质就是委托关系的体现。

业主选聘了物业服务企业,根据《物业管理条例》第二十一条、第三十四条的规定,双方须签订书面的物业服务合同(包括前期物业服务合同)。物业服务合同的内容应符合《物业管理条例》第三十四条第二款、《民法典》第九百三十八条的规定。物业服务合同产生的基础是物业服务企业接受业主或业主委员会代表全体业主的委托,由物业服务企业代为履行对建筑区划内专有部分以外的共有部分的养护维修义务。自然,物业服务合同中所约定的物业服务企业的权利和义务均源自业主的委托,且为保证物业服务企业履行受委托义务而设立,其内容精神符合《民法典》第九百一十九条中"委托合同是委托人和受托人约定,由受托人处理委托人事务的合同"的规定,物业服务合同具有委托合同的性质,因此,称其为"业主委托管理"。

业主委托管理情形下,业主与物业服务企业是委托人与受托人的关系,双方物业管理法律关系的基础是信用。"业主选聘"以及"受托人应当按照委托人的指示处理委托事务"表明物业管理应以业主为主导。物业服务企业应当按照业主的"指示",即"合同约定",做好物业共有部分的养护维修。同时,业主和物业服务企业之间的委托关系,也是明晰物业管理责任边界的"法理出发点",能够明确双方在物业管理中的权利和义务,如业主支付物业费的基本义务和物业服务企业对物业的养护维修的基本义务。

二、物业管理的原则

1. 业主主导原则

业主主导是指在物业管理活动中,通过业主自治管理的形式,将业主置于首要地位,以业主的需要为核心,围绕业主的需要开展物业管理活动。物业管理的业主主导性主要体现在依法选择物业管理方式和选聘物业服务企业。业主主导,体现在业主在物业管理活动中的话语权、决策权上,只有真正实现并尊重业主在物业管理活动中的话语权,才能实现业主共同决定事项的民主决策、集体决策,这是业主在物业管理活动中的根本权益。物业服务企业须对此保持清醒认识,主动摆正自身位置,尊重并维护业主的根本权益,才能与业主和谐相处,保证自身在物业管理市场中的可持续发展。

2. 权责分明原则

物业管理活动是业主通过招聘的方式，以合同的形式委托物业服务企业实施的。业主是物业管理权的主体，物业服务企业是通过接受委托的方式取得并行使物业管理权的。因此，物业管理必须明确业主与物业服务企业双方各自的权利与责任，并依法依规依约行使权利和履行义务，双方才能在物业管理活动中形成良性互动，保证物业管理的有效实施，否则物业管理就会陷入困境，造成双方利益的损失。

3. 依法行事原则

物业管理活动应以法律为准绳、以合同为基础。以法律为准绳，是指物业管理涉及人与物、人与人的关系，遇到的问题十分复杂，涉及民事、行政、刑事等诸多法律关系，矛盾与纠纷随时都有可能发生，因此，业主和物业服务企业双方需要依据相关法律法规、规章政策等，确定物业管理的行为准则，规范、引导物业管理市场的健康发展。以合同为基础，是指物业管理的全部运作过程都是建立在物业服务合同中约定的内容、质量和标准等基础上的，业主、物业服务企业如果违反合同的约定，就要承担相应的法律责任。

4. 公平竞争原则

实施市场化的物业管理，需要建立一套公开、公正、规范的竞争机制，促进物业管理市场的公平竞争。只有通过公平竞争，才能明确业主与物业服务企业的权利、义务和责任，真正维护双方的合法权益，形成富有活力的竞争市场，建立起信用引导机制，从根本上促进物业管理水平和服务质量的提高。

5. 统一管理原则

物业的一体性要求统一管理。物业管理区域内房屋建筑结构整体相连、设施设备互相贯通的整体性和系统性，决定了一个物业管理区域的物业管理活动由一个物业服务企业统一实施管理、经营，能够避免不必要的物业管理事项相互纠缠、冲突，有利于满足业主和物业使用人的物业管理需要与要求，便于充分发挥物业的使用功能，满足业主和物业使用人的不同需求，提高物业的经济价值。

6. 专业高效原则

专业化管理体现在专业组织、专业人员、专业设备、专业方案、管理制度等方面。专业组织是指专门的物业管理组织，专业组织可以是物业服务企业，也可以是专业性服务企业，物业服务企业自身也可设立不同职能的专业部门实施专项管理、经营、服务；专业人员是指物业管理人员、工程技术人员和设施设备操作维护人员，专业人员都须经过规范化的培训和考核；专业设备是指现代化的专业设备；专业方案是指物业管理方案，专业方案是物业服务企业专业能力的综合体现；管理制度是指各种科学规范的管理制度和工作程序，管理制度用于保证专业化管理的正确实施。专业化的管理能够做到分工合作，提高效率，实现物业管理的高效响应、优质服务。

7. 收费合理原则

物业服务企业是自主经营、自负盈亏、自我约束、自我发展的经济实体，因此，物业服务企业在实施管理、经营、服务时，必须依照市场经济规律的要求实行有偿服务，按照谁享用、谁受益、谁负担的原则，由享用人、受益人分担物业管理费用。物业管理收费只有遵循合理、公平及费用与服务水平相适应的原则，让业主和物业使用人能够接受并感受到质价相符、物有所值，才能保证物业服务企业可持续运行，保证业主和物业使用人能够持久享受物业管理服务。

8. 服务第一原则

物业管理的委托性质，决定物业管理具有委托的服务属性，其为委托人业主提供的服务产品，就是对物业的养护、维修和管理。因而，物业管理的核心是为业主和物业使用人提供服务。这就要求物业服务企业在物业管理过程中要重视业主和物业使用人的服务感受，讲究服务的效用，处处主动为业主和物业使用人提供方便，并使其感到舒适、满意。

培训项目 6

物业管理的主要内容和环节

一、物业管理的主要内容

从物业管理的本质和性质角度看,物业管理的主要内容包括房屋与设施设备管理、秩序维护管理、保洁管理、绿化管理以及客户服务。

1. 房屋与设施设备管理

房屋与设施设备管理是指依据房屋与设施设备管理要求,通过一系列的技术、经济和组织措施,对房屋及其配套设施设备所开展的综合管理活动。

房屋与设施设备管理是从物业服务合同约定的物业承接查验开始,到物业服务合同期限届满期间,对房屋建筑结构、物业共用部位、物业共用设施设备进行的查验、承接、日常养护维修活动。

(1) 房屋修缮管理。房屋修缮管理也称房屋养护维修管理,是指物业服务企业以房屋完损等级评定为依据,根据房屋生命周期的不同阶段,有针对性地应用养护、修缮等技术手段,恢复、改善房屋功能或者实施房屋更新改造的活动。

房屋修缮管理是为做好房屋养护维修工作而进行的计划、组织、控制、协调等管理过程,应做到零星养护、计划养护和季节养护,防止事故发生,延长维修周期,并为中修、大修提供施工的可靠资料,最大限度地延长房屋的使用年限。同时,也要加强房屋修缮工程质量监督、检查和验收工作,建立和完善房屋修缮工程质量保修制度,保证房屋修缮工程的质量,提高房屋的安全性、耐久性。

(2) 物业设施设备管理。物业设施设备管理是指物业服务企业通过工程管理人员熟悉和掌握设施设备的原理、性能,对其进行科学必要的日常保养、计划维修或故障排除,使之能够保持最佳运行状态,有效地发挥效用,保证物业使用安全的管理活动。

物业设施设备管理工作是物业管理的核心与基础，是物业服务企业最经常、最持久、最基本的工作内容。物业设施设备保养通常采用日常维护保养、一级保养和二级保养三级保养制。房屋设施设备维修根据设备破损程度可分为零星维修工程、中修工程、大修工程、设备更新和技术改造、故障维修工程。物业工程管理人员必须熟悉和掌握物业项目的设施设备的基本情况，通过保养和维修，保持所有的物业设施设备处于良好的技术状态，并尽可能地做到节能减排，科学有效地发挥其使用功能，延长其使用寿命，以达到物业使用安全的目的。

(3) 房屋与设施设备管理模式。房屋与设施设备管理模式是物业服务企业为有效率地实现房屋与设施设备管理而采用的具体运营方式，有自行管理、外包管理和混合管理三种模式。物业服务企业应根据自身的条件和实际情况进行选择。

1) 自行管理模式。自行管理模式是指由物业服务企业依靠自身的人力、物力、技术力量，自行组织对物业共用部位、共用设施设备进行运行、养护、维修等管理。

物业服务企业选择这种管理模式时，首先应取得相应的专业许可，其次还应具有取得相应资格的各类专业技术人员。如果物业服务企业具有电梯、消防等特种专业许可，不但可以成立自己的专业设施设备维保企业，在满足自身物业管理需求的前提下，还可对外拓展物业设施设备维保业务，拓展创收渠道。

2) 外包管理模式。外包管理模式是指物业服务企业将物业共用部位、共用设施设备完全委托第三方专业维护管理企业进行养护、维修等管理。

外包管理模式是以物业设施设备各专业技术集成为特点而发展起来的一种管理模式，在技术上重点突出专业化和系统化，管理上追求质量和效率。这种管理模式是随着社会化分工越来越细，尤其是物业高科技运用越来越多，对专业技术方面的要求越来越高，加之业主和物业使用人对管理品质的要求日益增长应运而生的，是未来物业管理精细化、专业化发展的方向。

3) 混合管理模式。混合管理模式即自行管理与外包管理相结合的模式，是指物业服务企业除自行组织对部分物业共用部位、共用设施设备进行运行、养护、维修等管理外，另将部分物业共用部位、共用设施设备尤其是特种设备委托第三方进行养护、维修等管理。

选择混合管理模式，是物业服务企业在自身条件达不到完全自行管理情况下的最好选择。这种管理模式既能最大化地发挥出物业服务企业的自身资源优势，同时又能充分利用外来技术资源优势满足整体物业管理需要，保证物业专业化技术管理质量，避免物业服务企业因自身技术资源不足而带来的风险。

2. 秩序维护管理

秩序维护管理是指物业服务企业为了保持和维护物业管理区域内的公共秩序而开展的综合管理活动。

在秩序维护管理活动中，物业服务企业承担的角色是在物业管理区域内协助公安、消防等有关部门进行安全防范和公共秩序维护等管理活动，执行"谁主管，谁负责"和"群防群治"的原则，主要任务是落实公共秩序维护、公共安全防范、消防安全各项制度，维护物业管理区域公共秩序，及时发现、制止和报告违法违规活动，为物业管理区域内的设施设备及业主和物业使用人的人身、财产安全创造良好的环境。

秩序维护管理主要包括安全防范管理、消防管理、车辆管理等内容。管理模式一般有自行管理、外包管理和混合管理三种模式。

（1）安全防范管理。安全防范管理是指物业服务企业在物业管理区域内为保障物业运行、灾害预防、施工监管等安全事宜而开展的一系列防范性综合管理活动。

安全防范管理包括"防"与"保"两个方面："防"是预防灾害性、伤害性事故发生；"保"是通过各种措施对发生的事件进行妥善处理。"防"是防灾，"保"是减灾。两者相辅相成，缺一不可。安全防范管理的目的是通过保证物业安全使用，保障物业管理区域内的人身安全和财产安全，维护物业管理区域内的工作和生活的基本秩序，保证业主和物业使用人有一个安全舒适的工作、生活环境。

安全防范管理包括出入管理、公共安全秩序维护、灾害防治、施工现场管理、应急处置和标志管理等工作。

（2）消防管理。消防管理是指物业服务企业为保障物业管理区域内火灾预防、火灾处置等事宜而协助政府相关部门的综合管理活动。

消防安全工作以"预防为主，防消结合"为方针，包括防火和灭火两个方面。就物业管理而言，消防管理的重点就是预防为主，要把预防火灾放在首位，贯彻消防法律法规精神，落实防火的组织措施和技术措施，从根本上防止火灾的发生。防消结合，就是物业管理在做好防火工作的同时，还应积极做好灭火准备，结合物业项目的实际情况，制定各类火灾预案，一旦发生火灾，能够有针对性地采取应急措施，最大限度地减少火灾所造成的人身伤亡和财产损失。

消防管理包括消防知识宣传、消防安全检查、监控值守、标志管理、应急处置、志愿消防队伍建立、消防管理制度完善以及对消防设施设备的维修保养等工作。

（3）车辆管理。车辆管理是指物业服务企业为维护物业管理区域内行车、停车秩序和停车场（库）设施设备及相关场地而进行的综合管理活动。

为提供优质的车辆管理服务，必须制定和执行相应的管理制度，注重管理人员的培训和考核。一般情况下，车辆管理制度包括公共制度和内部制度两部分。公共制度是指政府公布的交通法规、停车收费管理办法等；内部制度是指物业服务企业内部制定的管理制度，包括停车场管理规定、车辆出入管理规定、交接班管理规定、工作考核管理规定、突发事件处理办法等。

车辆管理包括车位规划与分配、车辆出入管理、车辆停放管理、停车收费管理、应急处置和标志管理等工作。

3. 保洁管理

保洁管理是指为保护物业管理区域内卫生环境而进行的物业擦拭清扫、日常垃圾收集清运、装修建筑垃圾收集清运、垃圾收集设施保养维护、清洁保持巡查以及保洁宣传教育等综合管理活动。

物业服务企业按照物业服务合同约定，开展定时、定点、定人的清扫、擦拭、整理等专业性操作，实施垃圾分类收集、处理和清运等。保洁管理需要根据不同的保洁区域、保洁种类、保洁对象等，制定不同的保洁作业程序、保洁服务的工作要求以及质量标准，保证物业服务合同约定的保洁管理目标。

保洁管理包括室外公共区域清洁、室内公共区域清洁、垃圾收集与处理、外墙清洗、游泳池清洁、清洁拓荒、石材养护、冬季除雪除冰等。物业服务企业提供保洁管理的方式一般有自行管理和外包管理两种。保洁管理的实质是对物业外观的保养与维护，保持物业良好的外观质量，以延长物业的使用寿命。

4. 绿化管理

绿化管理是指为保护物业管理区域内绿化环境而进行的绿植养护、绿化装饰、绿化档案管理以及绿化宣传教育等综合管理活动。

物业服务企业按照物业服务合同约定，有计划地对物业管理区域内的绿植进行浇水、施肥、除草、灭虫、修剪、松土、围护，以及巡视检查、保护等工作。绿化管理须根据绿植的不同品种、不同生长期，适时确定不同的养护重点，维持绿植健康生长，保证实现物业服务合同约定的绿化管理目标。

绿化管理包括绿化日常养护、园林绿化的翻新改造、绿化环境布置、园林绿化灾害预防等。绿化管理主要有室外绿化管理和室内绿化管理两大类。物业服务企业提供绿化管理的方式一般有自行管理和外包管理两种。绿化管理的实质是通过对物业管理区域内绿植的养护，维护业主的共有绿植财产不受损失。

5. 客户服务

客户服务是指为了响应、满足业主和物业使用人的需求而开展的一系列活动。客户服务的核心理念是物业服务企业的全部经营活动都要从满足业主和物业使用人的需要出发。

客户服务包括入住、迁出、装饰装修和特约服务等事项手续办理，接待管理，投诉处理，违规处理，档案管理，信息管理，满意度调查，沟通管理以及物业费收取等。物业服务企业通过客户沟通、投诉处理、客户关系维护、满意度调查和客户服务创新等手段，不断改进工作，提升服务水平，获取更大的经济效益和社会效益。客户服务的方式一般都是物业服务企业自行管理。

此外，从物业管理项目运营的角度，物业管理的内容还有专项管理（如财务管理、质量管理、风险管理、人力资源管理等）、经营性管理（如资产管理、增值服务等）、扩展性管理（如社区文化建设、配合和融入社区治理等）。

二、物业管理的主要环节

物业管理是一个复杂的、完整的系统工程，物业管理的运作是物业管理活动的总和。为保证物业管理有条不紊地顺利启动和正常运行，从规划设计开始到管理工作的全面运作以及撤场，各个环节都不容忽视。根据物业管理的先后顺序，物业管理可以划分为五个主要环节，即物业管理项目早期介入阶段、获取阶段、前期管理阶段、常规管理阶段和撤场阶段。

1. **物业管理项目早期介入阶段**

物业管理项目早期介入是指物业服务企业受建设单位邀请，参与房地产项目的立项决策、规划设计、建设施工、销售租赁、竣工验收等过程，从物业管理的角度为建设单位提供项目规划、楼宇设计、功能确定、施工监理、设备选用、材料选择等方面的顾问咨询、管理协调等服务。

《物业承接查验办法》第四条规定："鼓励物业服务企业通过参与建设工程的设计、施工、分户验收和竣工验收等活动，向建设单位提供有关物业管理的建议，为实施物业承接查验创造有利条件。"

物业管理项目早期介入一般包括立项决策、规划设计、建设施工、销售租赁和竣工验收五个阶段。早期介入可以从立项决策阶段介入，实施全程的物业管理早期介入；也可以从其中某一阶段介入，实施余下阶段的物业管理早期介入；还可以只参与其中某个阶段的物业管理早期介入。

2. 物业管理项目获取阶段

物业管理项目获取是指物业服务企业通过合法的方式，与物业项目所有人签订物业服务合同，取得物业项目的物业管理权。

物业服务企业获取物业项目物业管理权的方式主要有招标投标方式、直接委托方式以及其他合法方式。其中，国家提倡住宅项目通过招标投标的方式确定物业项目的物业管理权，尤其是新建住宅物业的前期物业管理必须进行招标投标。这样做有利于物业管理市场的公平竞争，业主和物业服务企业可以充分运用价值规律和市场竞争机制，通过规范有序的招标投标行为，确定物业管理权。其他类型的物业，可以选择适合自身物业功能特点的方式。如单一业主的写字楼、商业综合体等，通常会采用直接委托方式，选择符合自身项目服务要求的物业服务企业。其他合法方式是指除了招标投标和直接委托方式外，物业服务企业以合法的方式，如《物业管理条例》第二十四条规定的协议方式选聘物业服务企业。

物业管理权的获取，是物业服务企业开展物业管理业务的第一步。如何以合理的价格和服务标准获取物业管理权，直接影响物业服务企业的业务扩展和长远发展。双方订立的物业服务合同是物业服务企业获取物业管理权的依据，是确立业主与物业服务企业在物业管理活动中的权利义务的法律依据。因此，做好订立物业服务合同工作非常重要。

3. 物业管理项目前期管理阶段

物业管理项目前期管理是指在业主、业主大会选聘物业服务企业之前，由建设单位选聘物业服务企业所实施的物业管理活动。

在前期管理阶段，物业服务企业的工作内容既包括物业正常使用期间所需要的常规物业管理服务，又包括物业承接查验、业主入住、装饰装修管理、工程质量保修处理以及物业管理项目机构的前期运作和前期沟通协调等。

4. 物业管理项目常规管理阶段

物业管理项目常规管理是指设立业主大会后,由业主或业主委员会代表全体业主与业主大会选聘的物业服务企业所实施的物业管理活动。

物业管理项目常规管理阶段的物业管理内容涵盖房屋与设施设备管理、秩序维护管理、保洁管理、绿化管理、客户服务等物业管理基本内容,还包括新业主的入住、房屋二次装修管理、物业服务质量管理等物业管理内容。

此外,在物业管理的前期管理阶段和常规管理阶段还贯穿着人力资源管理、财务管理、供应商管理、档案管理、公共关系管理、风险防范与紧急事件处理等内容。

5. 物业管理项目撤场阶段

物业管理项目撤场又称物业项目退出,是指物业服务合同当事人双方在合同履行期限届满、单方依法解除合同或者经双方协商解除合同的情况下,按照规定的程序办理终止物业管理手续后,物业服务企业终止物业管理并撤出物业管理区域的过程。

物业管理项目撤场的前提条件就是物业服务合同终止和物业服务合同解除两种情形。物业管理交接是指实施物业管理的物业服务企业发生更迭时,经物业承接查验后,物业服务企业与业主或业主委员会移交物业管理权的过程。物业管理交接有两种形式:一种是由原物业服务企业移交至业主或业主委员会,再由业主或业主委员会移交至新物业服务企业;另一种是由原物业服务企业直接移交至新物业服务企业,但新物业服务企业必须有业主书面授权委托书。

培训项目 7

物业管理服务质量与标准

一、物业管理服务质量

1. 服务概述

（1）服务的概念。服务是通过与客户接触而形成的在一定时间范围内满足客户需求的一系列活动，其核心理念是服务提供者与客户的接触。

（2）服务的机理。服务的机理可以从空间维度和角色维度进行分析。

1）空间维度。服务是服务提供者和客户之间进行的活动，因此服务的存在依赖于服务提供者与客户的接触。服务提供者与客户发生接触的场景即为"服务接触点"；而在"服务接触点"上，将输入转化为输出的相互关联或相互作用的一组活动即为"服务接触过程"。在服务提供和交付过程中，通常会有多个"服务接触点"，一系列的"服务接触过程"在"服务接触点"上发生，并构成了服务提供者和客户之间的整个服务提供和交付过程。如物业管理上门维修的流程中，前台客服人员接听业主来电或接待来访、维修人员上门维修以及客服中心的电话回访都是上门维修服务中的各个"服务接触点"，这些"服务接触点"构成了上门维修服务的整个过程，即"服务接触过程"。因为在物业服务接触过程中，物业服务人员的工作过程都是可视的，物业服务企业需要通过制定员工服务礼仪、工作规范等来指导各个岗位的服务人员履行其工作职责。

2）角色维度。在服务提供和交付过程中，有三个主要角色，即"服务提供者""客户"以及"服务系统"。服务提供者可能是一个人、一组人，也可能是一台设备、一套设施。服务系统主要包括服务的信息系统、保障系统、支持系统和辅助系统。在特定服务中，服务系统是给定的，它可以包括服务系统中四个子系统的部分或全部。站在客户的角度，服务提供者和服务系统是影响客户服务体验的两项主要因素。但是，由于客户在服务提供和交付过程中的深度参与，客户自身的因素也极大程度地影响了客户在服务提供和交付过程中的体验。

对于服务提供者而言，根据其承诺，通过服务接触过程向客户兑现其所作的承诺，提供并交付特定服务；对于客户而言，基于服务接触过程，通过体验服务接触特性满足的程度，获得并使用服务提供者提供的服务，产生服务感知，形成特定的信任感，并决定是否再次选择使用该项服务。

（3）服务的本质。通过对服务机理的分析，进一步揭示了服务的本质，即在通常情况下，服务由客户体验，在服务提供者和客户之间互动的服务提供和交付过程中实现，服务提供和交付过程往往同时发生，客户由此同时感知到其需求和期望的提供和实现过程。

（4）服务的特征。服务主要有无形性、同步性、不可存储性、差异性四个基本特征。

1）无形性。无形性是服务不同于有形产品的根本性特征，也是其特殊性的根源。服务是一个过程，而不是有形物。服务的实现依赖于服务提供者和（或）服务系统与客户互动的接触过程，这种接触过程中所产生的一系列活动的过程及其结果从客户的角度反映出来就是服务感知的结果，往往是无形的。简单地讲，服务是由一系列活动所构成的过程，这种过程是在客户与服务提供者的互动关系中进行的。

所以，对服务质量的评价往往是凭客户消费后所获得的满意程度作出，主观随意性较大。有时，客户享受服务后的利益也很难被察觉，或者要等一段时间后才能感知其存在。

2）同步性。同步性也称同时性、即时性、不可分割性。基于服务的无形性，服务的生产过程同时也是消费过程，即服务的生产与消费往往是同时进行的，因而具有不可分离性。服务质量是在生产和消费过程中由客户和服务提供者共同生产出来的，服务质量评价是客户对服务过程和服务结果的综合评价。服务绩效的好坏不仅取决于服务提供者的素质，也和客户的行为尤其心理感受密切相关。

3）不可存储性。不可存储性又称易逝性、易消失性、不可事后复原性。服务不可能像有形产品那样被储存起来以备将来出售或消费，服务只存在于被产出的那个时间点，"生产"一旦结束，服务也就不存在了。因此，一旦在限定的时间内丧失服务的机会，服务便不再复返（对客户和服务提供者都是），影响客户对服务质量的评价。

4）差异性。差异性又称异质性、可变性、波动性。同一项服务由不同的服务提供者、不同客户在不同接触场景中进行接触与互动，客户的感知一定是有差异的，进而影响客户对服务质量的评价。因为差异性，服务的质量和效果不仅取决于服务人员的个人态度和能力，同时也受客户本身因素的影响。因此，如何向客户提供质量一致的服务以及如何提高服务的稳定性是服务管理的重点与难点。

2. 服务质量概述

（1）服务质量的概念。根据《服务质量评价通则》（GB/T 36733—2018），服务质量的定义为：组织能够满足规定、约定以及客户需求的特性的程度。

服务质量是服务的效用及其对客户需要的满足程度的综合表现。服务质量同客户的感受关系极大，是通过客户在接受服务之前对服务质量的预期与接受服务时的实际感知水平之间的比较得出的，即服务质量的好坏要通过客户的服务感知来体现。

（2）服务质量要素。服务质量要素包括可靠性、响应性、保证性、移情性和有形性五个基本要素。

1）可靠性。可靠性是指服务提供者准确可靠地执行所承诺的服务的能力。可靠的服务行动是客户所希望的，它意味着服务企业兑现其所有的保证，以相同的方式、无差别地准时完成任务。

2）响应性。响应性是指服务提供者能帮助客户并迅速提供服务。特别是在有人要求、询问或出现服务失败投诉时，专注并快捷地解决问题会给质量感知带来积极的影响；相反，让客户等待，特别是无原因的等待，会对质量感知造成不必要的消极影响。对速度的需求，已经成为评价感知服务质量的重要因素。

3）保证性。保证性是指服务提供者所表达出的自信、知识和能力，表现为员工完成任务的能力、对消费者的礼貌和尊敬、与客户的有效沟通、将客户最关心的事放在心上。员工的良性行为能够增强客户对组织服务质量的信心和安全感。

4）移情性。移情性是指服务提供者设身处地地为客户着想，并对客户给予特别的关注，努力去了解他们的实际需要并给予满足，使整个服务过程富有"人情味"。移情性的本质是通过个性化的服务使客户感到自己是唯一的和特殊的，表现为对客户的关心和细致入微的个体关怀，即接近客户的能力、敏感性和努力地理解客户的需求。

5）有形性。有形性是指服务提供者有策略地提供服务的有形线索，以便识别和了解服务，包括服务的实体凭证、实体设施、服务人员，还有用于服务的工具、设备以及客户的实体接触。

客户从这五个基本要素将期望的服务和接受的服务相比较，最终形成自己对服务质量的判断。

(3) 服务质量的构成。服务质量是由感知质量与预期质量的差距来体现的，由以下四个基本因素构成。

1）技术质量。技术质量是指服务过程的产出，客户从服务过程中得到的东西。对于技术质量，客户容易感知，也便于评价。如物业管理服务中，电梯故障、排水管道堵塞等问题出现后，物业服务企业及时予以维修、疏通，电梯和排水管道恢复正常使用。

2）职能质量。职能质量是指服务推广的过程中客户所感受到的服务人员在履行职责时的行为、态度、穿着、仪表等给客户带来的利益和享受。物业服务企业的职能质量包括企业的环境条件、服务项目、服务时间、服务设备、服务人员的外表、服务态度、服务程序、服务行为等。

3）形象质量。形象质量是指服务提供者在社会公众心目中的总体印象。企业形象可以通过视觉识别系统、理念识别系统和行为识别系统体现，客户可以从企业的资源、组织结构、市场运作、企业行为方式等多个侧面认识企业形象。

4）真实瞬间。真实瞬间也被称为"关键时刻"，是指客户与服务提供者及其提供的服务之间进行互动的某个时刻，客户在这个时刻的感受，对客户服务质量的评价判断影响最大。所以，真实瞬间是服务提供者向客户展示自己服务质量的时机。一旦时机过去，服务结束，服务提供者也就无法改变客户对服务质量的感知。

3. 物业管理服务质量概述

(1) 物业管理服务质量的概念。物业管理服务质量就是物业服务企业所提供的物业管理与服务工作能够满足业主和物业使用人需求的程度。

物业管理服务质量应体现出以房屋建筑为中心，以业主和物业使用人为主体，以业主和物业使用人的感受为基准，它取决于业主和物业使用人对物业管理服务的预期与实际感知的物业管理服务水平的对比。

(2) 物业管理服务质量的特性。一般来说，物业管理服务质量的特性体现在以下几个方面。

1）功能性。功能性是指物业服务企业提供的服务所具备的作用和效能，是物业管理服务质量最基本的特性。对物业的养护、维修和管理，保证了物业的正常使用和安全使用，实现了物业的保值增值，为业主和物业使用人的生产、生活、工作、娱乐等创造了一个良好的环境条件。

2）经济性。经济性是指业主和物业使用人感觉到支付的物业费与其享受的物业服务相比质价相符、价格合理、物超所值等。

3）安全性。安全性是指物业服务企业在管理服务过程中保证业主和物业使用人的身体不受伤害，财产不受损失。一方面是实际安全，在物业管理区域内业主和物业使用人财产不受到损失，人身不受到伤害，个人信息不被泄露等。另一方面是安全体验，通过可以看到的安全防护措施、人员配置、周界防护及监控等让业主和物业使用人感觉到安全。

4）时间性。时间性是指物业管理服务工作在时间上满足业主和物业使用人的需求，包括及时、准时和省时三个方面。物业管理服务质量的时间性主要体现在对业主和物业使用人的服务需求能够快速、及时响应，在承诺的时限内完成等。

5）舒适性。舒适性是指在满足了功能性、经济性、安全性和时间性等需求的情况下，提供服务的过程能够让业主和物业使用人有尊严、感受到舒适。物业管理服务质量的舒适性主要包括各类物业服务设施设备完备、齐全，能够正常、安全使用，物业管理区域内的环境干净、整洁及内外部秩序和谐等。

6）文明性。文明性是指服务过程满足业主和物业使用人的精神需求。物业管理服务质量的文明性包括物业服务人员文明礼貌、形象整洁，与业主和物业使用人之间的关系融洽、和谐等。

二、物业管理服务标准

1. 标准概述

（1）标准的概念。《标准化工作指南 第1部分：标准化和相关活动的通用术语》（GB/T 20000.1—2014）对标准的定义为：通过标准化活动，按照规定的程序经协商一致制定，为各种活动或其结果提供规则、指南或特性，供共同使用和重复使用的文件。

标准是质量管理的前提，是对实践进行衡量的准绳。标准在实践应用中，基于不同的角度有不同的理解，从管理角度看标准就是规范性文件，从顾客角度看标准就是要求，从员工角度看标准就是方法。因而，标准要有一个明确的要求，告诉使用人要达到什么要求，怎样达到要求，然后这些要求要借助一定的载体来体现。

（2）标准的分类。标准的分类方法有很多种，按标准制定的主体，可以分为国际标准、区域标准、国家标准、行业标准、团体标准、地方标准和企业标准；按标准化对象的基本属性，可分为技术标准、管理标准和工作标准；按标准实施约束力，可分为强制性标准和推荐性标准；按标准信息载体，可分为标准文件和标准样本。这里着重介绍按标准制定主体的分类。

1）国际标准。国际标准是指国际标准化组织（ISO）、国际电工委员会（IEC）和国际电信联盟（ITU）制定的标准，以及国际标准化组织确认并公布的其他国际组织制定的标准。国际标准在世界范围内使用。

国际标准化组织是标准化领域中的一个国际性非政府组织，宗旨是在世界范围内促进标准化工作，以便于国际物资交流和互助，并扩大在文化、科学、技术和经济方面的合作。

从 1996 年开始，我国部分物业服务企业引入 ISO 9000 质量管理体系，后又引入 ISO 14000 环境管理体系和 ISO 45000 职业健康安全管理体系。

2）区域标准。区域标准是由某一区域标准化团体通过的标准。区域标准如由欧洲标准化委员会（CEN）、欧洲电工标准化委员会（CENELEC）制定的欧洲标准等。区域标准容易造成贸易壁垒。

3）国家标准。国家标准是由国家标准机构通过并公开发布的标准。

每个国家的国家标准通常以国家标准代号加以区分，如美国是 ANSI、英国是 BS、法国是 NF、德国是 DIN、日本是 JIS。

我国国家标准（简称国标）的代号由大写汉语拼音字母构成，强制性国家标准代号为"GB"，推荐性国家标准代号为"GB/T"，国家标准样品的代号为"GSB"，指导性技术文件的代号为"GB/Z"。国家标准的编号由国家标准的代号、标准发布顺序号和标准发布年份号（四位数）组成，如《建筑灭火器配置设计规范》（GB 50140—2005）、《质量管理体系 基础和术语》（GB/T 19000—2016）。国家标准样品的编号由国家标准样品的代号、分类目录号、发布顺序号、复制批次号和发布年份号构成。我国的国家标准由国务院标准化行政主管部门（国家市场监督管理总局）制定并在全国范围内实施。

目前，我国的物业管理只是在信息管理方面有一部国家标准，即《建筑及居住区数字化技术应用　第3部分：物业管理》（GB/T 20299.3—2006）。但是，很多其他领域的国家标准是物业服务企业在制定、实施企业标准时的重要依据。例如，《建筑消防设施的维护管理》（GB 25201—2010）、《服务质量评价通则》（GB/T 36733—2018）等国家标准。

4）行业标准。行业标准是由行业机构通过并公开发布的标准。

我国的行业标准是由国务院有关行政主管部门制定，并报国务院标准化行政主管部门备案，在全国某个行业范围内实施的标准。在同一内容的国家标准公布后，该内容的行业标准即行废止。

我国的行业标准代号由大写汉语拼音字母组成，如公共安全（GA）、城镇建设（CJ）。行业标准的编号由行业标准代号、标准发布顺序号及标准发布年份号（四位数）组成，如《视频安防监控系统技术要求》（GA/T 367—2001）。

5）团体标准。团体标准是指由行业协会（或学会、商会、联合会等）制定的标准。

团体标准属于自主制定，是社会团体的自愿行为，供团体成员或按规定的团体以外成员使用。团体标准编号依次由团体标准代号、社会团体代号、团体标准顺序号和发布年份号组成。社会团体代号由社会团体自主拟定，可使用大写拉丁字母或大写拉丁字母与阿拉伯数字的组合。社会团体代号应当合法，不得与现有标准代号重复。

中国物业管理协会发布的团体标准有：《物业管理示范项目服务规范》（T/CPMI 001—2017）、《停车场信息联网通用技术规范》（T/CPMI 002—2018）、《白蚁防治机构服务能力评价规范》（T/CPMI 003—2019）、《住宅物业管理区域新型冠状病毒肺炎疫情防控工作操作指引》（T/CPMI 004—2020）、《写字楼物业管理区域新型冠状病毒肺炎疫情防控工作操作指引》（T/CPMI 005—2020）、《高校物业管理区域新型冠状病毒肺炎疫情防控工作操作指引》（T/CPMI 006—2020）、《产业园区物业管理区域新型冠状病毒肺炎疫情防控工作操作指引》（T/CPMI 007—2020）、《医院物业管理区域新冠肺炎疫情防控工作操作指引》（T/CPMI 008—2020）、《新型冠状病毒肺炎疫情防控期间公共建筑空调通风系统运行管理技术指南》（T/CPMI 009—2020）、《物业管理员（师）职业能力评价规范》（T/CPMI 010—

2020)、《设施设备绿色运行管理服务规范》(T/CPMI 011—2020)、《高等学校物业服务规范》(T/CPMI 012—2021)、《住宅物业服务收费信息公示规范》(T/CPMI 013—2022)。

6) 地方标准。地方标准是指在国家的某个地区通过并公开发布的标准。

《中华人民共和国标准化法》第十三条规定:"为满足地方自然条件、风俗习惯等特殊技术要求,可以制定地方标准。"我国的地方标准由省、自治区、直辖市人民政府标准化行政主管部门制定。设区的市级人民政府标准化行政主管部门根据本行政区域的特殊需要,经所在地省、自治区、直辖市人民政府标准化行政主管部门批准,可以制定本行政区域的地方标准。地方标准需报国务院标准化行政主管部门备案。

地方标准的代号由大写汉语拼音字母"DB"加上相应的行政区划代码组成,如泰州市的《住宅小区物业管理服务规范》(DB3212/T 1036—2021)、江苏省的《党政机关办公楼(区)物业管理服务规范》(DB32/T 4307—2022)等。

7) 企业标准。企业标准是指由企业通过的供该企业使用的标准。

企业可以根据需要自行制定企业标准,或者与其他企业联合制定企业标准。国家鼓励企业制定高于推荐性标准相关技术要求的企业标准。

企业标准的代号由"企"的大写汉语拼音字母"Q"加斜线再加企业代号组成,企业代号可由大写汉语拼音字母或阿拉伯数字或者两者兼用组成。企业标准的编号由企业标准代号、标准发布顺序号和标准发布年份号(四位数)组成,如新大正物业集团股份有限公司发布的《公寓服务管理规范》(Q/XDZ. TG03. B5. 2—2015)。

众多物业服务企业为了自身经营管理工作的需要,制定并实施了自己的企业标准,这些企业标准成为推动物业管理标准化建设的重要力量,大幅提升了物业管理服务质量。

(3) 标准化的概念。标准化是指为了在既定范围内获得最佳秩序,促进共同效益,对现实问题或潜在问题确立共同使用和重复使用的条款以及编制、发布和应用文件的活动。简而言之,标准化就是制定、发布及实施标准的过程或活动。

物业管理服务的标准化是指物业服务企业对物业管理服务标准的制定和实施,以及对标准化原则和方法运用的过程。

2. 物业管理服务标准概述

（1）物业管理服务标准的概念。物业管理服务标准是指物业服务企业在物业管理与服务中，为保证物业管理服务质量目标的实现，制定的一系列物业管理服务规范性文件。

（2）物业管理服务标准的体系。我国的物业服务企业进行物业管理服务体系的构建，最初是通过企业认证国际标准——ISO 9000 质量管理体系、ISO 14000 环境管理体系和 ISO 45000 职业健康安全管理体系。近些年，随着物业管理领域的扩展，一些物业服务企业开始对具体的物业项目进行其他体系的认证。

物业管理服务标准的体系应以国家标准为基础，与行业标准、地方标准和企业标准配套组成，包括现有标准和预计应发展的标准。目前，我国还没有制定出权威的、统一的、协调的物业管理服务标准体系。

《服务业组织标准化工作指南 第2部分：标准体系构建》（GB/T 24421.2—2023）将服务业组织标准体系分为服务通用基础标准体系、服务提供标准体系、服务保障标准体系、岗位标准体系四个子体系。我国很多物业服务企业也是按照这个体系标准进行物业管理服务标准制定，并根据物业业态的不同细化为住宅物业服务标准、写字楼物业服务标准、商业物业服务标准、工业物业服务标准、公共建筑服务标准等。也有物业服务企业根据企业标准化战略规划、方针、目标进行标准化建设，有的企业在企业标准的基础上，基于项目特色，为满足客户定制化需求制定物业管理项目标准体系。

培训项目 8

物业管理行业从业人员的素质要求

一、基本素质

物业管理行业从业人员是指从事物业管理服务的人员,包括物业服务企业总经理、副总经理、部门经理、项目经理、工程技术人员、秩序维护人员、保洁人员、绿化养护人员及行政、财务等各部门人员。不管从事哪种具体工作,物业管理行业从业人员都应具有相应的素质。

基本素质是指所有从事物业管理服务的人员都应该具有的能力,主要体现在以下几个方面。

1. 职业道德与行为

职业道德在各行各业都是首要的素质要求。物业管理是比较特殊的服务性行业,涉及社会公益和业主集体利益,对职业道德的要求与其他行业也有所不同,所以只要从事这个行业,就必须对其有透彻了解并严格遵照执行。物业管理行业从业人员要做到对待工作认真负责、刻苦钻研,不断增强服务意识,热情服务、谦虚谨慎、文明礼貌、办事公道、忠诚可靠,公平公正地对待每一位业主。

职业行为是指物业管理行业从业人员在与业主、物业使用人打交道时的衣着、言谈举止等方面。物业管理服务中要做到礼貌服务、微笑服务、周到服务,注意仪容仪表、言语上的基本礼节、行为举止,这样不但可以展示物业服务企业的形象,建立企业品牌,还可以让业主体会到物业管理服务的专业化、标准化和细致性,给业主带来信任感,对物业服务质量作出积极、正面评价。

2. 职业心理

物业管理行业从业人员对物业管理服务工作的性质、特点以及服务对象要有一个全面和客观的认识,做到乐观向上、主动热情、适应环境等,具有遇到问题冷静对待、处变不惊的良好心态,具备完成岗位职责的心理素质,能够正确地进行自我评价,承受困难与挫折。

3. 健康的身体

物业管理工作复杂,事情繁多,随机性很强,要更好地为业主和物业使用人服务,没有好的身体是不行的。只有拥有充沛的精力和良好的身体素质,才能在工作时充满活力,把工作做好。

4. 合作与沟通能力

物业管理行业从业人员要有团队合作意识,要对团队的执行结果负责,参与制定相应的制度、流程、计划、标准来推动团队任务的完成,提高团队的工作效率;要能够与同事、业主和谐相处,能够与业主进行有效沟通,处理好各类纠纷与投诉。

5. 业务处理能力

物业管理行业从业人员要熟知物业管理的业务范围、作业程序和作业标准,具备物业管理岗位所需的管理知识,能够独立地按制度、流程、计划、标准处理基本业务工作;在物业管理业务处理过程中,要善于发现问题、分析问题并解决问题,提高物业管理服务的质量和效率;要具有知法、懂法、用法的法治观念,熟知国家及地方政府有关物业管理的各项法规政策,能运用法律法规处理好各类纠纷与投诉。

6. 风险防范能力

在物业管理活动中,风险是客观存在和不可避免的,虽然不可能完全消除风险,但可以通过努力把风险减小到最低的程度。这就要求物业管理行业从业人员主动认识风险,积极管理风险,有效地控制和防范风险,以保证物业管理活动、业主和物业使用人的生活正常进行。

7. 应急处突能力

在物业管理工作中,不可避免地会发生各种各样的突发事件。突发事件发生时,物业管理行业从业人员必须在第一时间作出正确反应,并正确处置,要镇定自若,从容应对。这就需要物业管理行业从业人员不断丰富自己的知识,锻炼自己的能力,努力掌握处理工作中突发事件的技能。

8. 学习能力

物业管理的专业知识、法律法规、管理理念、科技和智能化水平等不断变化与发展，这要求物业管理行业从业人员能够高效地从外界汲取所需要的各种知识和技能，并积极思考，从而提升自身能力。

9. 创新能力

创新能力是我国物业管理行业发展壮大的重要前提。物业管理行业从业人员要能够在不断完善现有工作规范化和标准化的基础上，打破常规思维，通过思维创新、技术创新，对工作提出富有新意的改进措施，提升物业管理服务水平和品质；要能够利用突破性思维，培养和积累应对未来挑战和阻碍的经营能力。

此外，在组织社区文化活动、配合社会应急处置、落实绿色节能环保政策与措施中，物业管理行业从业人员还应具备基本的组织能力、协调能力以及宣传能力等。

二、专业素质

专业素质是指物业管理行业从业人员依据所从事的专业应具备的各种综合能力。专业素质主要由学历背景、专业知识、专业技能、从业经验以及专业岗位的规范、标准、要求等构成。这里主要介绍专业知识和专业技能两方面。

1. 专业知识

物业管理的专业综合性特征决定了物业管理涉及多学科的复合性特点。因此，物业管理行业从业人员必须掌握多方面的专业知识。首先是物业管理的专业理论实务知识，掌握这些知识，才能懂得按物业管理服务自身规律办事，形成物业管理职业价值观，能够理性地作出物业管理决策，并能解决系统性问题和日常工作中的常见问题。其次是与物业管理相关的专业基础知识，包括建筑工程、设施设备、法律、经济、管理、社会治理、公共关系、危机管理等相关知识。然后是道德修养、心理素质、行为表现、文化修养等方面的知识。

此外，根据物业管理业务和活动的延伸，还需要学习和掌握与社区党组织建设、文化娱乐活动、新闻媒体活动相关的知识，如政治学、党建、政策理论、文化传媒、社区养老、城市治理等知识。

2. 专业技能

专业技能是指物业管理行业从业人员从事某具体工作岗位应具备的能力。

物业管理的内容主要包括房屋与设施设备管理、秩序维护管理、保洁管理、绿化管理以及客户服务。物业服务企业一般会设置工程管理部、秩序维护部、保洁部、绿化部和客户服务部等部门，每个部门会设置相应的岗位。物业管理行业从业人员所处的岗位不同，其专业技能要求也不同。如工程管理部的从业人员在熟知工程管理部各岗位的业务范围、作业程序和作业要求的基础上，还要具备各类建筑图纸的识读能力，房屋和设备设施的养护、维修的实施能力，故障分析、判断、处理的能力，工程策划能力，工程应急与风险防范能力，能源管理能力，技术创新改进能力，装修管理能力，能够独立地处理工程管理的基本工作业务。

随着互联网、物联网、云计算、大数据、人工智能等新技术在物业服务场景中的应用，物业管理行业从业人员也要掌握这些技术的终端设备的操作与使用方法。

培训模块 三
物业管理机构基本知识

培训项目 1

物业服务企业知识

一、物业服务企业的概念和性质

1. 物业服务企业的概念

物业服务企业,是指依法设立,具有独立法人资格,以物业管理为主营业务的经济营利性组织。

物业服务企业的定义包括以下三层含义。

(1) 物业服务企业必须依法设立。设立物业服务企业,须依《中华人民共和国公司法》规定的条件和程序,经政府市场监督管理行政主管部门注册登记,取得营业执照,且登记物业管理为主要经营范围。

(2) 物业服务企业应当具有独立的法人资格。按照《物业管理条例》第三十二条规定,从事物业管理活动的企业应当具有独立的法人资格。物业服务企业只有具有独立法人资格,才能够成为自主经营、自负盈亏的独立核算经济组织,具备独立承担民事责任的资格与能力,以保障业主的合法权益。

(3) 物业服务企业以物业管理为主营业务。成立物业服务企业的根本目的,是接受业主委托,代业主履行业主共有部分的养护维修义务。因而,物业管理是物业服务企业的主营业务。

2. 物业服务企业的性质

企业的性质,一般是由企业的主营业务决定的。由于物业服务企业的主营业务是物业管理,因而,物业服务企业的性质是由物业管理的性质决定的。物业管理是物业服务企业接受业主委托为业主提供的服务产品,其经营形式主要是劳务服务,因此,物业服务企业属于服务性企业。

二、物业服务企业的权利和义务

根据《民法典》第三编第二十四章、《物业管理条例》以及其他规章政策有关物业服务企业的规定，可以归纳出物业服务企业的权利和义务。

1. 物业服务企业的权利

（1）市场竞争权。物业服务企业享有响应物业管理招标，参与投标竞争的权利。

（2）早期介入权。物业服务企业享有参与建设工程的设计、施工、分户验收和竣工验收等早期介入的权利。

（3）物业管理运营权。物业服务企业享有根据物业服务合同的约定，组织实施业主共有部分物业管理的权利。

（4）物业费请求权。物业服务企业享有依照物业服务合同和有关规定收取或者依法催要、诉请物业费的权利。

（5）不当行为制止权。物业服务企业享有制止物业管理区域内违反法律法规、管理规约规定和危及他人、建筑物安全等行为的权利。

（6）管理事项转委托权。物业服务企业享有将物业管理区域内的部分专项服务事项委托给专业性服务组织或者其他第三人的权利。但该项权利为限定性权利，即禁止物业服务企业将其提供的管理事项全部或者支解后分别转委托给第三人。

（7）特约服务权。物业服务企业享有接受个别或部分业主的委托，提供物业服务合同约定以外服务项目的权利。该特约服务为有偿服务，服务报酬由双方约定。

（8）共有部分经营权。物业服务企业享有接受业主委托，利用业主共有部分进行经营的权利。

（9）法律法规规定的其他权利。

2. 物业服务企业的义务

（1）履行物业服务合同的义务。物业服务企业负有按照物业服务合同的约定，提供相应的物业管理，全面履行物业服务合同的义务。物业服务企业必须信守合同，不得擅自变更和单方解除物业服务合同。

（2）尊重业主权益的义务。物业服务企业负有尊重业主合法权益的义务。物业服务企业须依法依规做好物业交接工作，实施对外委托，接受业主委托利用业主共有部分进行经营，在约定期限或者合理期限内退出物业管理区域。物业服务企业不得以妨碍业主生活的方式催要物业费，不得擅自改变物业服务用房和公共建筑及共用设施的用途，不得擅自占用或挖掘物业管理区域内的道路或场地，不得挪用专项维修资金，从根本上维护业主的合法权益。

（3）接受监督的义务。物业服务企业负有接受并配合业主和业主委员会、政府房地产（物业管理）行政主管部门对其履行物业服务合同、实施物业管理活动情况监督的义务。

（4）物业承接查验义务。物业服务企业负有承接物业项目或者在物业服务合同终止退出物业项目之前，与建设单位或者业主、业主委员会进行物业服务用房、相关设施设备、物业管理所必需的相关资料查验与交接的义务。

（5）提示告知义务。物业服务企业负有将房屋装饰装修中的禁止行为和注意事项告知业主的义务，退出物业项目交接时如实告知新物业服务企业物业的使用和管理状况的义务。

（6）安全保障义务。物业服务企业负有物业管理区域内安全防范、应急处置的义务。即物业服务企业应采取合理措施保护业主的人身和财产安全，执行政府依法实施的应急处置措施和其他管理措施并配合开展相关工作，采取必要的安全保障措施防止从建筑物抛掷或坠落物品，安全事故发生时采取应急措施，向有关行政管理部门报告安全事故，协助有关行政管理部门做好安全事故救助工作。

（7）物业管理情况报告义务。物业服务企业负有定期将物业管理、维修资金使用和业主共有部分的经营与收益情况向业主大会、业主委员会报告，并向业主公开的义务。

（8）违法违规行为报告义务。物业服务企业负有将物业管理区域内违反法律法规的行为向有关行政管理部门报告的义务。

（9）服务承诺履行义务。物业服务企业负有对其公开作出且有利于业主的物业管理承诺的履行义务。该承诺依照《民法典》规定，视为物业服务合同的组成部分。

（10）不续聘通知义务。物业服务企业负有物业服务期限届满前不同意续聘，依法或依约书面通知业主或者业主委员会的义务。

（11）继续提供物业管理义务。物业服务企业负有物业服务合同终止后，业主或者业主大会选聘的新物业服务企业或者决定自行管理的业主接管之前,继续提供物业管理的义务。

(12) 法律法规规定的其他义务。

三、物业服务企业的基本运营

物业服务企业的基本运营,主要是依靠建立物业管理质量管理体系、制定并实施物业管理规章制度来实现的。

物业服务企业通过建立完备、严密、科学、合理的质量管理体系、规章制度加强自我制约,以树立良好的企业形象。质量管理体系、规章制度作为物业管理工作的依据和准绳,对业主和物业服务企业均能发挥保护和制约的作用。

物业管理质量管理体系、规章制度,应以国家和地方的法规政策及物业服务企业的权利义务、企业宗旨为依据,以实事求是、责权利相结合、定性与定量相结合和简明扼要为原则,在借鉴国内外物业管理成功经验的基础上制定,并在物业管理的实践中逐步完善。

1. 物业管理质量管理体系

物业管理质量管理体系主要是指 ISO 9000 质量管理体系与 ISO 14000 环境管理体系。物业服务企业实施 ISO 9000 质量管理体系与 ISO 14000 环境管理体系有利于企业管理工作步入规范化、程序化、标准化轨道,有利于增强全体员工的质量意识和素质,提高工作效率和经济效益。物业管理质量管理体系在本书培训模块二已有基本介绍,这里不再赘述。

2. 企业规章制度

企业规章制度是指物业服务企业为规范企业员工工作行为、提高工作效率所制定的各种规则、章程、程序和办法,是企业员工共同遵守的规范和准则。企业规章制度按照其约束对象,分为内部管理制度和公共管理制度两类。

(1) 内部管理制度。内部管理制度是指物业服务企业为提高管理服务质量和工作效率,根据经营方针和工作特点制定的一系列职责范围、岗位责任、工作程序和考核办法等,是只约束物业服务企业员工而不约束业主和物业使用人的管理制度,由物业服务企业自行制定。内部管理制度的制定是为了落实物业服务企业的管理、经营、服务责任,通过明确各部门、各岗位的责任,约束企业员工的行为,协调、衔接企业各环节的关系,以保证企业正常运转和物业管理工作的有序进行。

物业服务企业内部管理制度体系一般包括以下具体制度。

企业综合管理制度是依据 ISO 9000 质量管理体系建立起来的质量管理和质量保证体系制度、企业文化建设制度、企业财务管理制度、企业采购制度、仓库管理制度等。

员工管理制度体现为"员工手册",是企业内部的人事制度管理规范,可以作为员工的行动指南,主要包括劳动用工制度、员工行为规范、员工福利制度、绩效考核制度、企业奖惩制度等。

部门职责是对物业服务企业各部门工作职责及业务范围的规范要求,一般包括企业各个部门及各个项目管理处的具体工作职责范围。

岗位职责是对物业服务企业员工的工作职责和权限,包括物业服务企业各部门所有工作岗位的具体工作职责及授权范围的规范要求。

操作规程是物业服务企业针对每个工作岗位的各项业务所制定的明确、规范、具体、细致、便于操作的业务流程和工作要求及质量标准。如物业项目管理处经理需要遵守的操作规程有编制工作计划操作规程,召开工作会议操作规程,员工招募、面试、评审、录用操作规程,员工培训操作规程,员工考核操作规程,费用审批操作规程,突发事件处理操作规程,对外联络操作规程,对外接待工作操作规程,投诉处理操作规程等。

(2) 公共管理制度。公共管理制度是指用于界定物业管理参与者权利与义务,规范实施物业管理过程中各方当事人的行为,协调各方主体间关系的规定,是既约束物业服务企业员工又约束业主和物业使用人的管理制度。

公共管理制度一般由物业服务企业结合物业项目实际情况起草,由物业服务企业和业主委员会共同讨论、制定,经业主大会共同决定通过后生效。公共管理制度一般包括房屋管理制度、装修施工管理制度、市政公用设施管理制度、环境卫生管理制度、绿化管理制度、门禁出入管理制度、交通管理制度、停车场管理制度、公共秩序管理制度、消防管理制度、市场管理制度、综合经营服务管理制度等。

在前期物业管理阶段,由物业服务企业制定的公共管理制度称为临时管理制度,业主大会成立以后,可以对公共管理制度进行修改。

通常,物业服务企业将各种公共管理制度统一印制为"住户手册",发给业主和物业使用人。"住户手册"应较为详尽地介绍物业管理区域内的概况，以及物业服务企业尤其是物业项目管理处的基本情况，其重点内容是各种管理、服务、设备、守则及安全措施等，其目的是让业主和物业使用人清楚自己应有的权利与义务、物业服务企业的职责与权限及注意事项等。

培训项目 2

业主大会及业主委员会

一、业主

1. 业主的概念

业主是房屋的所有权人。这是根据《物业管理条例》第六条"房屋的所有权人为业主"的规定确定的业主的基本定义。在物业管理活动中,业主是物业管理市场的需求主体,是物业服务企业的服务对象。

业主,既可以是自然人,也可以是法人和其他组织;其身份不受国籍限制,只要是物业的所有权人,即可以认定其为业主。

就一宗物业而言,可以只有一名业主,也可以因共有关系而有多名业主。

物业使用人,是指不拥有物业所有权,但通过某种形式获得物业使用权并实际占有和使用该物业的人。物业使用人一般是指物业的承租人、居住权人、借用人或其他实际使用物业的人。

2. 业主身份的认定

根据《民法典》第二百零八条、第二百零九条、第二百一十七条等规定,不动产物权的设立、变更、转让和消灭,应当依照法律规定登记,且经依法登记发生效力;不动产权属证书是权利人享有该不动产物权的证明。一般情况下,认定业主身份,主要依据房屋产权登记,即政府房地产登记部门颁发的房屋所有权登记证书,证书登记的权利人即为业主。即使权利人只登记1人,但只要持有合法的共有关系证明材料,如房屋买卖合同、结婚证书等,即可认定共有关系人的业主身份。

对于没有产权登记的情形,《最高人民法院关于审理建筑物区分所有权纠纷案件适用法律若干问题的解释》第一条规定:依法登记取得或者依据《民法典》第二百二十九条至第二百三十一条规定取得建筑物专有部分所有权的人，应当认定为《民法典》第二编第六章所称的业主；基于与建设单位之间的商品房买卖民事法律行为，已经合法占有建筑物专有部分，但尚未依法办理所有权登记的人，可以认定为《民法典》第二编第六章所称的业主。《民法典》第二百二十九条至第二百三十一条主要内容为：因人民法院、仲裁机构的法律文书导致物权设立、变更、转让的，自法律文书生效时发生效力；因继承取得物权的，自继承开始时发生效力；因合法建造的事实行为设立物权的，自事实行为成就时发生效力。《最高人民法院关于审理商品房买卖合同纠纷案件适用法律若干问题的解释》第八条规定：买受人接到出卖人的书面交房通知，无正当理由拒绝接收的，房屋毁损、灭失的风险自书面交房通知确定的交付使用之日起由买受人承担，但法律另有规定或者当事人另有约定的除外。即没有正当理由拒绝接收房屋的房屋买受人是业主。

3. 业主的权利

根据《民法典》"业主的建筑物区分所有权""物业服务合同"等章，以及《物业管理条例》第六条、第十二条等规定，业主在物业管理活动中，享有以下权利。

（1）接受服务的权利。按照物业服务合同的约定，业主接受物业服务企业提供的以"物业管理"作为服务产品的有偿服务。这是业主的基本权利。

（2）建议权。业主有权提议召开业主大会会议，并就物业管理的有关事项提出建议；业主有权提出制定和修改管理规约、业主大会议事规则的建议。

（3）参会权与投票权。物业管理区域有关业主自治管理、物业管理的一切事项，属于业主共同决定事项。业主共同决定事项，需要全体业主表决决策，业主参加业主大会会议并享有投票的权利，自然成为业主表决不可或缺的基础保障。

（4）选举权与被选举权。业主委员会是业主大会的执行机构，是业主大会日常运行的组织保障。业主委员会成员由业主担任，由业主大会选举产生，业主享有的业主委员会成员选举权和被选举权，是组建业主委员会的重要基础。

（5）监督权。业主的监督权主要体现为对业主委员会工作的监督，对物业服务企业履行物业服务合同的监督，对物业共用部位、共用设施设备和相关场地使用情况的监督，对专项维修资金管理和使用的监督等。监督权的行使方式包括询问、建议、批评、投诉等。

（6）知情权。业主有权知晓物业服务合同履行情况，物业共用部位、共用设施设备和相关场地的使用情况，利用共有部分经营的收益情况等。知情权是业主有效行使监督权的重要前提。

（7）选聘权。业主享有选聘、续聘和解聘物业服务企业的权利。选聘物业服务企业，是物业管理的起点，是激励物业服务企业履行物业服务合同的基础。依法选聘、续聘和解聘物业服务企业的权利是营建和谐物业管理市场的主要途径与手段，是业主在物业管理活动中行使共同管理权的重要方式。

（8）撤销权。业主对业主大会或者业主委员会作出的侵害自身合法权益的决定，有权请求人民法院予以撤销。

（9）抗辩权。根据合同相对性原则，物业服务企业未按约定提供服务，业主可以按照合同约定的情形依法行使先履行抗辩权或同时履行抗辩权等维护自身合法权益，也可以通过行使共同管理权调整物业服务合同实现权利救济。

（10）法律法规规定的其他权利。

4. 业主的义务

根据《民法典》"业主的建筑物区分所有权""物业服务合同"等章，以及《物业管理条例》第七条、第十二条等规定，业主在物业管理活动中，履行下列义务。

（1）养护维修义务。养护维修物业（包括业主专有部分和业主共有部分）是业主的根本义务，是物业管理活动的源头，是保证物业安全正常使用的基本手段，是保护业主物权的基础。

（2）遵法守规义务。业主遵守法律法规、规章政策、管理规约、业主大会议事规则等，是减少各种矛盾、杜绝侵犯业主权益、保证物业管理区域和谐有序的重要保障。

（3）履行合同义务。物业服务合同对业主具有法律约束力，业主须无条件地履行依法订立的物业服务合同。

（4）执行决定义务。业主大会或者业主委员会依法作出的决定，对业主具有法律约束力，业主须无条件地执行，以维护全体业主的共同权益。

（5）支付物业费义务。依照物业服务合同约定，业主应按时支付物业费。且由于物业管理的委托性质，业主支付物业费依法应为预付形式。

（6）交纳专项维修资金义务。专项维修资金是用于物业共用部位、共用设施设备维修、更新和改造的费用，业主须依法依规交纳专项维修资金，以保证物业得到及时维护，从根本上保护全体业主的共同利益。

（7）告知义务。业主装饰装修房屋，须事先告知物业服务企业，并遵守物业服务企业提示的合理注意事项，配合其必要的现场检查；业主转让、出租物业专有部分，设立居住权或者依法改变共有部分用途，须及时将相关情况告知物业服务企业。

（8）提前通知义务。业主依法解除物业服务合同，须提前书面通知物业服务企业。

（9）解除合同损失赔偿义务。业主依法解除物业服务合同，造成物业服务企业损失，除不可归责于业主的事由外，业主应当赔偿损失。

（10）应急配合义务。业主对于物业服务企业执行政府依法实施的应急处置措施和其他管理措施，须依法予以配合，以保护全体业主的共同利益。

（11）法律法规规定的其他义务。

二、业主大会

1. 业主大会的概念

业主大会是由物业管理区域内全体业主组成的，为实现共同管理共有财产而设立的经济性自治管理组织。这是根据《物业管理条例》第八条、《业主大会和业主委员会指导规则》（以下简称《指导规则》）第二条规定，所概括的业主大会的基本定义。业主大会是基于业主的建筑物区分所有权而产生的，是以业主行使建筑物区分所有权的共同管理权为根本的。

《物业管理条例》第八条、《指导规则》第二条规定：业主大会由物业管理区域内的全体业主组成，代表和维护物业管理区域内全体业主在物业管理活动中的合法权益，履行相应的义务。因而，业主大会的组织宗旨是代表和维护物业管理区域内全体业主在物业管理活动中的合法权益，其组织目标是实现全体业主共同管理共有财产。因此，《物业管理条例》第十九条规定：业主大会应当依法履行职责，不得作出与物业管理无关的决定，不得从事与物业管理无关的活动。

目前，业主大会是业主组织的主要形式。实践中，根据各地地方物业管理条例规定，业主组织的形式除业主大会以外，还有物业管理委员会、业主协商议事组织等。

2. 设立业主大会

设立业主大会，是《民法典》基于业主的建筑物区分所有权赋予业主的权利。《民法典》第二百七十七条规定：业主可以设立业主大会，选举业主委员会。设立业主大会的具体要求，主要依据《民法典》《物业管理条例》《指导规则》的相关规定。

《物业管理条例》第九条、《指导规则》第七条规定：一个物业管理区域成立一个业主大会。根据物业管理区域业主人数的具体情况，《物业管理条例》第十条、《指导规则》第七条规定：只有一个业主，或者业主人数较少的情形，经全体业主一致同意，决定不成立业主大会的，由业主共同履行业主大会、业主委员会职责。

（1）设立业主大会应具备的基本条件。根据《指导规则》第八条、第九条的规定，设立业主大会，应同时满足以下三个条件。

1）业主入住条件。物业管理区域内已交付的专有部分面积超过建筑物总面积的50%，其入住条件即符合要求。实践中，分期开发的物业项目，通常是以完成开发的建筑物总面积作为基数。

2）文件资料条件。建设单位按照物业所在地的区、县房地产行政主管部门或者街道办事处、乡镇人民政府的要求，及时完成设立业主大会所需文件资料的报送。报送的文件资料包括物业管理区域证明、房屋及建筑物面积清册、业主名册、建筑规划总平面图、交付使用共用设施设备的证明、物业服务用房配置证明、其他有关的文件资料。

3）业主提出申请。物业管理区域的业主向区、县房地产行政主管部门或者街道办事处、乡镇人民政府提出筹备业主大会书面申请。

（2）组建首次业主大会会议筹备组。具备成立业主大会的基本条件，区、县房地产行政主管部门或者街道办事处、乡镇人民政府，在收到业主筹备业主大会的书面申请后，应负责组织、指导成立首次业主大会会议筹备组，启动成立业主大会的筹备工作。需要注意的是，对于成立首次业主大会会议筹备组，《指导规则》第九条规定，前述政府部门或机构应当在收到业主筹备业主大会书面申请后60日内完成。

建设单位、物业服务企业应配合协助首次业主大会会议筹备组开展工作。

1）首次业主大会会议筹备组的人员组成。首次业主大会会议筹备组由业主代表、建设单位代表、街道办事处或者乡镇人民政府代表和居民委员会代表组成。首次业主大会会议筹备组人数须为单数，其业主代表人数不能低于筹备组总人数的一半；筹备组组长由街道办事处或者乡镇人民政府代表担任。

建设单位，因其业主身份，且对物业项目承担开发建设、房屋出售、质量保修、资料建档等特殊责任，故其享有首次业主大会会议筹备组成员必保名额的资格。物业服务企业作为物业管理受委托人，不具备业主身份，不能成为首次业主大会会议筹备组成员，除非其在物业管理区域内持有房屋所有权，可以业主身份，与其他业主同样享有首次业主大会会议筹备组成员资格。

2）首次业主大会会议筹备组业主代表的产生。首次业主大会会议筹备组中的业主代表，由街道办事处、乡镇人民政府或者居民委员会组织业主推荐产生。首次业主大会会议筹备组应当将其成员名单以书面形式在物业管理区域内公告；业主对筹备组成员提出异议的，街道办事处、乡镇人民政府应根据实际情况进行协调，妥善解决。

（3）首次业主大会会议筹备组的筹备工作。首次业主大会会议筹备组的筹备工作主要包括：

1）确认并公示业主身份、业主人数以及所拥有的专有部分面积。

2）确定首次业主大会会议召开的时间、地点、形式和内容。

3）草拟管理规约、业主大会议事规则。

4）依法确定首次业主大会会议表决规则。

5）制定业主委员会委员候选人产生办法，确定业主委员会委员候选人名单。

6）制定业主委员会选举办法。

7）完成召开首次业主大会会议的其他准备工作。

（4）首次业主大会会议筹备组的筹备工作时限。首次业主大会会议筹备组应自组成之日起 90 日内完成首次业主大会会议筹备工作，组织召开首次业主大会会议。

首次业主大会会议是由首次业主大会会议筹备组组织召开的。首次业主大会会议筹备组应在首次业主大会会议召开 15 日前，以书面形式在物业管理区域内公告。业主对公告内容有异议的，筹备组应当记录并作出答复。

（5）业主大会的成立条件。业主大会自首次业主大会会议表决通过管理规约、业主大会议事规则，并选举产生业主委员会之日起成立。即业主大会宣告成立，需在首次业主大会会议同时实现三个条件：一是表决通过管理规约；二是表决通过业主大会议事规则；三是选举产生业主委员会。

（6）业主大会备案。业主委员会自选举产生之日起30日内，应向物业所在地的区、县房地产行政主管部门和街道办事处、乡镇人民政府备案。业主委员会办理备案手续，需提供业主大会成立和业主委员会选举的情况、管理规约、业主大会议事规则、业主大会决定的其他重大事项。需要注意的是，根据备案所需材料，备案主体是业主大会，不是业主委员会。

业主委员会任期内，备案内容发生变更的，业主委员会应当自变更之日起30日内将变更内容书面报告备案部门。

3. 业主大会的运行

（1）业主大会的职责。根据《物业管理条例》第八条、《指导规则》第二条的规定，业主大会的职责可以概括为代表和维护物业管理区域内全体业主在物业管理活动中的合法权益，履行相应的义务。

（2）业主大会的运行方式。业主大会的运行，主要是通过召开业主大会会议，以全体业主共同决定的方式实施的。

根据《民法典》第二百七十八条的规定，业主共同决定事项主要包括：制定和修改业主大会议事规则；制定和修改管理规约；选举业主委员会或者更换业主委员会成员；选聘和解聘物业服务企业或者其他管理人；使用建筑物及其附属设施的维修资金；筹集建筑物及其附属设施的维修资金；改建、重建建筑物及其附属设施；改变共有部分的用途或者利用共有部分从事经营活动；有关共有和共同管理权利的其他重大事项。

4. 业主大会会议

（1）业主大会会议的类型。业主大会会议分为定期会议和临时会议。

业主大会定期会议，是指按照业主大会议事规则规定的业主大会会议召开期限，由业主委员会按期组织召开的业主大会会议。

业主大会临时会议，是指符合法定的业主大会会议召开条件，由业主委员会临时组织召开的业主大会会议。召开业主大会临时会议的法定条件有：经专有部分占建筑物总面积20%以上且占总人数20%以上业主提议；发生重大事故或者紧急事件需要及时处理的；业主大会议事规则或者管理规约规定的其他情况。

（2）业主大会会议的形式。业主大会会议有集体讨论和书面征求意见两种形式。业主大会会议采用书面征求意见的会议形式时，应当将征求意见书送交每一位业主；无法送达的，应当在物业管理区域内公告。

（3）业主大会会议的有效性。根据《民法典》第二百七十八条的规定，业主共同决定事项，即召开业主大会会议，应当由专有部分面积占比三分之二以上的业主且人数占比三分之二以上的业主参与表决。这里需要注意的是，召开业主大会会议的有效性，是以业主人数和业主专有部分面积两项统计指标统计衡量的，两项统计指标必须同时符合规定条件，即达到"双三分之二"，否则业主大会会议无效。

（4）业主大会会议表决的有效性。根据《民法典》第二百七十八条的规定，决定该条第一款第六项至第八项规定的事项，应当经参与表决专有部分面积四分之三以上的业主且参与表决人数四分之三以上的业主同意；决定该条第一款其他事项，应当经参与表决专有部分面积过半数的业主且参与表决人数过半数的业主同意。这里需要注意的是，业主大会会议表决结果的有效性，是以业主人数、业主专有部分面积两项指标计票衡量的，两项统计指标必须同时符合规定条件，即达到参与表决的"双四分之三"或者"双二分之一"，否则业主大会会议表决结果无效。

（5）业主大会会议业主投票权数的确定。认定专有部分面积和建筑物总面积的方法是：专有部分面积按照不动产登记簿记载的面积计算；尚未进行登记的，暂按测绘机构的实测面积计算；尚未进行实测的，暂按房屋买卖合同记载的面积计算；车位、摊位等特定空间是否计入用于确定业主投票权数的专有部分面积，应当在业主大会议事规则中约定；建筑物总面积，按照前项的统计总和计算。

认定业主人数和总人数的方法是：业主人数按照专有部分的数量计算，一个专有部分按一人计算；建设单位尚未出售和虽已出售但尚未交付的部分，以及同一买受人拥有一个以上专有部分的，按一人计算；一个专有部分有两个以上所有权人的，应当推选一人行使表决权，业主人数为一人；总人数，按照前项的统计总和计算。

（6）业主大会会议方式。物业管理区域内业主人数较多的，可以幢、单元、楼层为单位，推选一名业主代表参加业主大会会议，推选及表决办法应当在业主大会议事规则中规定，此即所谓业主代表大会会议。首次业主大会会议筹备组组织召开的首次业主大会会议，因尚未表决通过业主大会议事规则，故不得采取业主代表大会会议的方式。

业主可以书面委托的形式，约定由其推选的业主代表在一定期限内代其行使共同管理权，具体委托内容、期限、权限和程序由业主大会议事规则规定。即业主代表大会会议的表决办法由业主大会议事规则规定。

（7）业主委托参加业主大会会议。业主可以书面委托代理人参加业主大会会议；业主为无民事行为能力人或者限制民事行为能力人的，由其法定监护人行使投票权。

（8）业主大会会议的其他要求。召开业主大会会议，应当于会议召开15日以前通知全体业主；住宅小区的业主大会会议，应当同时告知相关的居民委员会。参照《指导规则》第十二条的规定，会议通知应以书面形式在物业管理区域内公告。

业主委员会应当做好业主大会会议书面记录并存档；业主大会会议作出的决定，应当以书面形式在物业管理区域内及时公告。

三、业主委员会

1. 业主委员会的概念

业主委员会是保障业主大会日常运行的业主大会内部的执行机构，其主要职能是执行业主大会决定的事项，监督物业服务企业履行物业服务合同的情况，公开物业管理活动信息等。这是根据《物业管理条例》第十五条，《指导规则》第三条、第三十五条、第三十六条等规定，概括的业主委员会的基本定义。

业主委员会作为业主大会的执行机构，其机构的组织目标应与业主大会组织职责保持一致，即代表和维护物业管理区域内全体业主在物业管理活动中的合法权益。根据《物业管理条例》第十九条的规定，业主委员会应当依法履行职责，不得作出与物业管理无关的决定，不得从事与物业管理无关的活动。

2. 业主委员会的产生

《物业管理条例》和《指导规则》对业主委员会的产生有具体规定。业主委员会由业主大会依法选举产生。

（1）业主委员会的人员组成。业主委员会委员应当是物业管理区域内的业主，委员人数为5至11人单数。业主委员会应当自选举之日起7日内召开首次业主委员会会议，推选业主委员会主任和副主任。

(2) 业主委员会委员任期。业主委员会委员实行任期制，每届任期不超过5年，可连选连任，业主委员会委员具有同等表决权。

(3) 业主委员会委员资格条件。业主委员会委员应符合下列条件：具有完全民事行为能力；遵守国家有关法律法规；遵守业主大会议事规则、管理规约，模范履行业主义务；热心公益事业，责任心强，公正廉洁；具有一定的组织能力；具备必要的工作时间。

3. 业主委员会的职责

根据《物业管理条例》和《指导规则》，业主委员会的职责包括：执行业主大会的决定和决议；召集业主大会会议，报告物业管理的实施情况；代表业主与业主大会选聘的物业服务企业签订物业服务合同；及时了解业主、物业使用人的意见和建议，监督和协助物业服务企业履行物业服务合同；监督管理规约的实施；督促业主交纳物业服务费及其他相关费用；组织和监督专项维修资金的筹集和使用；调解业主之间因物业使用、维护和管理产生的纠纷；业主大会赋予的其他职责。

4. 业主委员会的运作

根据《物业管理条例》和《指导规则》的相关规定，业主委员会的日常运作主要包括以下内容。

(1) 业主委员会会议。业主委员会会议是保障业主委员会日常运行的重要手段，一般分为定期会议和临时会议两种类型。业主委员会定期会议应当按照业主大会议事规则的规定及业主大会的决定召开；业主委员会临时会议，经三分之一以上业主委员会委员提议，应当在7日内召开。

业主委员会应当于会议召开7日前，在物业管理区域内公告业主委员会会议的内容和议程，听取业主的意见和建议；召开业主委员会会议，应当告知相关的居民委员会，并听取居民委员会的建议；业主委员会作出的决定，须在决定作出之日起3日内在物业管理区域内公告。

业主委员会会议由主任召集和主持，主任因故不能履行职责，可以委托副主任召集；业主委员会会议应有过半数的委员出席，作出的决定必须经全体委员半数以上同意；业主委员会委员不能委托代理人参加会议；业主委员会会议应当制作书面记录并存档；业主委员会会议作出的决定，应当有参会委员的签字确认。

符合召开业主委员会会议要求，但业主委员会主任、副主任无正当理由不召集业主委员会会议的,《指导规则》第五十二条规定,物业所在地的区、县房地产行政主管部门或者街道办事处、乡镇人民政府可以指定业主委员会其他委员召集业主委员会会议。

业主委员会会议如不符合上述规定要求的任何一项,则因会议程序不符合要求,致使业主委员会会议或者业主委员会会议表决结果无效。

根据《物业管理条例》第十九条的规定,业主委员会作出的决定违反法律法规的,物业所在地的区、县人民政府房地产行政主管部门或者街道办事处、乡镇人民政府,有权责令限期改正或者撤销其决定,并通告全体业主。

(2)公布物业管理的有关情况和资料。业主委员会应当向业主公布管理规约、业主大会议事规则,业主大会和业主委员会的决定,物业服务合同,专项维修资金的筹集、使用情况,物业共有部分的使用和收益情况,占用业主共有的道路或者其他场地用于停放汽车车位的处分情况,业主大会和业主委员会工作经费的收支情况,其他应当向业主公开的情况和资料。公布这些情况和资料,是为了保证《指导规则》第三条"接受业主的监督"的规定能够真正落实。

(3)建立工作档案。业主委员会应当建立工作档案,工作档案包括业主大会、业主委员会的会议记录,业主大会、业主委员会的决定,业主大会议事规则、管理规约和物业服务合同,业主委员会选举及备案资料,专项维修资金筹集及使用账目,业主及业主代表的名册,业主的意见和建议。

(4)建立印章管理制度。业主委员会办理备案手续后,可持备案证明向公安机关申请刻制业主大会印章和业主委员会印章;业主委员会应当建立印章管理规定,并指定专人保管印章;使用业主大会印章,应当根据业主大会议事规则的规定或者业主大会会议的决定;使用业主委员会印章,应当根据业主委员会会议的决定。

(5)落实业主委员会的工作经费。业主大会、业主委员会的工作经费由全体业主承担;工作经费可以由业主分摊,也可以从物业共有部分经营所得收益中列支;工作经费筹集、管理和使用的具体办法由业主大会决定。

(6)业主委员会委员资格的终止。业主委员会委员资格的终止有自行终止和表决终止两种情形。

1)业主委员会委员资格自行终止。《指导规则》第四十三条规定,有下列情况之一的,业主委员会委员资格自行终止:因物业转让、灭失等原因不再是业主的；丧失民事行为能力的；依法被限制人身自由的；法律法规以及管理规约规定的其他情形。

2）业主委员会委员资格表决终止。《指导规则》第四十四条规定，业主委员会委员有下列情况之一的，由业主委员会三分之一以上委员或者持有20%以上投票权数的业主提议，业主大会或者业主委员会根据业主大会的授权，表决决定是否终止其委员资格：以书面方式提出辞职请求的；不履行委员职责的；利用委员资格谋取私利的；拒不履行业主义务的；侵害他人合法权益的；因其他原因不宜担任业主委员会委员的。

终止资格的业主委员会委员，应当自终止之日起3日内将其保管的档案资料、印章及其他属于全体业主所有的财物移交业主委员会。《指导规则》第五十六条规定，业主委员会委员资格终止，拒不移交所保管的档案资料、印章及其他属于全体业主所有的财物的，其他业主委员会委员可以请求物业所在地的公安机关协助移交。

（7）业主委员会委员的候补。业主委员会任期内出现委员空缺，应当及时补足；业主委员会委员候补办法由业主大会决定或者在业主大会议事规则中规定。

（8）配合居民委员会。业主委员会应当积极配合相关居民委员会依法履行自治管理职责，支持居民委员会开展工作，并接受其指导和监督。

5. 重新选举业主委员会

业主委员会任期内委员人数不足总数的二分之一时，应当召开业主大会临时会议，重新选举业主委员会。《指导规则》第五十八条规定，业主委员会委员人数不足总数的二分之一的，新一届业主委员会产生之前，可以由物业所在地的居民委员会在街道办事处、乡镇人民政府的指导和监督下，代行业主委员会的职责，组织召开业主大会临时会议，重新选举业主委员会。

6. 业主委员会届满

业主委员会任期届满前3个月，应当组织召开业主大会会议，进行换届选举，并报告物业所在地的区、县房地产行政主管部门和街道办事处、乡镇人民政府。

《指导规则》第五十七条规定：业主委员会在规定时间内不组织换届选举的，物业所在地的区、县房地产行政主管部门或者街道办事处、乡镇人民政府应当责令其限期组织换届选举；逾期仍不组织的，可以由物业所在地的居民委员会在街道办事处、乡镇人民政府的指导和监督下，组织换届选举工作。

业主委员会应当自任期届满之日起 10 日内，将其保管的档案资料、印章及其他属于业主大会所有的财物移交新一届业主委员会。《指导规则》第五十六条规定，业主委员会任期届满后，拒不移交所保管的档案资料、印章及其他属于全体业主所有的财物的，新一届业主委员会可以请求物业所在地的公安机关协助移交。

培训项目 3

建设单位知识

一、建设单位的基本知识

1. 建设单位的概念

建设单位也称为房地产开发企业,根据《中华人民共和国城市房地产管理法》(以下简称《城市房地产管理法》)第三十条、《城市房地产开发经营管理条例》第二条的规定,房地产开发企业是以营利为目的,在城市规划区内国有土地上进行基础设施建设、房屋建设,并转让房地产开发项目或者销售、出租商品房的企业。

根据《城市房地产开发经营管理条例》第二十七条有关商品房销售书面合同载明物业管理方式的要求,以及《商品房销售管理办法》第七条、第十三条有关商品房销售条件的物业管理要求等,建设单位应在商品房销售前与物业服务企业订立前期物业服务合同。《民法典》第九百三十九条规定,建设单位是与物业服务企业订立前期物业服务合同的民事主体。这是因为房屋销售之前,房屋所有权均属于建设单位。根据《物业管理条例》第六条的"房屋的所有权人为业主"的规定,建设单位是以业主身份与物业服务企业订立前期物业服务合同的。

2. 建设单位的职责

根据《中华人民共和国建筑法》《城市房地产管理法》《城市房地产开发经营管理条例》《建设工程质量管理条例》《物业管理条例》和《商品房销售管理办法》等法律法规的相关规定,建设单位的职责主要包括:

(1)基础设施与房屋建设。建设单位按照国家建筑标准组织房屋及满足房屋使用功能的基础设施施工建设,并在建设过程中通过工程监理等手段保证房屋建筑工程质量。

（2）建筑工程质量保证。建设单位对其开发建设的房地产开发项目的质量承担责任，并按照国家规定的保修期限和保修范围，承担基础设施与房屋的保修责任。

（3）组织竣工验收。建设单位收到建设工程竣工报告后，应当组织设计、施工、工程监理等有关单位进行竣工验收，并在此基础上申请完成政府综合验收。

（4）建立建设工程档案。建设单位应当严格按照国家有关建设工程档案管理的规定，建立建设项目档案，并在建设工程竣工验收后，及时向建设行政主管部门或者其他有关部门移交建设工程档案。

（5）订立前期物业服务合同，制定临时管理规约。建设单位按照商品房销售条件选聘前期物业服务企业，签订前期物业服务合同，并制定临时管理规约。

（6）实施物业承接查验。在房屋销售前，建设单位应当依照相关规定与前期物业服务企业查验移交物业共用部分、资料等，双方办理物业交接手续。

（7）房屋销售。依照国家有关规定，建设单位将竣工验收合格的商品房出售给房屋买受人，并收取房屋买受人支付的房屋价款。

二、建设单位在前期物业管理阶段的职责及法律责任

1. 建设单位在前期物业管理阶段的职责

《物业管理条例》《指导规则》规定了建设单位在前期物业管理中的责任，归纳起来主要有：

（1）配置物业服务用房。建设单位按照国家有关规定，为保证今后物业管理工作顺利实施，在物业管理区域内配置所有权归属全体业主的必要的物业服务用房。

（2）承担物业保修责任。建设单位按照国家规定的保修期限和保修范围，承担物业的保修责任。

（3）尊重业主共有部分所有权。建设单位不得擅自处分业主依法享有的物业共用部位、共用设施设备的所有权或者使用权。

（4）支持成立业主大会。建设单位按照物业所在地的区、县房地产行政主管部门或者街道办事处、乡镇人民政府的要求，及时报送筹备首次业主大会会议所需的文件资料，配合协助筹备组开展工作。

在前期物业管理阶段，建设单位由于在物业管理区域有其享有所有权的物业

(其中包括尚未出售或者已经出售但尚未交付的房屋),因而其具有业主身份,还须履行业主的法定义务,如支付物业费、交纳专项维修资金等。

2. 建设单位在前期物业管理阶段的法律责任

建设单位未履行前期物业管理阶段的法定职责与义务,须依法依规承担的法律责任包括:

(1)建设单位擅自处分属于业主的物业共用部位、共用设施设备的所有权或者使用权的,由县级以上地方人民政府房地产行政主管部门处 5 万元以上 20 万元以下的罚款;给业主造成损失的,依法承担赔偿责任。

(2)建设单位在物业管理区域内不按照规定配置必要的物业服务用房的,由县级以上地方人民政府房地产行政主管部门责令限期改正,给予警告,没收违法所得,并处 10 万元以上 50 万元以下的罚款。

(3)建设单位未按规定报送筹备首次业主大会会议的相关文件资料,物业所在地的区、县房地产行政主管部门或者街道办事处、乡镇人民政府责令建设单位限期改正。

(4)建设单位违反规定,挪用住宅专项维修资金的,由县级以上地方人民政府房地产行政主管部门追回挪用的住宅专项维修资金,没收违法所得,可以并处挪用金额 2 倍以下的罚款;构成犯罪的,依法追究直接负责的主管人员和其他直接责任人员的刑事责任。

三、建设单位的物业保修责任

《城市房地产开发经营管理条例》第十六条明确规定,建设单位应当对其开发建设的房地产开发项目的质量承担责任。《物业管理条例》第三十一条规定,建设单位应当按照国家规定的保修期限和保修范围,承担物业的保修责任。

根据《商品住宅实行住宅质量保证书和住宅使用说明书制度的规定》,建设单位在向房屋买受人(即商品住宅交付后的业主)交付销售的新建商品住宅时,必须提供《住宅质量保证书》和《住宅使用说明书》;建设单位应当按《住宅质量保证书》的约定,承担新建商品住宅的保修责任。

地基基础和主体结构在合理使用寿命年限内承担保修。正常使用情况下各部位、部件保修内容与保修期如下:

(1)屋面防水 5 年。

(2) 墙面、厨房和卫生间地面、地下室、管道渗漏 1 年。

(3) 墙面、顶棚抹灰层脱落 1 年。

(4) 地面空鼓开裂、大面积起砂 1 年。

(5) 门窗翘裂、五金件损坏 1 年。

(6) 管道堵塞 2 个月。

(7) 供热、供冷系统和设备 1 个采暖期或供冷期。

(8) 卫生洁具 1 年。

(9) 灯具、电器开关 6 个月。

(10) 其他部位、部件的保修期限，由建设单位与房屋买受人自行约定。

新建商品住宅保修期从建设单位将竣工验收的住宅交付房屋买受人使用之日起计算，保修期限不应低于上述规定的期限。建设单位可以延长保修期。

四、物业服务企业与建设单位的关系

物业服务企业与建设单位民事法律关系的建立，始于建设单位新建商品房销售之前。建设单位以单一业主身份委托物业服务企业对其开发建设的商品房承担物业管理义务，双方是民事委托关系，建设单位是物业服务企业的唯一委托人，是物业管理的唯一服务对象。新建商品房销售后，建设单位履行商品房买卖合同交付新建商品房的约定，在建设单位向房屋买受人交付新建商品房的过程中，建设单位新建商品房的所有权持续分割，出现业主的建筑物区分所有权，建设单位由单一的所有权人即单一业主身份成为建筑物区分所有权人，物业服务企业与建设单位的关系随之发生变化。双方委托关系虽然续存，但建设单位已经只是多个委托人之一，作为建筑物区分所有权情形下全体业主中的一员，不能擅自代表全体业主随意指示物业服务企业。

物业服务企业与建设单位之间的关系，具体表现为：

1. 早期介入阶段的顾问咨询关系

早期介入阶段，建设单位根据项目开发建设的需要，聘请物业服务企业从物业管理角度对开发建设项目的立项、规划、施工、销售等各个环节提出合理意见和建议，以使开发建设项目更好地满足目标客户群的需要，提高市场占有率，提升企业知名度、信誉度。双方建立了早期介入阶段的顾问咨询关系。

2. 承接物业项目阶段的承接查验关系

《物业管理条例》规定，物业服务企业与建设单位订立前期物业服务合同后，物业服务企业从建设单位承接物业时，双方对物业共用部位、共用设施设备以及资料进行查验，以使物业服务企业能够熟悉物业管理对象的基本情况，制定具有针对性的物业管理方案，为业主提供高质量的物业管理。双方在承接物业项目阶段建立了承接查验关系。

3. 履行前期物业服务合同阶段的合作共赢关系

前期物业服务合同履行阶段的初期，建设单位是唯一委托人，其与物业服务企业订立前期物业服务合同是商品房销售的前提条件之一，物业服务企业的物业管理质量水平对商品房销售有直接影响。随着商品房销售尤其是交付，建设单位虽然不再是前期物业服务合同的唯一委托人，但其对物业项目开发建设的职责，使其比其他业主更为了解物业项目的实际情况，尤其是其所承担的质量保修义务，对物业管理非常重要。因此，物业服务企业与建设单位只有建立相互支持的合作关系，才能获得共赢的结果。

4. 新建商品房保修事宜的委托保修关系

建设单位按照国家规定，对房屋买受人（即商品房交付后的业主）承担物业的保修责任。为保证保修义务的有效履行，建设单位可以委托物业服务企业代为履行保修义务，以提高对业主商品房质量保修要求的响应度，使得数量虽多但技术要求并不复杂的保修事项能够及时得到解决，树立建设单位的诚信形象。建设单位与物业服务企业在建设单位保修期限内建立了委托保修关系。

培训项目 4 专业性服务企业知识

一、专业性服务企业的基本知识

1. 专业性服务企业的概念

专业性服务企业是指专门从事物业管理某一管理服务事项的专业企业。

物业管理具有较强的专业综合性特征，其所涉及的技术门类广泛，如电梯维保、房屋修缮、绿化养护、保洁服务等都有着各自的技术体系、标准要求甚至准入许可等，需要一定的基础投入、技术储备。物业服务企业如果面面俱到地满足所有物业管理事项的专业要求，储备人员、技术等，势必要加大运营成本。因此，物业服务企业在物业管理运营中，需要委托专业性服务企业承担专业技术要求较高的物业管理事项，既可以降低运营成本，又可以保证管理质量，为业主提供满意的物业管理服务。

2. 专业性服务企业的种类

物业管理过程中，有专门技术要求的专业性较强的物业管理事项主要包括房屋修缮、卫生保洁、绿化养护、电梯维保、消防设施设备维保、安全防范管理、监控系统维保、卫生消杀等。物业管理市场相应地出现了保洁服务企业、保安服务企业、绿化企业、电梯维保企业、消防系统维保企业、卫生消杀企业、弱电系统维保企业、防水施工企业等专业性服务企业。

二、物业服务企业委托专业性服务企业的法律法规要求

《物业管理条例》第三十九条规定，物业服务企业可以将物业管理事项委托给专业性服务企业。《民法典》第九百四十一条明确规定，物业服务企业将物业管理事项委托给专业性服务企业后，其责任主体身份不变，仍然要对委托的物业管理

事项承担物业服务合同约定的义务，向业主负责。

物业服务企业委托专业性服务企业受一定的法律限制。《民法典》第九百四十一条、《物业管理条例》第三十九条规定，禁止物业服务企业将全部的物业管理事项一并委托给专业性服务企业，或者将全部物业管理事项分别委托给专业性服务企业。也就是说不允许物业服务企业对物业服务合同进行转包，以保护业主的根本利益。

物业服务企业如果违反了委托专业性服务企业的有关规定，就要承担相应的法律责任。对此，《物业管理条例》第五十九条有明确规定。

三、物业服务企业与专业性服务企业的关系

物业服务企业委托专业性服务企业，其过程包括供方开发与维护管理、供方招标管理、供方履约管理等。具体内容有供方准入条件确定、供方准入评审、建立供方库与维护更新、供方招标原则确定、供方招标与评审、合同评审与订立、建立沟通与协调机制、服务质量评价与结果应用、合同续签或终止管理等。

由此，物业服务企业与专业性服务企业的关系包括以下几方面。

1. 培育关系

物业服务企业委托专业性服务企业的主要目的，是为业主提供更加专业的物业管理，以保证物业管理的高质量。要实现这一目的，物业服务企业与专业性服务企业之间关系稳定是十分重要的基础条件。为此，物业服务企业应该重视对双方关系的培育，主动维护专业性服务企业的利益，要管理与支持并重，建立共同的质量观念，帮助专业性服务企业以物业服务合同为依据，设计管理服务方案、提升管理服务能力，让业主满意。

2. 合作关系

物业服务企业委托专业性服务企业的管理服务标准是以物业服务合同为依据的，因此，双方的关系应当建立在双赢的基础上。双方应在充分沟通与相互理解的基础上，建立沟通、交流与协调机制，及时共享信息，确保双方各层级沟通顺畅，及时合理地解决争议，达成步调一致的行动，在融洽的合作中实现共赢。

3. 监管关系

专业性服务企业的质量保证，离不开物业服务企业对其实施的日常指导监督

和定期质量评价。物业服务企业应把专业性服务企业纳入自身的整体管理体系之中，通过目标制定、监督检查、有效评估、绩效考核、及时改进等手段完成对专业性服务企业日常业务的有效管控，确保专业性服务企业保持专业管理服务能力，实现物业管理运营整体目标。

培训模块 四
物业管理相关知识

培训项目 1

建筑工程基础知识

一、建筑和建筑工程

1. 建筑

（1）建筑的基本概念。建筑是建筑物与构筑物的总称，是人们为了满足社会生活需要，利用所掌握的物质技术手段，运用一定的科学规律和美学法则，通过对空间的限定、组织而创造的人工环境。

建筑物一般是指供人们进行生产、生活或其他活动的房屋或场所，如工业建筑、民用建筑、农业建筑等。构筑物一般是指建筑物之外，对主体建筑有辅助作用的，有一定功能性的结构建筑的统称，如水塔、烟囱、栈桥、堤坝、蓄水池、过滤池、澄清池、沼气池等。

（2）建筑的构成要素。建筑功能、物质技术条件、建筑形象，通称为建筑构成三要素。

1）建筑功能。建筑功能是指建筑的实用性。建筑是人们为满足某种需要而建造的，如住宅供人生活起居，体育馆供人进行体育活动或观看体育比赛。建筑功能是建筑的目的，是主导因素。

2）物质技术条件。物质技术条件是指建筑工程中所运用的建筑材料、建筑机械与设备，通过一定的技术手段，最后形成一定的建筑结构。物质技术条件是达到建筑目的的手段，为建筑目的服务。

3）建筑形象。建筑形象包括建筑外部形状、立面处理、室内外空间的组合、建筑色彩与材料质感、细部装饰等内容。建筑不仅要实现建筑功能，还应满足人们的审美要求。

建筑构成三要素是辩证统一关系，既相互依存，又有主次之分。第一是建筑功能，起主导作用；第二是物质技术条件，是达到目的的手段，同时对功能又有约束和促进作用；第三是建筑形象，是功能和技术在形式美方面的综合反映。我国的建筑方针为适用、安全、经济、美观，是建筑构成三要素的全面体现。

（3）建筑的分类。建筑可以从使用性质、层数和高度、承重结构材料、设计使用年限等方面来分类。

1）按使用性质分类。建筑按使用性质可分为民用建筑、工业建筑、农业建筑。其中民用建筑是最为广泛的物业管理对象。

民用建筑按使用功能可分为居住建筑和公共建筑两大类。居住建筑是指供家庭和集体生活起居用的建筑，可分为住宅建筑和宿舍建筑两大类。公共建筑是供人们进行各种社会活动的建筑，如行政办公建筑、文教建筑、托幼建筑、医疗建筑、商业建筑、观演建筑、旅游建筑、体育建筑、展览建筑、园林建筑、纪念建筑等。

2）按层数和高度分类。根据《建筑设计防火规范（2018年版）》（GB 50016—2014），民用建筑根据其建筑高度和层数可分为单、多层民用建筑和高层民用建筑，见表4-1。高层民用建筑根据其建筑高度、使用功能和楼层的建筑面积可分为一类和二类。

对于住宅建筑，以27 m作为区分多层住宅建筑和高层住宅建筑的标准；对于高层住宅建筑，以54 m为标准划分为一类和二类。对于公共建筑，以24 m作为区分多层公共建筑和高层公共建筑的标准。

建筑高度大于100 m的建筑为超高层建筑。超高层建筑在集约利用土地资源、推动建筑工程技术进步、促进城市经济社会发展等方面发挥着积极作用。但超高层建筑的建设成本高昂，维护管理成本也较高，会加剧能源消耗，加大安全管理难度。为贯彻落实新发展理念，统筹发展和安全，科学规划建设管理超高层建筑，促进城市高质量发展，住房城乡建设部、应急管理部于2021年10月联合发布了《关于加强超高层建筑规划建设管理的通知》（建科〔2021〕76号），要求严格管控新建超高层建筑，强化既有超高层建筑安全管理。

表4-1 民用建筑按层数和高度分类

名称	高层民用建筑		单、多层民用建筑
	一类	二类	
住宅建筑	建筑高度大于54 m的住宅建筑（包括设置商业服务网点的住宅建筑）	建筑高度大于27 m，但不大于54 m的住宅建筑（包括设置商业服务网点的住宅建筑）	建筑高度不大于27 m的住宅建筑（包括设置商业服务网点的住宅建筑）
公共建筑	1. 建筑高度大于50 m的公共建筑 2. 建筑高度24 m以上部分任一楼层建筑面积大于1 000 m^2的商店、展览、电信、邮政、财贸金融建筑和其他多种功能组合的建筑 3. 医疗建筑、重要公共建筑、独立建造的老年人照料设施 4. 省级及以上的广播电视和防灾指挥调度建筑、网局级和省级电力调度建筑 5. 藏书超过100万册的图书馆、书库	除一类高层公共建筑外的其他高层公共建筑	1. 建筑高度大于24 m的单层公共建筑 2. 建筑高度不大于24 m的其他公共建筑

3）按主要承重结构的材料分类。可分为以下五类。

①砖木结构建筑。砖木结构建筑是以砖石作为墙体，木材作为房屋楼板、屋盖的建筑。砖木结构建筑自重轻，构造简单，施工方便，但木材易腐，不防火，加之我国森林资源缺乏，故目前已很少采用。

②砌体结构建筑。砌体结构建筑是以砖墙或砌块墙、钢筋混凝土楼板和屋顶承重构件作为主要承重结构的建筑。砌体结构建筑多用于层数不多的民用建筑及小型工业厂房。其中，用砖墙作为竖向承重构件的结构又称为砖混结构。

③钢筋混凝土建筑。钢筋混凝土建筑是以钢筋混凝土柱、梁、板为承重结构的多层或高层建筑。

④钢结构建筑。钢结构建筑是以型钢等钢材作为房屋的承重骨架（钢柱、钢梁）的建筑。

⑤其他结构建筑。其他结构建筑包括用生土、充气、塑料等建造的生土建筑、充气建筑和塑料建筑。

4）按建筑的设计使用年限分类。根据《民用建筑设计统一标准》（GB 50352—2019），民用建筑的设计使用年限分为以下四类：

1 类：设计使用年限 5 年，适用于临时性建筑。

2 类：设计使用年限 25 年，适用于易于替换结构构件的建筑。

3 类：设计使用年限 50 年，适用于普通建筑和构筑物。

4 类：设计使用年限 100 年，适用于纪念性建筑和特别重要的建筑。

2. 建筑工程

建筑工程是为新建、改建或扩建房屋建筑物和附属构筑物设施所进行的规划、勘察、设计和施工等各项技术工作和完成的工程实体以及与其配套的线路、管道、设备的安装工程。

其中，"房屋建筑物"包括厂房、剧院、旅馆、商店、学校、医院和住宅等，其新建、改建或扩建必须兴工动料，通过施工活动才能实现；"附属构筑物设施"是指与房屋建筑配套的水塔、自行车棚、水池等；"线路、管道、设备"是指与房屋建筑及其附属设施相配套的电气、给排水、暖通、通信、电梯等线路、管道、设备。

二、建筑构造

民用建筑一般由基础、墙体或柱、楼地层、楼梯、屋顶、门窗六大部分组成。此外，还有一些人们生活所必需的设施，如阳台、雨棚等。民用建筑的构造组成如图 4-1 所示。

1. 基础

基础是建筑物最下部埋在土中的扩大构件，是建筑物的一部分。基础与土层直接接触并承受建筑物的全部荷载，把它们传给地基。地基是承受由基础传来的荷载而产生应力和应变的土层。基础按构造形式分为条形基础、独立基础、井格（交叉梁）式基础、筏（板）形基础、箱形基础、岩石锚杆基础、桩基础等。

2. 墙体

墙体是房屋的竖向承重构件，它承受着由屋盖和各楼层传来的各种荷载，并把这些荷载传给基础。墙体还有围护和分隔作用。

（1）墙体的类型。墙体按照所用材料分为砖墙、石墙、土墙、钢筋混凝土墙以及利用工业废料的各种砌块墙等；根据结构受力情况分为承重墙和非承重墙；

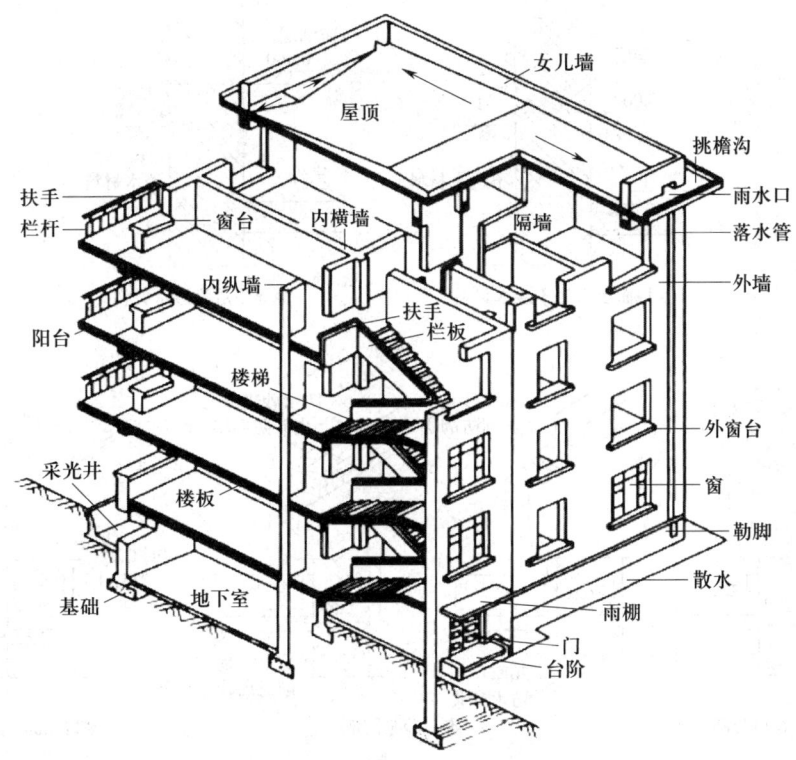

图4-1 民用建筑的构造组成

按构造方式分为实体墙、空体墙和复合墙;根据施工方法分为块材墙、板筑墙和板材墙。

(2)墙体的功能要求。墙体的功能要求主要包括保温、隔热、隔声、防火、防潮和建筑工业化。

(3)砌体墙构造。砌体墙构造包括墙脚构造、门窗洞口构造、墙身加固构造等。

1)墙脚构造。墙脚一般是指基础以上,室内地面以下的墙体。内外墙都有墙脚,外墙的墙脚又称勒脚。

①墙身防潮。在墙脚铺设防潮层,防止土壤和地面水渗入砖墙体。常用防潮层有防水砂浆防潮层、细石混凝土防潮层、卷材防潮层。墙身防潮层的位置及构造做法如图4-2所示。

②勒脚构造。勒脚要求坚固和防潮,一般采用抹灰类勒脚、贴面类勒脚、坚固材料类勒脚。

③外墙周围的排水构造。房屋四周可采取散水或明沟排除雨水。

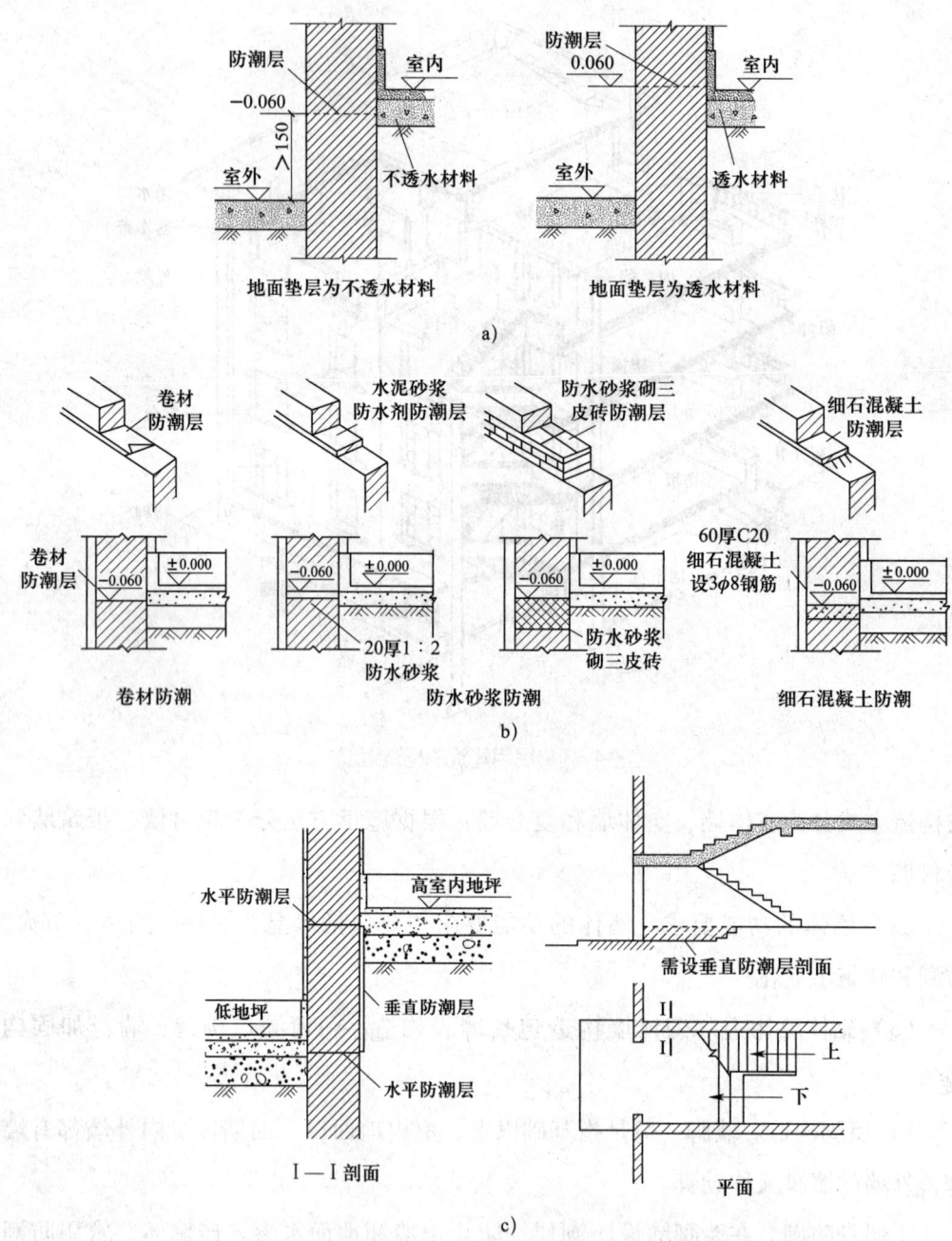

图4-2 墙身防潮层的位置及构造做法

a) 墙身水平防潮层的位置 b) 墙身水平防潮层的构造做法 c) 墙身垂直防潮层的位置及构造做法

2) 门窗洞口构造。包括窗台构造和门窗过梁构造。

①窗台构造。外窗台的作用是排除沿窗面流下的雨水,防止其渗入墙身及沿窗缝渗入室内,同时避免雨水污染外墙面。内窗台常用预制水磨石板、石板材等。

窗台距地面高度一般为 900 mm，低于 800 mm 时要设防护措施。

②门窗过梁构造。当墙体上开设门窗洞口时，为了支承洞口上部砌体传来的各种荷载，并将这些荷载传给洞口两侧的墙体，避免压坏门窗框，常在门窗洞口上方设置横梁，该横梁称为过梁。过梁是承重构件，所以在进行房屋装修时，不能擅自拆除门窗洞口上方的过梁。根据材料和构造方式不同，过梁一般有钢筋混凝土过梁、平拱砖过梁、钢筋砖过梁三种。

3）墙身加固构造。对于多层砖混结构的承重墙，由于砖本身为脆性材料，其承载能力有限，为了提高抗震能力和承担荷载，需对墙身采取加固措施，如增设门垛、壁柱、圈梁、构造柱等，以提高墙身的强度和稳定性，满足设计要求。

①门垛和壁柱。当在墙上开设门洞且门洞开在两墙转角处或丁字墙交接处时，为了便于门框安装和保证墙体的稳定性，须在门靠墙的转角部位或丁字交接的一边设置门垛。当墙体的窗间墙上出现集中荷载，而墙厚又不足以承受其荷载时，或当墙体的长度和高度超过一定限度并影响墙体稳定性时，常在墙身局部适当位置增设凸出墙面的壁柱以提高墙体刚度。

②圈梁。圈梁是在房屋外墙和部分内墙中设置的连续封闭的梁。它的作用是在水平方向将楼板和墙体箍住，并和构造柱构成骨架，增强房屋的整体刚度，防止由于地基不均匀沉降或较大振动荷载引起的墙体开裂，提高房屋的抗震能力。

③构造柱。构造柱的作用是从竖向加强房屋层与层之间墙体的整体性。圈梁与构造柱共同作用，形成空间骨架，从而增强房屋的整体性，提高墙体抵抗变形的能力，做到裂而不倒。钢筋混凝土构造柱一般设在房屋四角、内外墙交接处、楼梯间、电梯间及某些较长的墙体中部，施工时必须先砌砖墙，后浇注混凝土。

（4）隔墙构造。隔墙根据不同的使用要求把房屋分隔成不同的使用空间。隔墙不承重，为满足房屋功能和平面布局需要，隔墙应满足自重轻、厚度小、隔声、防火、防潮、便于拆装等要求。常用的隔墙有块材隔墙、轻骨架隔墙、轻型板材隔墙、装配整体式板材隔墙等。

（5）变形缝。变形缝有伸缩缝、沉降缝和防震缝三种。

建筑物因受外界温度变化的影响而产生的热胀冷缩，致使建筑物出现不规则破坏。为防止这种情况的发生，常沿建筑物长度方向每隔一定距离或在结构变化较大处预留缝隙，这种缝隙称为伸缩缝。

建筑物建造在土层性质差别较大（承载力相差较大）的地基上，或同一建筑物相邻部分高度、荷载、结构形式差异较大时，建筑物会因地基不均匀沉降而导致开裂或破坏，因此，常在建筑物适当部位设置垂直缝隙，将建筑物划分成若干个独立的结构单元，使每个单元都能自由沉降，这种缝称为沉降缝。

在地震区，为防止地震对房屋的破坏，须设置垂直缝隙，将房屋分成若干形体简单、刚度和质量均匀的独立单元，这种缝称为防震缝。

（6）墙面装修。墙体表面的装修称为墙面装修。墙面装修分为室内装修和室外装修两种。常用装修做法有抹灰、涂刷、粘贴和裱糊。

3. 楼地层

楼地层包括楼板层和地坪层，是分隔建筑空间的水平承重构件。楼板层分隔上下楼层空间，地坪层分隔底层空间并与土壤直接相连。

（1）楼板层的组成。楼板层由面层、结构层、顶棚层及附加层组成。面层是人们日常活动直接接触的部位，面层应满足坚固耐磨、不易起尘、舒适美观的要求。结构层是承重构件，应坚固耐用，满足楼板层的强度和刚度要求。顶棚层可以保护楼板、安装灯具、遮挡各种水平管线，还可以改善室内光照条件，装饰美化室内空间。在实际工程中，上述三个基本层往往不能满足使用上或构造上的要求，需要添加附加层。附加层应根据具体需求进行设置，其主要作用是隔声、隔热、保温、防水、防潮、防腐蚀、防静电等。

（2）地坪层的组成。地坪层的基本组成部分有面层、垫层和基层。对于有特殊要求的地坪，常在面层和垫层之间增设附加层。地坪层的面层又称为地面，直接承受人、家具、设备等产生的荷载，起着保护结构层和美化室内的作用。垫层的作用是承受地面上的荷载并将荷载传递给基层。基层即垫层下的土，又称为地基，一般为原土层或填土分层夯实。

4. 楼梯

楼梯是两层以上房屋中的主要垂直交通设施，是联系上下层之间的主要交通疏散设施。楼梯应满足通行顺畅、行走舒适、坚固耐用等要求，此外还要满足防火安全、造型美观和施工方便等要求。

5. 屋顶

屋顶是房屋最上层起覆盖作用的围护结构，用于抵御自然界的风、雨、雪、气温变化和太阳辐射。屋顶又是房屋顶层的承重结构，用于承受自重和作用于屋顶上的各种荷载。

（1）屋顶的类型。屋顶的形式与建筑的使用功能、结构选型、屋面盖料及建筑造型要求等有关。常见的屋顶类型有平屋顶、坡屋顶，除此以外，还有曲面、球面、折面等形式的屋顶。

（2）屋顶的功能要求。屋顶作为外围护结构，应满足防水、保温、隔热以及隔声、防火等要求。屋顶作为承重结构，应满足承重构件的强度、刚度和整体空间的稳定性要求。

（3）屋顶的防水要求。屋顶积水（积雪）以后，应尽快排除，以防渗漏。屋面渗漏不仅使用户无法正常使用室内空间，毁坏设备、设施和生活用品，而且浸泡墙体，使装修面层脱落，甚至破坏墙体结构，危及建筑物安全。根据《建筑与市政工程防水通用规范》（GB 55030—2022），屋面工程防水设计工作年限不应低于20年。

1）屋面工程的防水类别和防水使用环境类别。屋面工程的防水类别见表4-2。屋面工程的防水使用环境类别见表4-3。

表4-2 屋面工程的防水类别

工程类型	工程防水类别		
	甲类	乙类	丙类
屋面工程	民用建筑和对渗漏敏感的工业建筑屋面	除甲类和丙类以外的建筑屋面	对渗漏不敏感的工业建筑屋面

表4-3 屋面工程的防水使用环境类别

工程类型	工程防水使用环境类别		
	Ⅰ类	Ⅱ类	Ⅲ类
屋面工程	年降水量≥1 300 mm	400 mm≤年降水量<1 300 mm	年降水量<400 mm

2）屋面工程的防水等级。屋面工程防水等级依据防水类别和防水使用环境类别分为一级、二级、三级。

一级防水：Ⅰ类、Ⅱ类防水使用环境下的甲类工程；Ⅰ类防水使用环境下的乙类工程。

二级防水：Ⅲ类防水使用环境下的甲类工程；Ⅱ类防水使用环境下的乙类工程；Ⅰ类防水使用环境下的丙类工程。

三级防水：Ⅲ类防水使用环境下的乙类工程；Ⅱ类、Ⅲ类防水使用环境下的丙类工程。

3）屋面工程的防水做法。平屋面工程、瓦屋面工程、金属屋面工程的防水做法应分别符合表4-4、表4-5、表4-6的要求。

表4-4 平屋面工程的防水做法

防水等级	防水做法	防水层	
		防水卷材	防水涂料
一级	不应少于3道	卷材防水层不应少于1道	
二级	不应少于2道	卷材防水层不应少于1道	
三级	不应少于1道	任选	

表4-5 瓦屋面工程的防水做法

防水等级	防水做法	防水层		
		屋面瓦	防水卷材	防水涂料
一级	不应少于3道	为1道，应选	卷材防水层不应少于1道	
二级	不应少于2道	为1道，应选	不应少于1道；任选	
三级	不应少于1道	为1道，应选	—	

表4-6 金属屋面工程的防水做法

防水等级	防水做法	防水层	
		金属板	防水卷材
一级	不应少于2道	为1道，应选	不应少于1道；厚度不应小于1.5 mm
二级	不应少于2道	为1道，应选	不应少于1道
三级	不应少于1道	为1道，应选	—

（4）平屋顶的保温。北方地区冬季寒冷，需要采暖，室内温度比室外高，为了不使热量散失太快，外围护构件需按保温要求设计，所以屋顶必须设保温层。保温材料应根据使用要求、气候条件、屋顶结构形式、当地资源、工程造价等综合考虑，应采用密度小、导热系数小的多孔材料，一般有散料、块材和板材三种。

（5）平屋顶的隔热。炎热地区夏季太阳辐射会使屋顶温度剧烈升高，为减轻高温对室内的影响，平屋顶须设降温隔热层或采取降温措施，主要有实体材料隔热屋面、蓄水屋面、种植屋面、通风降温屋面、反射蒸发降温屋面等形式。

（6）坡屋顶的构造。坡屋顶又称斜屋顶，屋面由一个或多个倾斜面相互交接形成，根据斜面数量的多少，可分为单坡顶、双坡顶和四坡顶等。坡屋顶主要由支承结构（承重层）、屋面（防水层）和顶棚层三部分组成，根据不同的使用要求还可以设置保温层、隔热层等。顶棚层的构造与楼层的顶棚层相似。

6. 门窗

门窗是建筑物围护系统中的构件，通常包括固定部分（门框、窗框）和一个及一个以上的可开启部分（门扇、窗扇）。门窗的构造要求是坚固耐用、开启灵活、关闭严密、便于维修和清洗。门窗的尺寸、规格、类型、构造和连接方式等均应符合标准化条件。门窗所用材料有木材、钢材、铝合金、塑料、玻璃等。

三、建筑结构

建筑结构是由屋盖、楼板、墙、柱、基础等结构构件组成的承受建筑物全部荷载的承重体系，是建筑物中承重骨架的总称。建筑结构按承重体系不同，可分为砌体墙承重体系、框架承重体系、剪力墙承重体系、框支剪力墙承重体系、框架－剪力墙承重体系和筒体承重体系。

1. 砌体墙承重体系

砌体墙承重体系以砌体墙和楼板为主要承重构件，砌体墙同时又是组成建筑空间的围护和分隔构件，如图4-3所示。砌体墙承重体系经济性好，技术简单，适应性强，但由于砌体墙承载力低，不能提供较大的建筑空间，且整体性、抗震性都很差，因此该体系主要适用于8层以下的建筑，不适用于高层建筑和大空间建筑。

2. 框架承重体系

框架承重体系由柱和梁形成的框架承重，墙体并不承重，仅起围护和分隔作用，如图4-4所示。框架既承受重力荷载，又承受水平荷载。框架承重体系的优点是建筑平面布置灵活，可提供较大的内部空间。但由于框架承重体系属于柔性结构体系，在水平荷载作用下，抗侧刚度小，水平位移大，所以在高烈度地震区不宜采用，适应层数受到限制。目前，框架承重体系主要用于10~12层的商场、办公楼等建筑。

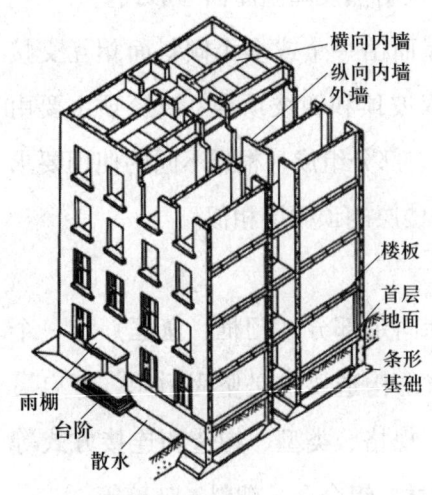

图4-3 砌体墙承重体系结构示意图

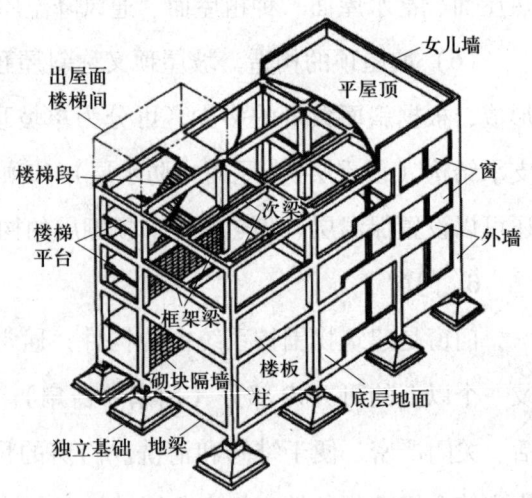

图4-4 框架承重体系结构示意图

3. 剪力墙承重体系

剪力墙承重体系是指由一系列横向和纵向的钢筋混凝土剪力墙组成的承重骨架。剪力墙不仅承受重力荷载的作用，而且要承受风、地震等水平荷载的作用。同框架承重体系相比，剪力墙承重体系抗侧刚度大，侧移小，抗震性能好，属于刚性结构体系，适应层数多。剪力墙承重体系一般控制在35层，总高不超过110 m。由于剪力墙的间距比较小，一般为3~8 m，因此建筑平面布置不够灵活，形成的建筑空间小，使用受到限制。该体系主要用于高层公寓、高层住宅、高层宾馆、高层办公建筑等。图4-5为某剪力墙承重体系结构平面示意图。

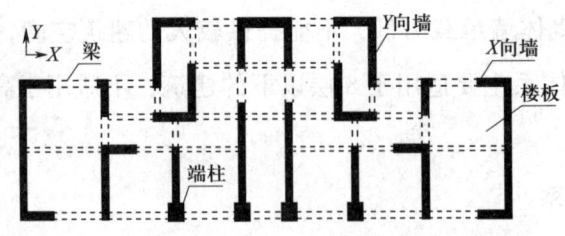

图4-5 某剪力墙承重体系结构平面示意图

4. 框支剪力墙承重体系

框支剪力墙承重体系是指建筑上部的较小空间（如客房、住宅等）采用剪力墙承重体系，建筑底部的大空间（如商场、门厅、宴会厅、地下车库等）采用框架承重体系。该体系一般用于高层旅馆、高层综合楼。

5. 框架-剪力墙承重体系

框架-剪力墙承重体系是在框架承重体系的基础上增设一定数量的纵向和横向剪力墙，并使框架柱、楼板有可靠连接的结构体系。建筑的竖向荷载由框架柱和剪力墙共同承担，而水平荷载主要由刚度较大的剪力墙承担。这样形成的框架-剪力墙结构既具有剪力墙结构的特点，即抗侧刚度大、抗震能力强、适应层数多，又具有框架结构的特点，即结构布置灵活、可形成较大空间。

6. 筒体承重体系

筒体结构是由框架-剪力墙结构与剪力墙结构综合演变和发展而来的，可分为实腹式筒体结构和空腹式筒体结构两种。由钢筋混凝土剪力墙围合成的筒体结构称为实腹式筒体结构，由深梁密柱框架围合成的筒体结构称为空腹式筒体结构。筒体结构不仅能承受竖向荷载，而且能承受很大的水平荷载。因此，筒体结构抗侧刚度非常大，抗风、抗震性能好，适应层数多，并能形成较大的使用空间，建筑平面布置灵活，适用于多功能、多用途的超高层建筑。

四、建筑材料

1. 建筑材料的燃烧性能

（1）建筑材料燃烧性能的含义。建筑材料的燃烧性能是指当材料燃烧或遇火时所发生的一切物理和化学变化。建筑材料的燃烧性能是评价材料防火性能的一项重要指标。

（2）建筑材料燃烧性能分级。依据《建筑材料及制品燃烧性能分级》（GB 8624—2012），我国建筑材料及制品的燃烧性能分为 A、B_1、B_2、B_3 四个等级。

1）A 级材料。A 级材料是指不燃材料（制品），在空气中遇明火或高温作用下不起火、不微燃、不碳化，如大理石、玻璃、钢材、混凝土石膏板、铝塑板等。

2）B_1 级材料。B_1 级材料是指难燃材料（制品），在空气中遇明火或高温作用下难起火、难微燃、难碳化，如水泥刨花板、矿棉板、难燃木材、难燃胶合板、难燃聚氯乙烯塑料等。

3）B_2 级材料。B_2 级材料是指可燃材料（制品），在空气中遇明火或高温作用下会立即起火或发生微燃，火源移开后继续保持燃烧或微燃，如天然木材、胶合板、人造革、墙布等。

4）B_3 级材料。B_3 级材料是指易燃材料（制品），在空气中很容易被低能量的火源或电焊渣等点燃，火焰传播速度极快。

2. 常见建筑材料

（1）建筑木材。木材具有自重轻、强度高、弹性韧性好、绝热性好、装饰性好等优点，但木材易受到白蚁、天牛等昆虫的蛀蚀，形成很多孔眼或沟道，甚至蛀穴，破坏木质结构的完整性而使强度严重降低。木材的腐朽为真菌侵害所致，所以木材防腐的基本原理在于破坏真菌及虫类生存和繁殖的条件。

（2）建筑玻璃。建筑玻璃具有表面晶莹光洁、透光、隔声、保温、耐磨、耐气候变化、材质稳定等优点。建筑玻璃主要有普通平板玻璃、浮法玻璃、钢化玻璃、夹层玻璃、安全玻璃、中空玻璃、贴膜玻璃等。

（3）砌筑材料。砌筑材料是指通过砌筑、拼装或其他方法构成承重或非承重墙体或构筑物的材料。砌筑材料主要包括传统的石材、砖、瓦，现代的各种空心砌块及板材，砌筑砂浆。

（4）无机胶凝材料。建筑上用来将散粒材料（如沙、石子等）或块状材料（如砖、石块等）黏结成为整体的材料，统称为无机胶凝材料。建筑工程中广泛应用的无机胶凝材料主要有：只能在空气中硬化，也只能在空气中保持或继续发展其强度的气硬性胶凝材料，如石膏、石灰；不仅能在空气中硬化，而且能更好地在水中硬化，并保持和继续发展其强度的水硬性胶凝材料，如各种水泥。

（5）金属材料。金属材料主要包括建筑钢材和铝合金。

建筑钢材是指用于钢结构的各种型材（如圆钢、角钢、工字钢等）、钢板、钢管和用于钢筋混凝土中的各种钢筋、钢丝等。钢材具有强度高、有一定塑性和韧性、能承受冲击和振动荷载、便于装配等特点，是建筑工程中大量使用的材料。

铝合金是以铝为基体元素添加一定量其他合金元素组成的合金，是轻金属材料之一。铝合金材料有较高的强度，良好的铸造性能和塑性加工性能，良好的导电、导热性能，良好的耐腐蚀性和可焊性，广泛用于工业与民用建筑的屋面、墙面、门窗、骨架、内外装饰板、天花板、吊顶、栏杆扶手、室内家具、商店货柜以及施工用的模板等。

（6）防水材料。防水材料是指防止雨水、地下水、工业和民用的给排水、腐蚀性液体以及空气中的湿气、蒸汽等侵入建筑物的材料。建筑防水材料通常可分为五大类：防水卷材、防水涂料、密封材料、刚性防水材料和堵漏止水材料。

1）防水卷材。防水卷材一般用于地下室基础防水、屋面防水，具有优良的耐老化、耐穿刺、耐腐蚀性能。因其可以直接接触紫外线辐射，耐高温、低温性能良好，所以广泛用于屋面防水；因其能耐各种酸碱的腐蚀，并具有优良的抗拉、抗震性能，所以广泛用于地下室基础防水；因其抗拉强度、抗撕强度大，各种上人屋面一般优先采用。

2）防水涂料。防水涂料也称涂膜防水材料，一般用于厨房、卫生间、墙面、楼地面的防水，用于地下室、屋面防水时应配合防水卷材使用。防水涂料不耐老化，抗拉强度、抗撕强度都无法和防水卷材相比，但由于其在施工固化前为无定形液体，对于任何形状复杂、管道纵横和变截面的基层均易于施工，特别易于处理阴角、阳角、管道根、水落口及防水层收头部位，可形成一层具有柔韧性、无接缝的整体涂膜防水层。

3）密封材料。密封材料是指填充于建筑物的接缝、裂缝、门窗框、玻璃周边以及管道接头或与其他结构的连接处，能阻止介质渗漏，起到密封作用的材料。密封材料分为不定型密封材料（如密封膏等）和定型密封材料（如止水带、遇水膨胀橡胶等）两大类。密封材料一般不大面积使用，而是利用其便于嵌缝处理的优点，配合防水卷材和涂料进行节点部位的接缝、收头处理。

4）刚性防水材料。刚性防水材料通常指防水砂浆与防水混凝土。刚性防水材料一般用于蓄水种植屋面、水池内外防水、外墙面的防水和动静水压作用较大的混凝土地下室。刚性防水材料一般配合柔性防水材料使用，实现优势互补。

5）堵漏止水材料。堵漏止水材料可分为高效防水堵漏材料和化学灌浆堵漏材料。高效防水堵漏材料是一种水硬性无机型胶凝材料，与水调和硬化后即具有防水、防渗性能。这种材料一般为白色或灰色粉末，无毒无味，不污染环境，耐老化，施工方便，可在潮湿基面上施工，并有立刻止漏功效，且黏结力强，能与砖、石、混凝土、水泥砂浆等牢固地结合成整体。常用化学灌浆堵漏材料包括丙烯酰胺类、环氧树脂类、甲基丙烯酸酯类和聚氨酯类等。这些材料都有一定的独特性能，使用时针对性很强，一般用于特殊工程中。

（7）绝热材料。绝热材料是指用于建筑围护或者热力设备阻抗热流传递的材料或者材料复合体，既包括保温材料，也包括保冷材料。绝热材料一方面满足了建筑空间或热力设备的温度要求，另一方面也节约了能源。绝热材料一般是轻质、疏松、多孔的纤维状材料，可以分为有机材料和无机材料两大类。热力设备及管道保温用的材料多为无机绝热材料，具有不腐烂、不燃烧、耐高温等特点，如石棉、硅藻土、珍珠岩、气凝胶毡、玻璃纤维、泡沫混凝土和硅酸钙等；低温保冷工程多用有机绝热材料，此类材料具有表观密度小、导热系数低、原料来源广、不耐高温、吸湿时易腐烂等特点，如软木、聚苯乙烯泡沫塑料、聚氨基甲酸酯、牛毛毡和羊毛毡等。保冷材料的外部应包裹防潮层。

（8）吸声与隔声材料。吸声材料借助自身的多孔性、薄膜作用或共振作用而对声能具有吸收作用，其材质多孔、疏松、透气，如矿渣棉、毯子等；隔声材料是指把空气中传播的噪声隔绝、隔断、分离的材料、构件或结构，其材质要求是密实，无孔隙或缝隙，有较大的重量，如钢板、铅板、砖墙等。

培训项目 2 消防基础知识

一、消防工作概述

1. 消防工作的含义

消防是火灾预防和灭火救援等的统称,主要包括火灾现场的人员救援,重要设施设备、文物的抢救,重要财产的安全保卫与抢救,扑灭火灾等。消防工作的目的是预防和减少火灾危害,降低火灾造成的破坏程度,加强应急救援,减少人员伤亡和财产损失。消防工作是人们与火灾作斗争的一项专门性工作,做好消防工作是我国社会主义建设的需要、人民安全的需要,是全体社会成员的共同责任。

2. 消防工作的方针和原则

(1) 消防工作的方针。根据《中华人民共和国消防法》(以下简称《消防法》),消防工作贯彻"预防为主、防消结合"的方针。

(2) 消防工作的原则。《消防法》确立的消防工作的原则是:政府统一领导、部门依法监管、单位全面负责、公民积极参与。政府负领导责任,部门负监管责任,单位负主体责任,公民有参与的权利和义务,共同构筑消防安全工作的格局。

3. 消防安全职责

根据《消防法》及《高层民用建筑消防安全管理规定》,业主、物业使用人是建筑消防安全责任主体,对建筑的消防安全负责。业主、物业使用人是单位的,其法定代表人或者主要负责人是本单位的消防安全责任人。业主、物业使用人可以委托物业服务企业或者消防技术服务机构等专业服务单位提供消防安全服务,并应当在服务合同中约定消防安全服务的具体内容;接受委托的物业服务企业应当依法履行消防安全职责。

二、建筑火灾

1. 燃烧基础知识

（1）燃烧的定义。燃烧是指可燃物与氧化剂作用发生的放热反应，通常伴有火焰、发光和（或）发烟的现象。燃烧具备三个特征，即化学反应、放热和发光。

（2）燃烧的条件。燃烧过程的发生和发展都必须具备三个必要条件：可燃物、助燃物和引火源。上述三个条件通常被称为燃烧三要素。只有同时具备这三个要素，可燃物才能够发生燃烧，无论缺少哪一个，燃烧都不能发生。

（3）燃烧的类型。燃烧按其发生瞬间的特点不同，分为闪燃、着火、自燃、爆炸四种类型。在液体表面上有足够的可燃蒸气，遇火产生一闪即灭的燃烧现象，称为闪燃。可燃物质在空气中与火源接触，达到某一温度时，开始产生有火焰的燃烧，并在火源移去后仍能持续并不断扩大的燃烧现象，称为着火。可燃物质在没有外部火花、火焰等火源的作用下，因受热或自身发热并蓄热所产生的自然燃烧，称为自燃。由于物质发生急剧氧化或分解反应，产生温度、压力增加或两者同时增加的现象，称为爆炸。

2. 火灾基础知识

（1）火灾的含义。火灾是在时间或空间上失去控制的燃烧所造成的灾害。如电动自行车火灾是目前隐藏在老百姓身边风险性比较高的一类火灾事故，其火灾危险性是：快、热、毒、炸。"快"是指燃烧速度很快；"热"是指燃烧时所产生的温度高；"毒"是指容易在燃烧过程中产生大量有毒气体；"炸"是指电池在燃烧、遇热后会发生爆炸现象。电动自行车引发火灾的危害主要体现在火场温度和毒烟：着火后 2 min，温度便可达到 180~220 ℃；着火后 3 min，火温高达上千摄氏度；燃烧产生的毒气 30 s 就可快速传播，100 s 之内足以使人窒息而亡。为预防电动自行车火灾，应从源头上规范电动车的生产，加强对其火灾危害的宣传，禁止电动自行车上楼，禁止在楼道、室内违规停放和充电等。

（2）火灾的分类。火灾可按可燃物的类型和燃烧特性、火灾损失严重程度和引发火灾的直接原因等进行分类。

按可燃物的类型和燃烧特性所作的火灾分类，主要依据《火灾分类》（GB/T 4968—2008），火灾分为 A 类、B 类、C 类、D 类、E 类和 F 类六种不同的类别。

按损失严重程度所作的火灾分类，依据《生产安全事故报告和调查处理条例》中的规定，火灾分为特别重大火灾、重大火灾、较大火灾和一般火灾四个等级：

1）特别重大火灾。特别重大火灾是指造成30人以上死亡，或者100人以上重伤，或者1亿元以上直接经济损失的火灾。

2）重大火灾。重大火灾是指造成10人以上30人以下死亡，或者50人以上100人以下重伤，或者5 000万元以上1亿元以下直接经济损失的火灾。

3）较大火灾。较大火灾是指造成3人以上10人以下死亡，或者10人以上50人以下重伤，或者1 000万元以上5 000万元以下直接经济损失的火灾。

4）一般火灾。一般火灾是指造成3人以下死亡，或者10人以下重伤，或者1 000万元以下直接经济损失的火灾。

上述所称的"以上"包括本数，"以下"不包括本数。

我国在火灾统计工作中，按照引发火灾的直接原因不同，将火灾分为电气、生产作业不慎、生活用火不慎、吸烟、玩火、自燃、静电、雷击、放火等类型。

3. 建筑火灾知识

（1）建筑火灾的发生和发展。建筑火灾发展呈一定的规律性，最初是发生在建筑物内的某个房间或局部区域，然后由此蔓延到相邻区域，以至整个楼层，最后蔓延到整个建筑物。

（2）建筑火灾的蔓延方式。建筑火灾蔓延是通过热的传播进行的。在起火房间内，火由起火点开始，由起火房间转移到其他房间的过程，主要是靠可燃构件的直接燃烧、热传导、热辐射和热对流的方式实现的。

（3）建筑火灾的蔓延途径

1）火灾在水平方向的蔓延。火灾沿水平方向蔓延的主要途径有：因未设防火分区、洞口分隔不完善等，火灾在吊顶内部空间蔓延；火灾通过可燃的隔墙、吊顶、地毯等蔓延。

2）火灾在竖直方向的蔓延。火灾在竖直方向的蔓延途径主要有：因防火分隔不完善，通过楼梯间蔓延；通过电梯井蔓延；通过其他竖井如通风竖井、管道井、电缆井、垃圾井等蔓延；由窗口向上层蔓延。

3）火灾通过通风管道蔓延。火灾通过通风管道蔓延有两种方式：一是通风管道本身起火并向连通的空间（房间、吊顶、内部、机房等）蔓延；二是通风管道把起火房间的烟火送到其他空间。因此，在通风管道穿通防火分区处，一定要设置具有自动关闭功能的防火阀门。

三、建筑防火

1. 防火原理和方法

根据燃烧基本理论，只要防止形成燃烧条件，或避免燃烧条件同时存在并相互作用，就可以达到防火的目的。防火原理和方法见表4-7。

表4-7 防火原理和方法

原理	方法	方法举例
破坏燃烧的基础	控制可燃物	1. 限制可燃物质储运量 2. 用不燃或难燃材料代替可燃材料 3. 加强通风，降低可燃气体或蒸气、粉尘在空间的浓度 4. 用阻燃剂对可燃材料进行阻燃处理，以提高防火性能 5. 及时清除散落在地面上的易燃、可燃物质等
破坏燃烧的助燃条件	隔绝空气	1. 充惰性气体保护生产或储运有爆炸危险物品的容器、设备等 2. 密闭有可燃介质的容器、设备 3. 采用隔绝空气等特殊方法储运有燃烧爆炸危险的物质 4. 隔离与酸、碱、氧化剂等接触能够燃烧爆炸的可燃物和还原剂
破坏燃烧的激发能源	消除引火源	1. 消除和控制明火源 2. 安装避雷、接地设施，防止雷击、静电 3. 防止撞击火星和控制摩擦生热 4. 防止日光照射和聚光作用 5. 防止和控制高温物
不使新的燃烧条件形成	阻止火势蔓延	1. 在建筑之间留足防火间距、设置防火分隔设施 2. 在气体管道上安装阻火器、安全水封 3. 在有压力的容器设备上安装防爆膜（片）、安全阀 4. 在能形成爆炸介质的场所，设置泄压门窗、轻质屋盖等
降低燃烧物的温度	冷却法	1. 用直流水喷射着火物 2. 不间断地向着火物附近的未燃烧物喷水降温
消除助燃物	窒息法	1. 封闭着火的空间 2. 往着火的空间充灌惰性气体、水蒸气 3. 用湿棉被、湿麻袋等捂盖已着火的物质 4. 向着火物上喷射二氧化碳、干粉、泡沫、喷雾水

续表

原理	方法	方法举例
使着火物与火源隔离	隔离法	1. 将未着火物质转移到安全处 2. 拆除毗连的可燃建（构）筑物 3. 关闭燃烧气体（液体）的阀门，切断气体（液体）来源 4. 用沙土等堵截流散的燃烧液体 5. 用难燃或不燃物遮盖受火势威胁的可燃物质
中断燃烧链式反应	抑制法	往着火物上直接喷射气体、干粉等灭火剂，覆盖火焰，中断燃烧链式反应

2. 建筑防火措施

（1）防火间距。防火间距是指防止着火建筑在一定时间内引燃相邻建筑，便于消防扑救的间隔距离。

（2）消防车道。消防车道是指满足消防车通行和作业等要求，在紧急情况下供消防救援队专用，使消防车等装备能畅通无阻到达或进入建筑火场的通道。消防车道可分为环形消防车道、穿过建筑的消防车道、尽头式消防车道以及消防水源地消防车道等。

（3）防火分区。防火分区是指在建筑内部采用防火墙、耐火楼板及其他防火分隔设施分隔而成，能在一定时间内防止火灾向同一建筑的其他部分蔓延的局部空间。建筑防火分区作为控制建筑物火灾的基本空间单元，能够在发生火灾时将火控制在局部范围内，阻止火势蔓延，减少火灾损失。建筑防火分区分为水平防火分区和垂直防火分区。

1）水平防火分区。水平防火分区是指在同一个水平面（同层）内，采用具有一定耐火能力的防火分隔物（如防火墙、防火门、防火卷帘等），将该楼层在水平方向分隔为若干个防火区域、防火单元，阻止火灾在水平方向蔓延。

2）垂直防火分区。垂直防火分区是指上下层用一定耐火性能的楼板和窗间墙等构件进行分隔，防止火势沿着建筑物各种竖向通道向上部楼层蔓延。对于建筑中庭、自动扶梯、楼梯间、管道井、窗槛墙等上下连通的空间，一般采用防火卷帘、防火门、防火封堵等方式对上下楼层进行防火分隔。

（4）防火分隔设施。防火分隔设施是指能在一定时间内阻止火势蔓延，能把建筑内部空间分隔成若干较小防火空间的物体。

1）水平防火分隔设施。水平防火分隔设施主要有防火墙、防火卷帘、防火门、防火窗、防火幕等。建筑物的承重墙和非承重墙客观上发挥着防火分隔的作用。

2) 竖向防火分隔设施。竖向防火分隔设施主要有楼板、避难层、防火挑檐、竖井的防火分隔、建筑物的功能转换层等。

3) 管道、洞隙的防火分隔设施。通风、空调和防排烟系统管道的防火分隔设施有防火阀和排烟防火阀；上下水管道穿墙和穿楼板的穿孔缝隙可用阻火圈分隔；电缆管沟可用防火堵料和防火包分隔；玻璃幕墙、窗间墙、窗槛墙用的填充材料和每层楼板外沿的实体裙墙亦属防火分隔设施。

(5) 防烟分区。防烟分区是指在建筑屋顶或顶棚、吊顶下采用具有挡烟功能的构配件分隔而成，且具有一定蓄烟能力的空间。建筑物内应根据需要划分防烟分区，其目的是在火灾初期阶段将产生的烟气控制在一定区域内，并通过排烟设施将烟气迅速排出室外，防止烟气侵入疏散通道或蔓延到其他区域，以满足人员安全疏散和消防扑救的需要。防烟分区划分构件可采用挡烟隔墙、挡烟梁（凸出顶棚不小于 50 cm）、挡烟垂壁（用不燃材料制成，从顶棚下垂不小于 50 cm 的固定或活动的挡烟设施）。

(6) 平面布置。建筑设计应对建筑内部空间进行合理布置，以防止火灾和烟气在建筑内部蔓延，确保火灾时的人员生命安全，减少财产损失。

3. 建筑内部装修防火基本要求

根据《建筑内部装修设计防火规范》（GB 50222—2017），建筑内部装修材料的燃烧性能等级分为四级：A 级（不燃）、B_1 级（难燃）、B_2 级（可燃）、B_3 级（易燃）。常用建筑内部装修材料燃烧性能等级划分举例见表 4-8。

表 4-8 常用建筑内部装修材料燃烧性能等级划分举例

材料类别	级别	材料举例
各部位材料	A	花岗石、大理石、水磨石、水泥制品、混凝土制品、石膏板、石灰制品、黏土制品、玻璃、瓷砖、马赛克、钢铁、铝、铜合金、天然石材、金属复合板、纤维石膏板、玻镁板、硅酸钙板等
顶棚材料	B_1	纸面石膏板、纤维石膏板、水泥刨花板、矿棉板、玻璃棉装饰吸声板、珍珠岩装饰吸声板、难燃胶合板、难燃中密度纤维板、岩棉装饰板、难燃木材、铝箔复合材料、难燃酚醛胶合板、铝箔玻璃钢复合材料、复合铝箔玻璃棉板等

续表

材料类别	级别	材料举例
墙面材料	B₁	纸面石膏板、纤维石膏板、水泥刨花板、矿棉板、玻璃棉板、珍珠岩板、难燃胶合板、难燃中密度纤维板、防火塑料装饰板、难燃双面刨花板、多彩涂料、难燃墙纸、难燃墙布、难燃仿花岗岩装饰板、氯氧镁水泥装配式墙板、难燃玻璃钢平板、难燃PVC塑料护墙板、阻燃模压木质复合板材、彩色难燃人造板、难燃玻璃钢、复合铝箔玻璃棉板等
墙面材料	B₂	各类天然木材、木制人造板、竹材、纸制装饰板、装饰微薄木贴面板、印刷木纹人造板、塑料贴面装饰板、聚酯装饰板、复塑装饰板、塑纤板、胶合板、塑料壁纸、无纺贴墙布、墙布、复合壁纸、天然材料壁纸、人造革、实木饰面装饰板、胶合竹夹板等
地面材料	B₁	硬PVC塑料地板、水泥刨花板、水泥木丝板、氯丁橡胶地板、难燃羊毛地毯等
地面材料	B₂	半硬质PVC塑料地板、PVC卷材地板等
装饰织物	B₁	经阻燃处理的各类难燃织物等
装饰织物	B₂	纯毛装饰布、经阻燃处理的其他织物等
其他装修装饰材料	B₁	难燃聚氯乙烯塑料、难燃酚醛塑料、聚四氟乙烯塑料、难燃脲醛塑料、硅树脂塑料装饰型材、经难燃处理的各类织物等
其他装修装饰材料	B₂	经阻燃处理的聚乙烯、聚丙烯、聚氨酯、聚苯乙烯、玻璃钢、化纤织物、木制品等

根据《建筑防火通用规范》（GB 55037—2022），消防控制室地面装修材料的燃烧性能不应低于 B_1 级，顶棚和墙面内部装修材料的燃烧性能均应为 A 级。下列设备用房的顶棚、墙面和地面内部装修材料的燃烧性能均应为 A 级：消防水泵房、机械加压送风机房、排烟机房、固定灭火系统钢瓶间等消防设备间；配电室、油浸变压器室、发电机房、储油间；通风和空气调节机房；锅炉房。

根据《建筑防火通用规范》（GB 55037—2022），建筑内部装修不应擅自减少、改动、拆除、遮挡消防设施或器材及其标识、疏散指示标志、疏散出口、疏散走道或疏散横通道，不应擅自改变防火分区或防火分隔、防烟分区及其分隔，不应影响消防设施或器材的使用功能和正常操作。下列部位不应使用影响人员安全疏散和消防救援的镜面反光材料：疏散出口的门；疏散走道及其尽端、疏散楼梯间及其前室的顶棚、墙面和地面；供消防救援人员进出建筑的出入口的门、窗；消防专用通道、消防电梯前室或合用前室的顶棚、墙面和地面。

4. 建筑外部装修和建筑保温防火基本要求

根据《建筑防火通用规范》(GB 55037—2022)，建筑的外部装修和户外广告牌的设置，应满足防止火灾通过建筑外立面蔓延的要求，不应妨碍建筑的消防救援或火灾时建筑的排烟与排热，不应遮挡或减小消防救援口。

根据《建筑防火通用规范》(GB 55037—2022)，建筑的外保温系统不应采用燃烧性能低于 B_2 级的保温材料或制品。当采用 B_1 级或 B_2 级燃烧性能的保温材料或制品时，应采取防止火灾通过保温系统在建筑的立面或屋面蔓延的措施或构造。建筑的外围护结构采用保温材料与两侧不燃性结构构成无空腔复合保温结构体时，该复合保温结构体的耐火极限不应低于所在外围护结构的耐火性能要求。当保温材料的燃烧性能为 B_1 级或 B_2 级时，保温材料两侧不燃性结构的厚度均不应小于 50 mm。

四、电气防火

电气防火是指为了抑制电气点火源的产生而采取的各种技术措施和消防安全管理措施等。一般认为，由于电气方面原因（如过载、短路、漏电、电火花或电弧等）产生点火源而引起的火灾，称为电气火灾。电气火灾与电的广泛应用分不开，无论是高压输配电还是低压输配电，以及日常应用的电气线路和电气设备都可能存在电气火灾隐患。

1. 电气线路防火

电气线路是用于传输电能、传递信息和宏观电器能量转换的载体。电气线路火灾除了由外部的火源或火种直接引燃外，主要是由于自身在运行过程中出现的短路、过载、接触电阻过大以及漏电等故障产生电弧、火花或电线、电缆过热，引燃电线、电缆及其周围的可燃物而引发。

室内外布线的电气线路防火措施包括路径选择、导线选择、导线连接、检查维护等。选择路径要合理，避免曲折迂回，减少交叉跨越；选用导线要科学，根据具体环境特点，正确选用导线的类型；导线连接要牢固，应对电气线路进行短路保护，定期检查和维护。

2. 电气设备防火

电气设备，在狭义上是发电机、变压器、断路器等电力设备的统称，而在广义上是对供配电设备和用电设备的统称。这些设备中防火的重点是变压器、断路器、电容器、电动机、照明设施和电加热设备等。电气设备的火灾从根本上说是由于设备本身的故障所致，因此要预防电气设备火灾，就必须对电气设备故障的原因进行深入研究，在实际工作中必须考虑到发生某种故障的可能性，以及熟知排除故障必须采取的应急措施。

电气设备防火应坚持做到：合理选用电气设备，保持安全的安装位置，经常检查电气设备的运行情况，保持电气设备正常运行，防止接头松动，防止电气设备过载，确保短路保护装置性能可靠，做好通风、接地等。

3. 电气防爆

电气防爆就是在爆炸危险区域内，将设备在正常运行时产生电弧、火花的部件放在隔爆外壳内，或采取浇封型、充沙型、充油型、正压型等防爆形式以达到防爆目的。在爆炸危险区域内，易燃易爆气体、液体及粉尘在与空气（氧化剂）混合达到一定浓度的情况下，在一定的温度或者点火能量下就可能剧烈燃烧发生爆炸，所以此类环境下的所有电气设备必须进行防火防爆设计，选用防爆的电气设备，做好电气接地，设置漏电火灾报警和紧急断电装置。

4. 防静电起火

静电是一种处于相对稳定状态的电荷。它是正负电荷在局部范围内失去平衡的结果，具有高电位、低电量、小电流和作用时间短的特点。静电放电产生的电火花，往往成为引火源，造成火灾。预防静电起火的措施有两方面：一是用非可燃物取代易燃介质，降低爆炸混合物在空气中的浓度，减少氧含量或采取强制通风措施，以控制静电场合的危险程度；二是正确地选择不容易起电的材料，改革工艺的操作方法、操作程序等，降低摩擦速度和流速，减少特殊操作中的静电，防止人体静电，以减少静电荷的产生。

5. 防雷电起火

雷电是自然界的一种复杂放电现象。带着不同电荷的雷云之间或雷云与大地之间的绝缘（空间）被击穿，会产生放电现象。雷电的破坏性极大，不仅能击毁电气设备，破坏建筑物及各种设施，还能引起火灾和爆炸事故等。建筑物防直击雷的措施，主要是设置并维护好由接闪器、引下线和接地装置三部分组成的防雷装置，使建筑物及凸出屋面的物体均处于接闪器的保护范围内。

五、建筑消防设施

建筑消防设施是建筑物中设置的用于火灾报警、灭火、人员疏散、防火分隔、灭火救援行动等设施的总称。建筑消防设施主要包括火灾自动报警系统、消火栓给水系统、自动灭火系统、防烟与排烟系统、消防应急照明和疏散指示系统、灭火器、建筑火灾逃生避难器材。

1. 火灾自动报警系统

火灾自动报警系统是指探测火灾早期特征,发出火灾报警信号,为人员疏散、防止火灾蔓延和启动自动灭火设备提供控制指示的消防系统。它是一种能够在早期发现和通报火情,并能够向各类消防联动设施发出控制信号、实现预设消防功能而设置在建(构)筑物中的自动消防设施。该系统一般设置在工业与民用建筑内部和其他可能对生命和财产造成危害的火灾危险场所,与消火栓给水系统、自动灭火系统、防烟与排烟系统等消防设施一起构成完整的建筑消防系统。

火灾自动报警系统包括火灾探测报警系统和消防联动控制系统。火灾探测报警系统的作用是通过探测现场的火焰、热量和烟雾等相关参数发出报警信号,显示火灾发生的部位,发出声、光报警信号以通知相关人员进行疏散和实施火灾扑救。消防联动控制系统的作用是控制及监视消防水泵、排烟风机、消防电梯以及防火卷帘等相关消防设备,发生火灾时执行预设的消防功能。

2. 消火栓给水系统

消火栓给水系统以建筑物外墙为界分为室外消火栓给水系统和室内消火栓给水系统两大部分。

(1) 室外消火栓给水系统。室外消火栓给水系统是指设置在建筑物外墙中心线以外的一系列消防给水工程设施,是建筑消防给水系统的重要组成部分。该系统可通过室外消火栓为消防车等消防设备提供火场消防用水,或通过进户管为室内消防给水设备提供消防用水。

室外消火栓给水系统按照用途不同可以分为生产、生活、消防合用给水系统,生产、消防合用给水系统,生活、消防合用给水系统以及独立的消防给水系统四种类型;按照水压不同可以分为室外低压消防给水系统、室外临时高压消防给水系统和室外高压消防给水系统三种类型。一般居住区多采用室外低压消防给水系统。

（2）室内消火栓给水系统。室内消火栓给水系统是一种既可供火灾现场人员使用消火栓箱内的消防水喉或水枪扑救建筑物的初起火灾，又可供消防员扑救建筑物大火的室内灭火系统。

室内消火栓给水系统按照用途不同可以分为合用的消防给水系统（分为生产、生活、消防合用，生产、消防合用，生活、消防合用三种）和独立的消防给水系统两大类；按照系统的服务范围不同，分为独立的高压（或临时高压）消防给水系统和区域集中的高压（或临时高压）消防给水系统两种类型；按照水压不同可以分为室内低压消防给水系统、室内临时高压消防给水系统两种类型。独立的高层建筑消防给水系统，一般为临时高压消防给水系统。

3. 自动灭火系统

自动灭火系统主要包括自动喷水灭火系统、气体灭火系统以及其他自动灭火系统。

（1）自动喷水灭火系统。自动喷水灭火系统是指由洒水喷头、报警阀组、水流报警装置（水流指示器或压力开关）等组件，以及管道、供水设施组成，并能在发生火灾时喷水的自动灭火系统。该系统平时处于准工作状态，当设置场所发生火灾时，喷头或报警控制装置探测到火灾信号后立即自动启动喷水，用于扑救建（构）筑物初起火灾，具有安全可靠、经济实用、灭火成功率高等优点。

（2）气体灭火系统。气体灭火系统是以某些在常温、常压下呈现气态的物质作为灭火介质，通过这些气体在整个防护区内或保护对象周围的局部区域建立起灭火浓度实现灭火。该系统灭火速度快，灭火效率高，对保护对象无任何污损，不导电，但系统投资较大，不能扑灭固体物质深位火灾，且某些气体灭火剂排放对大气环境有一定影响。该系统主要用于保护重要且要求洁净的通信机房、变配电室、电子信息机房、档案资料室、博物馆、图书馆等特定建筑空间。

（3）其他自动灭火系统。其他自动灭火系统主要包括泡沫灭火系统、水喷雾灭火系统、细水雾灭火系统、固定消防炮灭火系统、自动跟踪定位射流灭火系统和干粉灭火系统。

4. 防烟与排烟系统

火灾烟气中所含的一氧化碳、二氧化碳等物质，以及高温缺氧等都会对人体造成极大的危害。在建筑内设置防烟和排烟设施十分必要。

（1）防烟系统。防烟系统是指通过采用自然通风方式防止火灾烟气在楼梯间、前室、避难层（间）等空间内积聚，或通过采用机械加压送风方式阻止火灾烟气侵入楼梯间、前室、避难层（间）等空间的系统。该系统可以阻止烟气侵入，控制烟气蔓延，为安全疏散创造有利条件，保证人员安全疏散。

（2）排烟系统。排烟系统是指采用自然排烟或机械排烟的方式，将房间、走道等空间的火灾烟气排至建筑物外的系统。该系统可在建筑中某部位起火时排除大量烟气和热量，起到控制烟气和火势蔓延的作用。

5. 消防应急照明和疏散指示系统

消防应急照明和疏散指示系统是为人员疏散和发生火灾时仍需正常工作的场所提供照明和疏散指示的系统，由各类消防应急灯具及相关装置组成。消防应急灯具是指为人员疏散、消防作业提供照明和标志的各类灯具，包括消防应急照明灯具、消防应急标志灯具和消防应急照明标志复合灯具。疏散指示标志是指在人员安全疏散时起指示作用的标志。

6. 灭火器

灭火器是由人操作的能在其自身内部压力作用下将所充装的灭火剂喷出实施灭火的器具。灭火器是扑救初起火灾的重要消防器材，轻便灵活，易于操作，是消防灭火过程中较理想的第一线灭火装备。

常用灭火器，根据操作使用方法分为手提式灭火器和推车式灭火器，按充装的灭火剂类型分为清水灭火器、泡沫灭火器、干粉灭火器、二氧化碳灭火器、洁净气体灭火器等。

7. 建筑火灾逃生避难器材

建筑火灾逃生避难器材（以下简称逃生避难器材）是在发生建筑火灾的情况下，遇险人员逃离火场时所使用的辅助逃生器材。它是对建筑物内应急疏散通道的必要补充。常见的逃生避难器材有逃生缓降器、逃生梯、应急逃生器、逃生绳、过滤式消防自救呼吸器等。当发生火灾，相关疏散设施因火势、烟雾蔓延而无法使用时，可借助逃生避难器材进行逃生，从而避免或减少人员伤亡。

逃生避难器材按器材结构可分为绳索类、滑道类、梯类和呼吸器类，按器材工作方式可分为单人逃生类和多人逃生类。

逃生避难器材的设置位置应符合下列要求：逃生缓降器、逃生梯、应急逃生器、逃生绳应安装在建筑物袋形走道尽头或室内的窗边、阳台凹廊以及公共走道、屋顶平台等处，室外安装应有防雨、防晒措施；过滤式消防自救呼吸器应放置在室内明显且便于取用的位置。

六、安全疏散

安全疏散是指火灾时人员由危险区域向安全区域撤离的过程。安全疏散是建筑发生火灾后确保人员生命财产安全的有效措施。

1. 安全疏散指标

（1）安全疏散允许时间。安全疏散允许时间是指在建筑物发生火灾后保证处于火灾危险区域的人员全部撤离并抵达安全区域所需要的时间。

（2）安全疏散宽度。为了尽快地进行安全疏散，建筑除需要设置足够数量的安全出口外，还应合理设置各安全出口、疏散走道、疏散楼梯的宽度，该宽度又称为安全疏散宽度。

（3）安全疏散距离。安全疏散距离包括房间内最远点到房门的疏散距离和从房门至最近安全出口的直线距离。

2. 安全疏散和避难设施

安全疏散和避难设施包括疏散出口、疏散走道、疏散楼梯（间）、避难层（间）等。

（1）疏散出口。疏散出口包括疏散门和安全出口。建筑内的疏散门和安全出口应分散布置，并应符合双向疏散的要求。

（2）疏散走道。疏散走道是指发生火灾时，建筑内人员从火灾现场逃往安全场所的通道。疏散走道的布置应简明直接，尽量避免曲折和袋形走道，并按规定设置疏散指示标志和诱导灯。

（3）疏散楼梯（间）。疏散楼梯（间）是建筑中主要的竖向交通设施，是安全疏散的重要通道。疏散楼梯间内不应设置烧水间、可燃材料储藏室、垃圾道，不应有影响疏散的凸出物或其他障碍物；在住宅建筑的疏散楼梯间内设置可燃气体管道和可燃气体计量表时，应采用敞开楼梯间，并应采取防止燃气泄漏的防护措施；其他建筑的疏散楼梯间及其前室内不应设置可燃或助燃气体管道；疏散楼梯间及其前室与其他部位的防火分隔不应使用卷帘；自然通风条件不符合防烟要求的封闭楼梯间，应采取机械加压防烟措施或采用防烟楼梯间。

（4）避难层（间）。避难层是超高层建筑中供发生火灾时人员临时避难使用的楼层。如果作为避难使用的只有几个房间，则这几个房间称为避难间。建筑高度大于100 m的工业与民用建筑应设置避难层，且第一个避难层的楼面至消防车登高操作场地地面的高度不应大于50 m。避难层（间）的设置应符合《建筑防火通用规范》（GB 55037—2022）的要求。

3. 安全疏散的组织

公众聚集场所一旦起火，如果疏散不力，极易造成人员群死群伤的严重后果。因此，《消防法》规定：人员密集场所发生火灾，该场所的现场工作人员应当立即组织、引导在场人员疏散。《高层民用建筑消防安全管理规定》规定：高层公共建筑内的人员密集场所应当按照楼层、区域确定疏散引导员，负责在火灾发生时组织、引导在场人员安全疏散。

人员的安全疏散应做到以下几个方面。

（1）稳定情绪，维护现场秩序。火灾时，在场人员有烟气中毒、窒息以及被热辐射、热气流烧伤的危险。因此，发生火灾后，首先要了解火场有无被困人员及被困地点和抢救的通道，以便进行安全疏散。有时人们虽然未受到火的直接威胁，但处于惊慌失措的紧张状态，有造成伤亡事故的危险，在通过喊话稳定情绪的同时，也要尽快地组织疏散，撤离火灾现场。一般情况下，绝大多数的火灾现场被困人员可以安全疏散或自救，脱离险境。因此，必须坚定自救意识，不惊慌失措，冷静观察，采取可行的措施进行疏散自救。

（2）鱼贯地撤离。疏散时，如人员较多或能见度很差时，应在熟悉疏散通道的人员带领下，鱼贯地撤离起火点。带领人可用绳子牵领，用喊话或前后扯着衣襟的方法将人员撤至室外或安全地点。

（3）做好防护，低姿撤离。在撤离火场途中被浓烟围困时，由于烟雾一般是向上流动，地面上的烟雾相对比较稀薄，因此，可采取低姿势行走或匍匐穿过浓烟区的方法，如果有条件，可用湿毛巾等捂住嘴、鼻，以便迅速撤出浓烟区。

（4）积极寻找正确逃生方法。在发生火灾时，首先应该想到通过安全出口、疏散通道和疏散楼梯迅速逃生。切勿盲目乱窜或奔向电梯（因为火灾时电梯的电源常常被切断，同时电梯井烟囱效应很强，烟火极易向此处蔓延）。如果楼梯间只是充满烟雾，可采取低姿势手扶栏杆迅速而下；如果楼梯已被烟火封住但未坍塌，还有可能冲得出去时，则可向头部、上身淋些水，用浸湿的棉被、毯子等物披围在身上从烟火中冲过去；如果楼梯已被烧断、通道被堵死，可通过屋顶上的老虎窗、天台、落水管等逃生。如果上述措施都行不通，则应退居室内，关闭通往着火区的门窗，还可向门窗上浇水，延缓火势蔓延，并向窗外发出求救信号。绝对不能急于跳楼，以免发生不必要的伤亡。

（5）保护疏散人员的安全，防止再入火场。脱离险境的人员，可能会想重新进入火场，救出被困的亲人。这不仅会使他们重新陷入危险境地，而且会给火灾扑救工作带来困难。因此，火场指挥人员应组织人安排好这些脱险人员，做好安慰工作，以保证他们的安全。

培训项目 3

环境保护基础知识

一、环境与环境保护

1. 环境的含义

根据《中华人民共和国环境保护法》（以下简称《环境保护法》），环境是指影响人类生存和发展的各种天然的和经过人工改造的自然因素的总体，包括大气、水、海洋、土地、矿藏、森林、草原、湿地、野生生物、自然遗迹、人文遗迹、自然保护区、风景名胜区、城市和乡村等。

从广义上说，环境就是作用于人类这一主体的所有外界事物与力量的总和，是与"人"有关的周围的地方或者所处的情况和条件。广义上的环境既包括人类赖以生存的自然条件和物质基础（自然资源），也包括人类的生产活动、生活活动和社会活动影响下而形成的环境。以"社会人"为中心的广义环境包含以下四个层次。

第一环境，即自然环境，或称原生环境，包括对人类有益的自然条件和对人类有用的自然资源，也包括对人类有害的自然灾害过程，如地震、火山等。

第二环境，又称次生环境，即被人类活动所改变了的环境，如被绿化的山野、被治理的沙漠、被污染的大气和水体等。

第三环境，即由人工所建造的房屋、道路、城市和各项设施组成的人工环境。

第四环境，即由经济、政治、文化等因素所构成的社会环境。

《环境保护法》所定义的环境主要是指第一、第二和第三环境，其中"自然因素的总体"有两个约束条件：一是包括各种天然的和经过人工改造的；二是并不泛指人类周围的所有自然因素，而是对人类的生存和发展有明显影响的自然因素。

物业管理所涉及的环境主要是广义环境的第二、第三和第四环境，本培训项目所涉及的环境主要是第二、第三环境。

2. 环境问题的含义

环境问题一般指由于自然界或人类活动作用于人们周围的环境引起环境质量下降或生态失调，以及这种变化反过来对人类的生产和生活产生不利影响的现象。人类与环境不断地相互影响和作用，产生环境问题。按发生的先后顺序和发生机制，环境问题可分为原生环境问题和次生环境问题。

原生环境问题是指自然环境自身变化引起的，没有人为因素或者人为因素很少的环境问题，如火山爆发、地震、台风、海啸、洪水、旱灾等造成的环境问题。次生环境问题是指人为因素造成的环境问题，是目前环境科学所研究的主要领域。次生环境问题又分为生态破坏和环境污染两个类型。

3. 环境保护的含义

环境保护一般是指人类为解决现实或潜在的环境问题，协调人类与环境的关系，保护人类的生存环境、保障经济社会的可持续发展而采取的各种行动。其方法和手段有工程技术的、行政管理的，也有经济的、宣传教育的。

2021年发布的《中共中央 国务院关于完整准确全面贯彻新发展理念做好碳达峰碳中和工作的意见》指出，实现碳达峰、碳中和，是着力解决资源环境约束突出问题、实现中华民族永续发展的必然选择，是构建人类命运共同体的庄严承诺。要以能源绿色低碳发展为关键，加快形成节约资源和保护环境的产业结构、生产方式、生活方式、空间格局。2021年中共中央办公厅、国务院办公厅印发的《关于推动城乡建设绿色发展的意见》中提出，要建设高品质绿色建筑，实施建筑领域碳达峰、碳中和行动。

在我国各行业中，建筑行业是碳排放大户。而建筑运行阶段的碳排放，主要源于物业设施设备的使用，包括制冷、供热、生活热水、照明和电梯等，这些都属于物业管理的范畴。因此，加强物业管理设施设备低碳运维，对于实现碳达峰、碳中和目标具有重大意义。当前物业设施设备低碳运维还有很大的提升空间，在日常的运行管理中有很大的减碳空间。

二、物业环境的含义

1. 物业环境的概念

物业环境是指物业管理区域内的环境及公共设施的情况和条件，即与业主和物业使用人生活、工作等活动密切相关的各种必需条件和外部因素的总和。

物业管理区域内的建筑物及配套设施设备条件、卫生环境、绿化环境、秩序环境、人文环境等，都是物业环境的组成部分。

2. 物业环境的类型

物业环境有以下两种分类方式。

（1）按自然条件和社会环境的不同，物业环境可分为硬环境和软环境。

1）硬环境。硬环境是指与业主和物业使用人有关或所处的外部物质要素的总和，也就是那些可以看得见摸得着的物质环境，如物业管理区域的水体、楼房、道路、花草树木、雕塑、人造景观等。

2）软环境。软环境多是相对硬环境而言的，是指与业主和物业使用人有关或所处的外部精神要素的总和，如邻里之间和睦相处的人文环境、行为良好的文明环境、夜不闭户的安全环境等。

物业管理的环境保护既有对硬环境的维护，也有对软环境的维护和营造。

（2）按物业用途的不同，物业环境可分为生活居住环境、生产环境、办公环境、商业环境等。

1）生活居住环境。生活居住环境是指提供给人们生活居住功能的物业环境，包括内部居住环境和外部居住环境两个方面。内部居住环境是指居住物业住宅建筑的内部环境。影响内部居住环境的因素主要是住宅标准、住宅类型、隔声、隔热和保温、光照、通风、室内小气候、室内空气量和二氧化碳的含量等。外部居住环境是指居住物业所在区域内与居民生活密切相关的各类公共建筑、公共设施、绿化、院落和室外场地等的情况和条件。影响外部居住环境的因素主要是居住密度、室外环境小品、大气环境、声环境和视觉环境、小气候环境、邻里和社会环境、环境卫生状况等。

2）生产环境。生产环境是指提供给企业及其生产者进行生产的物业环境，包括物业类型、隔声、隔热和保温、光照、通风、绿化、环境卫生状况、交通条件、基础设施、行政服务条件等。

3）办公环境。办公环境是指用于行政办公目的的物业环境。办公环境主要包括办公室内环境和办公室外环境。办公室内环境，主要包括办公室的标准、隔音效果、隔热与保温、光照和日照、室内小气候、室内景观布置和办公设备的完善程度等。办公室外环境，主要包括室外绿化、室外环境小品、大气环境质量、声环境和视觉环境、环境卫生状况、治安状况以及工作人员的人际关系等。

4）商业环境。商业环境是指提供给商业企业及其经营者从事商业活动的物业环境，主要包括物业类型和档次、隔声、光照、通风、室内小气候、绿化、环境卫生状况、环境小品、商业设施、交通条件、服务态度和服务水平等。

3. 物业环境的特点

（1）物业环境是建筑内部环境与外部环境的统一体。建筑内部环境和外部环境虽然是各自独立、自成系统的，但又是相互影响、相互作用的。内部环境离不开外部环境，外部环境也离不开内部环境。

（2）物业环境是硬环境与软环境的统一体。硬环境是生活和工作必要的物质条件，软环境是无形的、人际的、文化的，能对人们的生活和工作产生一定的影响。这两种环境是相互影响、相互作用的。硬环境的建设离不开软环境的支持，软环境的建设也离不开硬环境的物质基础。

（3）物业环境是自然环境与社会环境的统一体。物业环境不仅包括自然物质要素，如空气、水、树木花草等，同时也包括社会物质要素，如环境管理、宣传教育、执法监督等。这两种环境要素也是相辅相成的。自然环境离不开社会的经济、政治和文化的发展，离不开社会的环境管理、宣传教育、执法监督；社会环境的发展要以自然环境为基础。

三、物业环境保护

《环境保护法》第六条规定：一切单位和个人都有保护环境的义务。第四十七条规定：在发生或者可能发生突发环境事件时，企业事业单位应当立即采取措施处理，及时通报可能受到危害的单位和居民，并向环境保护主管部门和有关部门报告。

物业环境保护是指物业管理区域内的物业环境污染防治。

物业环境污染是指在物业管理区域内，人们生活、生产中产生的有害物质进入生态系统的数量超过了生态系统本身的自净能力，造成环境质量下降或环境状况恶化，使生态平衡及人们正常的生活、生产条件遭到破坏，从而影响物业管理区域内的环境质量，甚至对人们的身体造成危害的现象。常见物业环境污染包括空气污染、水污染、固体废物污染、噪声污染等。

物业环境污染防治是指物业服务企业按照相关的环境保护法律法规，通过采取管理、法律、经济、科技和宣传教育等方面的措施,防治和控制物业管理区域内的空气污染、水污染、固体废物污染和噪声污染等。物业服务企业应建立有效的突发环境事件应急预案,加强对物业管理区域内配套设施设备、公共服务设施、商业服务设施等的管理,实现废气、废水的达标排放,减少噪声对业主的影响,减少地面扬尘,减少垃圾的产生并将垃圾妥善处理。

1. 空气污染与防治

空气污染通常是指由于人类活动或自然过程引起某些物质进入空气中,呈现出足够的浓度,达到足够的时间,并因此危害了人体的舒适、健康和环境的现象。

(1) 物业环境中的空气污染。物业环境中的空气污染主要包括锅炉污染物排放、汽车尾气污染、油烟无序排放、装修材料污染、焚烧垃圾污染、扬尘污染等。

1) 锅炉污染物排放。使用自备锅炉供暖,锅炉房在物业管理区域内,如果没有烟(粉)尘和二氧化硫等防治措施或防治不完善,很容易造成空气污染。

2) 汽车尾气污染。我国的车辆保有率越来越高,在物业管理区域内,越来越多的汽车排放的尾气是造成空气污染的原因之一。

3) 油烟无序排放。一些住宅楼没有统一设置集中的排油烟管,或者设而不用,各式各样的排油烟管从住户厨房伸出,既不美观,又造成小区内油烟四处飘散,造成空气污染。此外,有些小区的一楼临街房用于餐饮经营,也容易产生油烟污染问题。另外,厨房油烟对室内空气也会造成一定的污染。

4) 装修材料污染。室内装修使用的各种涂料、油漆、墙布、黏合剂、人造板材、大理石地板以及新购买的家具等,会散发出甲醛、石棉粉尘、放射性物质等,所以刚装修完的房屋都或多或少地存在一些室内空气污染,严重的可能导致室内人员头疼、失眠、皮炎和过敏等。

5) 焚烧垃圾污染。焚烧沥青、油毡、橡胶、塑料、皮革等会产生有毒有害气体,造成空气污染。

6) 扬尘污染。物业管理区域内装修垃圾乱堆乱放可能造成扬尘;工程维修施工如果未加防护或者防护措施不当会造成扬尘;破损道路未及时修补、落后的清扫方式等也会造成扬尘。

(2) 空气污染防治措施。对于空气污染,主要有下列防治措施。

1) 治理污染源,减少污染物排放。对工业企业和生活采暖等设备要设除尘、脱硫装置,减少烟尘、二氧化硫等污染物的排放。通过减少能耗,可有效地减少大气污染物的排放量,如改善锅炉的燃烧条件、采用先进的燃烧技术等。此外,应大力提倡使用煤气、天然气等清洁能源;实行集中供热既可以有效地控制污染,又可以改善供热效果。

2)向业主宣传车辆节能减排的技巧,如慢行热车减少损耗、怠速超一分钟要熄火、时速超过 60 km/h 时关闭车窗、下车后要关闭电器、胎压正常能省油、缓加油等。积极倡导步行、骑行、乘坐公共交通工具、拼车出行等绿色低碳出行方式,减少车辆使用,从源头上减少汽车尾气排放。

3)排放油烟的餐饮服务企业应当安装油烟净化设施并保持正常使用,或者采取其他油烟净化措施,使油烟达标排放,防止对附近居民的正常生活环境造成污染。禁止在居民住宅楼、未配套设立专用烟道的商住综合楼以及商住综合楼内与居住层相邻的商业楼层内新建、改建、扩建产生油烟、异味、废气的餐饮服务项目。

4)对于室内装修,提倡使用环保装饰材料和采取绿色低碳的装修方式。对于室内空气污染,可以使用空气净化装置进行除尘和净化,也可以通过增加室内通风的时间和次数,降低有害物质的浓度,从而减少对人体的伤害。

5)禁止随意焚烧沥青、油毡、橡胶、塑料、皮革等能产生有毒有害气体的物质;禁止道路两侧露天烧烤。

6)平整和硬化地面,减少扬尘;运输垃圾、渣土、沙石、土方、灰浆等散装、流体物料的车辆应当采取密闭或者其他措施防止物料遗撒造成扬尘污染,并按照规定路线行驶;装修材料或装修垃圾需要在场地内堆存的,采用密闭式防尘网遮盖;装卸物料应当采取密闭或者喷淋等方式防治扬尘污染;推行机械化清扫等低尘作业方式,防治扬尘污染。

7)充分发挥植物的净化作用。植物不仅有美化环境的作用,还有调节气候、吸尘、降噪以及吸收大气中有害污染物等功能,可以减少空气污染对人体的危害。加大环境绿化的力度、有计划地植树造林是综合防治空气污染的长效性措施。

2. 水污染与防治

(1)物业环境中的水污染。物业环境中的水污染,是指在使用物业过程中,大量排放的污染物和液体进入水体,使水质量下降,利用价值降低或丧失,并对生物和人体造成损害的现象。

在物业的使用过程中,水污染主要来源于生活废水污染和工业废液污染。当然还有其他类型的水污染，如医疗污水污染、厨余废油污染、洗车洗衣废水污染、垃圾填埋场污水渗漏产生的二次水污染、有毒危险品和放射性物质渗入水中造成的水污染等。

（2）《中华人民共和国水污染防治法》相关规定。根据《中华人民共和国水污染防治法》第七十六条、七十七条、七十八条的规定，可能发生水污染事故的企业事业单位，应当依照《中华人民共和国突发事件应对法》的规定，做好突发水污染事故的应急准备、应急处置和事后恢复等工作。可能发生水污染事故的企业事业单位，应当制定有关水污染事故的应急方案，做好应急准备，并定期进行演练。企业事业单位发生事故或者其他突发性事件，造成或者可能造成水污染事故的，应当立即启动本单位的应急方案，采取隔离等应急措施，防止水污染物进入水体，并向事故发生地的县级以上地方人民政府或者环境保护主管部门报告。

（3）水污染防治措施。对于水污染，主要有下列防治措施。

1）区别水质，集中处理与分散处理相结合。采用在总排水口集中处理的方式，对一些排放污水差别很大的企业而言，显然是不合理的。对于含有特殊污染物的废水应分散进行处理。

2）加强对水体及其污染源的监测管理。对物业管理区域内的用水和排水进行监测，了解水污染情况及其是否符合国家有关规定和标准，及时为管理提供准确的数据，便于对污水处理设施进行及时维护，有利于对污染源废水排放的管理。

3）加强物业环境管理。物业服务企业应保障物业管理区域内污水排放系统的通畅，实行雨污分流，定期检查及维修污水系统，确保没有损坏或者淤塞；污水处理设施、泳池及隔油池等应具有污水排放许可证，并进行定期维护保养及自我检测，确保排放达标；洗车区、垃圾房等应配备完善的地面污水收集系统。

4）生活饮用水二次供水污染防治，可以从早期介入和日常管理两个方面进行。

①早期介入阶段对二次供水系统设计和设施设备选型提供合理化建议。

由于城市供水体制的原因，二次供水是建筑给排水设计中保证水压的必然措施，但因此也增加了贮水设施、供水设备等中间环节，增大了水质污染的可能性。要防治二次供水的水质污染，物业服务企业可以在早期介入阶段对二次供水系统设计和设施设备选型从以下方面提供合理化建议：

a. 在确定供水系统时，应作多方案比较，尽量减少中间环节。如在市政管网允许的情况下，供水设备直接从市政管网吸水而不设贮水池；尽量采用变频调速设备，取消高位水池（箱）。

b. 传统的钢筋混凝土水池由于表面粗糙，极易滋生青苔、微生物；钢板水箱则易锈蚀，使水质下降。建议采用不锈钢或达到卫生要求的玻璃钢水箱代替传统钢板水箱，采用钢筋混凝土水池时宜加内衬。

c. 水池（箱）检修孔、溢流管等附件极易封闭不严造成水质污染，在设计上应采取在溢流管上加防鼠网等措施。

d. 水在水池中贮存 24 h 后余氯为零，超过 24 h 后，水质会严重恶化，而生活消防合用水池中水的停留时间大都超过 24 h。为解决这个问题，除尽量单设生活水池外，应在水池中补充加氯或采取其他消毒方法。

e. 绝大部分自来水水质有腐蚀倾向，致使金属管道腐蚀严重，从而导致水中余氯迅速减少，浊度、色度、溶解性总固体含量、细菌含量等明显增大，造成水质污染。应推荐使用硬聚氯乙烯管、铝塑管、钢塑管、聚丙烯管、聚丁烯管、交联聚乙烯管、纳米聚丙烯管等卫生性能较好的新型管材，以保证生活饮用水在输送环节中不被污染。

②加强生活饮用水二次供水卫生管理。物业服务企业应加强对生活饮用水二次供水卫生管理：制定二次供水污染预防措施及应急预案；指定专人负责二次供水设施设备的具体管理；直接从事二次供水设施设备清洗和消毒的工作人员，必须每年体检一次，取得卫生行政主管部门统一发放的健康合格证，方可上岗；每年度至少清洗水箱两次，并建立档案；对二次供水设施设备要及时维修和更换，并保证使用的各种净水、除垢、消毒材料符合生活饮用水卫生标准；配合卫生防疫机构及时抽检水样，每半年对二次供水的水质检测一次；保持二次供水设施周围环境的清洁；采取必要的安全防范措施，对水箱加盖、加锁；禁止任何人为毁坏二次供水设施设备以及污染二次供水水质的行为。

5）提高工业用水和城市生活污水循环利用率，实现中水回用。许多工业用水可以重复使用，但传统工业发展模式的工业用水重复利用率较低，浪费了许多水资源，同时也加大了污水排放的总量。随着水质净化和水质稳定技术的发展，提高工业用水的循环利用率成为现实。目前，循环经济和清洁生产都将工业用水的循环利用率放到了很重要的位置。此外，通过对城市生活污水的深度处理，可以实现城市中水回用，将其作为城市景观用水、城市绿化用水、冲厕用水等。

6）采用新工艺和新技术，实现废水达标排放。近年来，工业及生活废水的净化技术水平不断提高，传统的沉淀、曝气等工艺得到更新和改进，又发展了气浮、电磁过滤、臭氧氧化、离子交换等技术，这些都为实现废水达标排放创造了条件。

3. 固体废物污染与防治

（1）物业环境中的固体废物污染。固体废物按来源大致可分为生活垃圾、一般工业固体废物和危险废物三种。此外，还有农业固体废物、建筑废料及弃土。物业环境中的固体废物主要是人们在生产和生活中产生并扔弃的固体物质。固体废物污染是指因固体废物未及时妥善收集和处理，使空气、水、土壤等环境受到污染，危害人体健康，造成生产和生活条件恶化的现象。

物业环境中，生产活动产生的固体废物主要包括：工业原料废料和工业燃料废料；建筑业的废弃物，如沙石、灰土、砖瓦等建筑垃圾；建筑装饰装修过程中所丢弃的建筑装修垃圾。生活垃圾包括：居民丢弃的大件的家庭物品，如废旧电器、家具等；小件的物品，如纸张、塑料制品、残叶菜根、废弃食品。生活垃圾中的一些物品本身并不造成污染，但由于没有及时处理而与其他垃圾混在一起发生腐烂变质，也会造成环境污染，如纸张。另外还有一些路面垃圾，包括自然物如落叶、灰尘等，公众丢弃的纸屑、果皮、烟头，以及残留在路面的沙土、污水等，如不及时处理，也会对物业环境造成不良影响。

（2）《中华人民共和国固体废物污染环境防治法》（以下简称《固体废物污染环境防治法》）相关规定。根据《固体废物污染环境防治法》的规定，固体废物污染环境防治坚持减量化、资源化和无害化的原则，坚持污染担责（谁生产，谁负责）的原则。国家推行绿色发展方式，推行生活垃圾分类制度。

1）工业固体废物污染防治方面。根据《固体废物污染环境防治法》第三十六条的规定，产生工业固体废物的单位应当建立健全工业固体废物产生、收集、贮存、运输、利用、处置全过程的污染环境防治责任制度，建立工业固体废物管理台账，如实记录产生工业固体废物的种类、数量、流向、贮存、利用、处置等信息，实现工业固体废物可追溯、可查询，并采取防治工业固体废物污染环境的措施。禁止向生活垃圾收集设施中投放工业固体废物。

2）生活垃圾污染防治方面。根据《固体废物污染环境防治法》第四十九条、第五十条的规定，产生生活垃圾的单位、家庭和个人应当依法履行生活垃圾源头减量和分类投放义务，承担生活垃圾产生者责任。任何单位和个人都应当依法在指定的地点分类投放生活垃圾。禁止随意倾倒、抛撒、堆放或者焚烧生活垃圾。已经分类投放的生活垃圾，应当按照规定分类收集、分类运输、分类处理。清扫、收集、运输、处理城乡生活垃圾，应当遵守国家有关环境保护和环境卫生管理的规定，防止污染环境。从生活垃圾中分类并集中收集的有害垃圾，属于危险废物的，应当按照危险废物管理。

3）建筑垃圾污染防治方面。根据《固体废物污染环境防治法》第六十三条的规定，工程施工单位应当及时清运工程施工过程中产生的建筑垃圾等固体废物，并按照环境卫生主管部门的规定进行利用或者处置。工程施工单位不得擅自倾倒、抛撒或者堆放工程施工过程中产生的建筑垃圾。

(3) 固体废物污染防治措施。减量化、资源化、无害化是《固体废物污染环境防治法》确立的固体废物污染防治原则。减量化是指在生产、流通和消费等过程中减少垃圾的产生，以及采取适当措施使废物减少（含体积和重量）的过程。资源化是指将废物直接作为原料进行利用或者对废物进行再生利用。无害化是指在垃圾的收集、运输、贮存、处理、处置的全过程中减少以至避免对环境和人体健康造成的不利影响。物业环境中的固体废物污染防治措施主要有：

1）源头减量。源头减量是固体废物管理的首要原则。通过改变生产工艺、减少原材料浪费、推广循环经济模式等措施，可以减少固体废物的产生。源头减量可以从根本上降低固体废物的数量和危害程度，而不仅仅是对固体废物进行处理。

废物资源化利用技术是减少固体废物排放的关键，通过采用技术手段，将固体废物转化为可再利用的资源，可以减少固体废物的排放量；循环经济是减少固体废物排放的重要模式，通过将固体废物再利用、再循环，实现资源的最大化利用，可以有效减少固体废物的产生和排放；废物分类是减少固体废物排放的重要手段，通过将固体废物按照可回收物、有害垃圾等进行分类，可以实现对固体废物的有效回收利用，减少对环境的污染。

2）垃圾分类。垃圾分类一般是指按一定规定或标准将垃圾分类储存、投放和搬运，从而使垃圾转变成公共资源的一系列活动的总称。对生活垃圾分类，大多根据垃圾的成分、产生量，结合本地垃圾的资源利用和处理方式等来进行。北京市垃圾分类分为可回收物、厨余垃圾、有害垃圾、其他垃圾四大类；上海市垃圾分类分为可回收物、干垃圾、湿垃圾、有害垃圾四大类。推动垃圾分类推广工作，不仅需要改变人们的传统观念，还需要出台相关制度进行监督约束。为此，我国北京、上海、山东等地先后出台了有关生活垃圾管理的规定，指导、规范和约束垃圾分类行为。

3）加强清洁。对物业管理区域内的公共地面等进行经常性的清洁维护，是确保物业管理区域环境整洁的重要手段。地面清洁的工作很多，包括清除尘土、纸屑、果皮、烟头、落叶等。保洁部门除对物业管理区域内公共地面例行保洁外，还要加强喷洒工作，以消除道路路面和花草树木上积尘过多、人行道垃圾多、地面肮脏等不洁现象。对石阶发霉发黑、痰迹斑斑的状况，应采取有效方法及时清除污迹。另外，要加强对物业管理区域内环卫设施设备的管理，主要包括果皮箱、垃圾桶、垃圾临时存放点、下水道污泥清除设备、洒水车辆和供水管网等。对环卫设施设备的更新和技术研究要进行资金和人员投入，物业环境管理的现代化要求物业保洁队伍、环卫设施设备以及管理方式的现代化。

4. 噪声污染与防治

噪声是指在工业生产、建筑施工、交通运输和社会生活中所产生的干扰周围生活环境的声音。环境噪声污染是指所产生的环境噪声超过国家规定的环境噪声排放标准，并干扰他人正常生活、工作和学习的现象。环境噪声包括自然界噪声和人为活动产生的噪声。

（1）物业环境噪声污染。环境噪声是物业环境管理中最常涉及的污染类型。物业管理区域噪声主要有生活噪声、商业噪声、施工噪声等，例如汽车鸣笛、发动和行驶过程中产生的噪声，供暖或供水所用的各种泵运行的噪声，物业管理区域内的集体或自发的娱乐活动（晚会、广场舞等）产生的噪声，餐饮场所的油烟机运行产生的噪声，装修或维修施工产生的噪声，商业营销活动产生的噪声等。有些住宅隔声效果不好，居民经常会受到邻居家的弹琴声、孩子打闹声等噪声影响。

（2）环境噪声控制标准。环境噪声控制标准是为保护人群健康和生存环境，以保护人的听力、睡眠休息、交谈思考等为依据，对噪声容许范围所作的规定。

1）环境噪声标准。根据《声环境质量标准》（GB 3096—2008），各类声环境功能区的环境噪声限值见表4-9。

表4-9　环境噪声限值　　　　　　　　　　　　　　　　　　　　　dB（A）

声环境功能区类别		时段	
		昼间	夜间
0 类		50	40
1 类		55	45
2 类		60	50
3 类		65	55
4 类	4a 类	70	55
	4b 类	70	60

注：0类声环境功能区是指康复疗养区等特别需要安静的区域。1类声环境功能区是指以居民住宅、医疗卫生、文化教育、科研设计、行政办公为主要功能，需要保持安静的区域。2类声环境功能区是指以商业金融、集市贸易为主要功能，或者居住、商业、工业混杂，需要维护住宅安静的区域。3类声环境功能区是指以工业生产、仓储物流为主要功能，需要防止工业噪声对周围环境产生严重影响的区域。4类声环境功能区是指交通干线两侧一定距离之内，需要防止交通噪声对周围环境产生严重影响的区域，包括4a类和4b类两种类型。4a类为高速公路、一级公路、二级公路、城市快速路、城市主干路、城市次干路、城市轨道交通（地面段）、内河航道两侧区域；4b类为铁路干线两侧区域。

2）室内噪声标准。室内噪声标准分为住宅室内噪声标准和非住宅室内噪声标准。我国住宅的室内噪声标准规定低于所在区域环境噪声标准10 dB。非住宅的室内噪声标准是根据房间用途规定的。

3）噪声源控制标准。噪声源控制标准多属于设备、产品的噪声指标，它不仅是防止设备、产品的噪声污染的依据，也是产品性能质量的指标，其指标高低是技术先进程度的反映。

(3)《中华人民共和国噪声污染防治法》（以下简称《噪声污染防治法》）相关要求。《噪声污染防治法》与物业环境噪声污染防治有关的规定主要有：

1）设计建造源头降噪。根据《噪声污染防治法》第六十七条和第六十八条的规定，新建居民住房的房地产开发经营者应当在销售场所公示住房可能受到噪声影响的情况以及采取或者拟采取的防治措施，并纳入买卖合同。新建居民住房的房地产开发经营者应当在买卖合同中明确住房的共用设施设备位置和建筑隔声情况。居民住宅区安装电梯、水泵、变压器等共用设施设备的，建设单位应当合理设置，采取减少振动、降低噪声的措施，符合民用建筑隔声设计相关标准要求。

2）经营管理者主动降噪。根据《噪声污染防治法》第六十一条、第六十二条、第六十四条、第六十六条、第六十八条的规定，文化娱乐、体育、餐饮等场所的经营管理者应当采取有效措施，防止、减轻噪声污染。使用空调器、冷却塔、水泵、油烟净化器、风机、发电机、变压器、锅炉、装卸设备等可能产生社会生活噪声污染的设施设备的企业事业单位和其他经营管理者等，应当采取优化布局、集中排放等措施，防止、减轻噪声污染。公共场所管理者应当合理规定娱乐、健身等活动的区域、时段、音量，可以采取设置噪声自动监测和显示设施等措施加强管理。已建成使用的居民住宅区电梯、水泵、变压器等共用设施设备由专业运营单位负责维护管理，符合民用建筑隔声设计相关标准要求。对已竣工交付使用的住宅楼、商铺、办公楼等建筑物进行室内装修活动，应当按照规定限定作业时间，采取有效措施，防止、减轻噪声污染。

3）活动噪声源阻断。根据《噪声污染防治法》第六十三条、第六十四条的规定，禁止在商业经营活动中使用高音广播喇叭或者采用其他持续反复发出高噪声的方法进行广告宣传。对商业经营活动中产生的其他噪声，经营者应当采取有效措施，防止噪声污染。禁止在噪声敏感建筑物集中区域使用高音广播喇叭，但紧急情况以及地方人民政府规定的特殊情形除外。在街道、广场、公园等公共场所组织或者开展娱乐、健身等活动，应当遵守公共场所管理者有关活动区域、时段、音量等规定，采取有效措施，防止噪声污染；不得违反规定使用音响器材产生过大音量。

4）业主和物业服务企业直接参与噪声污染防治。根据《噪声污染防治法》第六十九条、第七十条的规定，基层群众性自治组织指导业主委员会、物业服务企业、业主通过制定管理规约或者其他形式，约定本物业管理区域噪声污染防治要求，由业主共同遵守。对噪声敏感建筑物集中区域的社会生活噪声扰民行为，基层群众性自治组织、业主委员会、物业服务企业应当及时劝阻、调解；劝阻、调解无效的，可以向负有社会生活噪声污染防治监督管理职责的部门或者地方人民政府指定的部门报告或者投诉，接到报告或者投诉的部门应当依法处理。

5）引导群众自觉防治噪声。根据《噪声污染防治法》第六十五条的规定，家庭及其成员应当培养形成减少噪声产生的良好习惯，乘坐公共交通工具、饲养宠物和其他日常活动尽量避免产生噪声对周围人员造成干扰，互谅互让解决噪声纠纷，共同维护声环境质量。使用家用电器、乐器或者进行其他家庭场所活动，应当控制音量或者采取其他有效措施，防止噪声污染。

（4）噪声污染防治措施。所有噪声的传播基本上都为：声源—传播途径—接收者。因此，控制噪声污染的技术措施也应当分为三部分考虑。首先是尽量减弱声源本身的强度,然后从传播途径方面对噪声进行削弱或者隔离,最后从接收者方面采取防护手段和避开噪声的措施等。

在治理噪声污染的实践中,比较有效的措施是断绝噪声声源,发展隔音设备,加强管理及严格执法。断绝噪声声源的措施有:控制建筑工地白天和夜间施工的时间;工厂的生产车间以及室内进行装修时要控制声音和进行隔音;打桩、冲击、汽车鸣笛等均应严格控制;保持行车路面平整和限制汽车夜间行驶速度;不准设置高音喇叭等。发展隔音设备的措施主要有设置隔音墙、大力发展隔音树林和自然吸音的立体绿化工程等。

以居住物业为例,在物业全生命周期中可以采取的噪声防治措施有:

1)早期介入阶段对小区规划提出预防噪声污染的合理化建议。在城市总体规划设计时,应按噪声控制的要求进行功能分区,即把工业区、商业区与住宅区分开,避免铁路穿过市区,航空港应设置在远离市区的地方。在城市道路网规划中,应按道路的功能和性质进行分类、分级,分清交通性干道和生活性道路。交通性干道主要承担城市对外交通和货运交通,应避免穿越市中心区和住宅区,可规划成环行道等从城市边缘绕过去。当交通性干道必须穿越市中心或住宅区时,应对其采取防噪措施,如设置声屏障等。在规划住宅区时,除了要控制交通噪声干扰外,对住宅区内部噪声亦不应忽视,如农贸市场、中小学校操场、儿童游戏场以及锅炉房等应尽量布置在远离住宅区处。

2)在住宅平面设计与构件设计中建议增加防噪措施。在设计中应考虑平面布局中的防噪、外窗与阳台的隔声、隔墙与楼板的隔声、分户门的隔声以及设备与管道的噪声控制等。

3)声屏障与绿化。在建筑物与干道之间设置专门的声屏障,降低住宅区的噪声。声屏障可以是土丘、绿篱、混凝土,甚至玻璃结构物。绿化也是降低噪声的好方法,植物不但可以净化空气,调节温度和湿度,而且可以消声防噪。

4)在日常物业管理中注意加强噪声源的管控。合理安排装修和维修施工时间,控制区域内汽车鸣笛,合理安排娱乐活动时间,引导居民合理控制噪声,采用技术手段降低设备运行噪声等。

培训项目 4

信息技术应用基础知识

一、信息与信息技术

1. 信息的概念

信息是用文字、数字、符号、语言、图像等介质来表示事件、事物、现象等的内容、数量或特征，从而向人们（或系统）提供关于现实世界新的事实和知识，作为生产、建设、经营、管理等分析和决策的依据。信息是音讯、消息、通信系统传输和处理的对象。人们通过获得、识别自然界和社会的不同信息来区别不同事物，得以认识和改造世界。在一切通信和控制系统中，信息是一种普遍联系的形式。

从本质上说，信息是反映现实世界的运动、发展和变化状态及规律的信号与消息。信息具有客观性、适用性、可传输性和共享性等特征。信息是向人们或机器提供关于现实世界各种事实的知识，是数据、消息中所包含的意义，不随载体的物理形式的改变而改变。

2. 信息技术的概念

一般来说，信息技术是以电子计算机和现代通信为主要手段实现信息的获取、加工、传递和利用等功能的技术总和。

随着信息化在全球的快速发展，世界对信息的需求快速增长，信息产品和信息服务对于各个国家、地区、企业、单位、家庭、个人都不可缺少。信息技术已成为支撑当今经济活动和社会生活的基石。信息技术代表着当今先进生产力的发展方向，信息技术的广泛应用使信息的重要生产要素和战略资源的作用得以发挥，使人们能更高效地进行资源优化配置，从而推动传统产业不断升级，提高社会劳动生产率和社会运行效率。信息技术在全球的广泛使用，不仅深刻地影响着经济结构与经济效率，而且作为先进生产力的代表，对社会文化和精神文明产生着深刻的影响。

3. 信息技术的分类

信息技术可以从表现形态、工作环节、使用的信息设备、信息的传播模式、技术的功能层次五个方面进行分类。

（1）按表现形态的不同，信息技术可分为硬技术（物化技术）与软技术（非物化技术）。前者指各种信息设备及其功能，如显微镜、电话机、通信卫星、多媒体电脑。后者指有关信息获取与处理的各种知识、方法与技能，如语言文字技术、数据统计分析技术、规划决策技术、计算机软件技术等。

（2）按工作环节的不同，信息技术可分为信息获取技术、信息传递技术、信息存储技术、信息加工技术及信息标准化技术。信息获取技术包括信息的搜索、感知、接收、过滤等，如显微镜、望远镜、气象卫星、温度计中的技术等。信息传递技术指跨越空间共享信息的技术，又可分为不同类型，如单向传递与双向传递技术，单通道传递、多通道传递与广播传递技术。信息存储技术指跨越时间保存信息的技术，如印刷、照相、录音、录像等。信息加工技术是对信息进行描述、分类、排序、转换、浓缩、扩充、创新等的技术。信息标准化技术是指使信息的获取、传递、存储、加工各环节有机衔接，提高信息交换共享能力的技术，如信息管理标准、字符编码标准、语言文字的规范化等。

（3）按使用的信息设备不同，信息技术可分为电话技术、电报技术、广播技术、电视技术、卫星技术、计算机技术、网络技术等。

（4）按信息的传播模式不同，信息技术可分为传者信息处理技术、信息通道技术、受者信息处理技术、信息抗干扰技术等。

（5）按技术的功能层次不同，信息技术可分为基础层次的信息技术（如新材料技术、新能源技术），支撑层次的信息技术（如机械技术、电子技术、激光技术、生物技术、空间技术等），主体层次的信息技术（如感测技术、通信技术、计算机技术、控制技术），应用层次的信息技术（如文化教育、商业贸易、工农业生产、社会管理中用以提高效率和效益的各种自动化、智能化、信息化应用软件与设备）。

二、信息技术应用

1. 互联网技术应用

（1）门户网站创建。企业门户网站又称企业官方网站，简称企业官网。企业门户网站就是一个连接企业内部和外部的网站,它可以为企业提供单一的访问企业各种信息资源的入口,企业的员工、客户、合作伙伴和供应商等都可以通过这个门户网站获得个性化的信息和服务。企业门户网站可以无缝地集成企业的内容、商务和社区:首先,通过企业门户网站,企业能够动态地发布存储在企业内部和外部的各种信息;其次,企业门户网站可以完成网上的交易;此外,企业门户网站还可以支持网上的虚拟社区,网站的用户可以相互讨论和交换信息。

大部分物业服务企业都建立了体现企业自身特色的门户网站,作为企业的宣传阵地,体现企业文化和企业形象,同时也是外界了解企业和联系企业的重要窗口。

(2)办公自动化系统应用。办公自动化(office automation,OA),是将计算机、通信等现代化技术运用到传统办公方式,进而形成的一种新型办公方式。办公自动化利用现代化设备和信息化技术,代替办公人员传统的部分手动或重复性业务活动,优质而高效地处理办公事务和业务信息,实现对信息资源的高效利用,进而达到提高生产率、辅助决策的目的,最大限度地提高工作效率和质量、改善工作环境。

随着互联网技术的不断发展,办公自动化系统在物业服务企业的应用越来越广泛。它可以通过特定流程或特定环节与日常事务联系在一起,使公文在流转、审批、发布等方面提高效率,实现办公管理规范化和信息规范化,降低企业运行成本。办公自动化是一个企业除了生产控制之外的一切信息处理与管理的集合,对于不同的使用对象具有不同的功能:对于企业高层领导来说,办公自动化是决策支持系统,它运用科学的数学模型,结合企业内部和外部的信息,为企业领导的决策提供参考和依据;对于企业中层管理者来说,办公自动化是信息管理系统,它利用业务各环节提供的基础"数据",提炼出有用的管理"信息",把握业务进程,降低经营风险,提高经营效率;对于企业普通员工来说,办公自动化是事务/业务处理系统,办公自动化为办公室人员提供良好的办公手段和环境,使他们准确、高效、愉快地工作。

(3)自动化监控系统应用。随着人们生活水平的提高,对物业管理提出了更高的要求,尤其在安全保障方面,需要提供对重要地点和公共场所的有效和可靠监控。监控服务系统的功能及使用可靠性会直接影响业主和客户的人身、财产安全,关系到物业管理的整体服务水平。增强物业管理的安全保障措施,是提高物业管理水平的重要手段。随着计算机技术的广泛应用,计算机软硬件设备的高速发展使数字录像监控设备达到了物业监控系统实际应用的要求,使用数字录像监控设备可以直观及时地监控重要地点、公共场所的现场情况。

对于大厦和小区的出入口、停车库的路口等一些重要的地点,需要对其进行实时和完全的监控,将发生的所有情况进行记录,保障业主和客户的人身及财物安全。同时,在意外事件发生时,可以有效地保存现场情况的记录。大厦和小区的公共场所地点较多、地域较广,保安的巡逻难以对每个地点进行实时的监控,利用监控系统,可以清楚、准确地记录这些场所的情况;在突发事件发生后,能方便有效地了解事件的实际情况。如需进行夜间值守,还可以选用夜视镜头、低照度镜头、红外镜头等,配以各类报警传感器,可以在这些公共场所布下严密的监控网,保障业主和客户的人身、财产安全。

(4)物业档案信息化应用。物业档案信息化应以促进、完善企业信息化和提升档案管理现代化水平为总目标,坚持技术与管理并重、与企业信息化协调和同步的原则。物业管理各信息系统的开发与实施应充分考虑物业档案管理工作的要求。

物业档案的信息化管理并非只是数字化档案的管理,它还包括实体档案的数字化和信息化。信息化管理是物业档案管理的总体趋势,它可以节约档案存储空间,同时方便检索,提高物业管理的效率。目前物业档案信息化管理主要有两种形式:其一是通过软件将信息进行整理录入,检索方便,但工作量大;其二是将档案资料以图片的形式进行保存,虽然不便检索,但可以保证档案的完整性,避免出错。物业档案信息化便于检索、便于更新、便于传播、节省资源、有利于环境保护等,但正因为便于传播,所以需要加强对敏感信息的管理,保证信息安全。

(5)物业管理信息系统。物业管理信息系统是指物业管理中由人和计算机等组成的,专门用于物业和物业服务信息的收集、传递、存储、加工、维护和使用的系统。它能及时反映物业及物业管理的运行状况,并具有预测、控制和辅助决策的功能,帮助物业服务企业实现其规划目标。物业管理信息系统是物业服务企业提供物业服务的"神经系统",它在一定程度上改变了传统的管理思想、管理方式和管理行为,是物业管理转型升级走向前端的重要支撑与体现。

物业管理信息系统应用计算机技术、信息技术、网络技术和自动化技术等,将物业管理业务融入计算机网络一体化的自动化监控和综合信息化服务平台,能促进形成集成性、交互性、动态性和智能化的物业管理服务模式，具有集成性、交互性和动态性等典型特征。它可以促使物业服务企业的管理运作更加顺畅，使优秀的管理方法融入每一个相关工作角色的工作任务中，确保企业的经验和资源保留下来，而不会因为员工的离职影响企业的管理和运营的连续性，从而有助于实现企业管理优化和持续改进。

目前国内主流物业管理信息系统的功能主要包括在以下物业管理子系统中：OA协同办公子系统、基础数据子系统、财务管理子系统、客户服务子系统、租赁经营子系统、设备资产管理子系统、采购管理子系统、库存管理子系统、品质管理子系统、人力资源管理子系统。

2. 物联网技术应用

（1）地理信息系统。地理信息系统（geographic information system，GIS）是在计算机硬件、软件系统支持下，对整个或部分地球表层空间中的有关地理分布数据进行采集、储存、管理、运算、分析、显示和描述的技术系统。地理信息系统能够帮助物业管理人员进行位置、条件、变化趋势、模型和模式五个方面的空间信息的收集和处理，方便物业管理人员进行管理。

GIS在建筑领域的使用显示出广阔的前景。一项重大的建设工程从破土动工到交付使用，包括规划、勘察、设计、施工等众多环节及工程完工交付使用后的日常维护和监测，都需要处理大量与工程建设有关的空间数据和记录文档，如建筑物的具体分布、位置、标高，桥梁的架设，道路的布局，市政建设中各类地下管线铺埋的位置等。人为处理这些复杂信息既费时又费力。GIS强大卓越的空间数据查询分析功能、快速数据更新功能和信息准确传递功能，为快速高效完成施工任务提供技术支持。

GIS与全球定位系统（global positioning system，GPS）结合可用于巡检。对于大范围的、露天的巡检，巡检人员手持GPS巡检器，实时接收GPS卫星定位信息（时间、经纬度），并按预先设定的时间间隔自动发送或者在特定地点手动发送定位信息到无线通信前置机。无线通信前置机在收到定位信息后将数据传输到管理系统平台，系统软件采用GIS电子地图技术，动态显示和回放巡检轨迹，交由GIS分析可得该巡检点的详细信息。

现代物业管理工作内容多样化、复杂化，基于空间数据的管理内容增多，GIS技术具有图形与数据处理方面的优点，将GIS技术引入物业管理工作中，有助于实现物业可视化、图形化、数字化管理。

（2）建筑信息模型（building information modeling，BIM）。根据《建筑信息模型应用统一标准》（GB/T 51212—2016），建筑信息模型是在建设工程及设施全生命期内，对其物理和功能特性进行数字化表达，并依此设计、施工、运营的过程和结果的总称。

BIM涵盖了建筑设施的几何形态、空间关系、GIS信息、建筑组件的特征属性等，记录完整的建筑生命周期，应用于建筑设计、施工、科学管理、运行维护等阶段。通过BIM技术实现科学管理，支持建筑工程的集成管理环境，可使建筑工程在其整个生命周期中显著提升效率、减少风险。附加了时间、成本维度的BIM信息可以模拟实际施工，核算成本，通过引入绿色节能算法和规则还可以模拟房间自然采光的照明效果，校核所需要的空调通风量，冬、夏季需要的空调电能消耗等，可以说BIM改变了建筑施工整条产业链上的固有流程和方法。

随着BIM技术在建筑的设计、施工阶段的应用愈加普及，BIM技术的应用覆盖建筑的全生命周期成为可能。因此在建筑竣工以后通过继承设计、施工阶段所生成的BIM竣工模型，利用BIM模型优越的可视化空间展现能力，以BIM模型为载体，将各种分散的信息数据以及建筑运维阶段所需的各种设备参数进行一体化整合，引入建筑的日常设备运维管理功能，基于BIM进行建筑空间与设备运维管理。

1）建筑空间管理。基于BIM的建筑空间管理主要应用在照明、消防等各系统和设备空间定位方面，对于各种系统和设备几何信息进行三维直观描述，并将其编号或者文字说明转换为三维图形的属性信息，直观形象、方便查找。比如需要装修改造时可以从模型快速获取不能拆除的管线、承重墙等建筑构件的情况，直接生成相关范围内的房间平面图、立面图、剖面图，以指导拆除和重新建造隔墙，再次建成的房间格局又可以实时录入BIM，作为新的运维管理依据。

2）设备运行管理。基于BIM的管理系统储存了所有设备的信息，比如设备供应商、所在位置、联系电话、维护情况等，物业管理人员只需点击模型即可查询到各个设备的基本信息；该管理系统对楼宇中的所有设备进行登记管理，并对设备的使用期限设置到保或过保预警及报警，便于对设备进行及时维护及更换，有效降低事故的发生率；在BIM模型平台上可以看到建筑内每一个设备的运行状态，绿色表示正常运行，红色表示有故障，只要打开模型点击任何一个位置，就能详细了解该位置的设备运行状态;另外,管理人员还可以对设备进行远程控制,例如对某个设备进行打开、关闭等操作。

3)隐蔽工程管理。基于 BIM 的管理系统可以对复杂的地下管网和隐蔽工程进行管理,所有地下管线均能形象立体地显示于模型中,并可在图上直接量取它们之间的距离。当对场地进行改建、扩建、二次装修时,可以在模型中对现有的管线进行精确定位,避开现有管线位置,进行管线维修和设备的更换。所有信息全部通过电子化保存下来,并根据改建或维修情况实时更新,保证信息的完整性和准确性,内部相关人员可以对信息进行查询。

4)能耗管理。BIM 与物联网技术联合应用,可以对日常能源消耗情况进行有效监控。在设备增加传感功能后,比如安装具有传感功能的电表、水表、燃气表等,就可以在管理系统中及时收集到各个设备的能源消耗信息,并且通过系统中带有的能源管理功能,对能源消耗情况进行自动统计分析,建筑各区域、各用户的每日用电量、每周用电量都可清晰地显示出来,并对异常能源使用情况进行警告或者标识,为管理者进行能源管理提供可靠的依据。

5)安全管理。基于 BIM 的安保系统不但可进行视频监控,而且拥有智能控制中心,通过监控设备可对任一区域进行可视化管理,管理人员在计算机上可以随时调出任一楼层的实时监控情况。一旦有突发事件发生,监控系统就能与智能控制中心协同合作进行处理,管理人员可以在计算机前根据系统提供的信息指挥处置突发事件。比如通过控制中心可实时掌握安保人员的位置,通知离事发地点最近的安保人员前往处理,并持续跟踪处理完成情况。对于某些突发的危险事件,可以节约宝贵的时间,避免损失扩大,甚至酿成事故。

6)应急管理。基于 BIM 的管理系统可以对所有区域进行监控和预警。在人流密集区域,当突发事件发生时,传统的处理方式往往把重点放在响应和救援上,并且多靠人工传达,管理人员开会研究处理方案,效率很低。而基于 BIM 的管理系统还包括预防和报警。以消防火灾报警为例,如在某个位置有火灾发生,BIM 管理系统通过感温或感烟探测器反馈的信息,在 BIM 的信息模型界面中自动跳出报警界面的位置,无须保安人员现场确定,就会自动进行火灾报警。

住房城乡建设部、应急管理部《关于加强超高层建筑规划建设管理的通知》(建科〔2021〕76 号)要求,要指导超高层建筑业主或其委托的管理单位建立超高层建筑运行维护平台,接入物联网城市消防远程监控系统,并与城市运行管理服务平台连通。具备条件的，超高层建筑业主或其委托的管理单位应充分利用超高层建筑信息模型，完善运行维护平台，与城市信息模型基础平台加强对接。

（3）停车场自动管理系统。停车场自动管理系统利用高度自动化的机电设备对停车场进行安全、有效的管理，由于尽量减少人工的参与，从而最大限度地减少人员费用和人为失误造成的损失，大大提高整个停车场的安全性与使用效率。停车场自动管理系统可划分为车牌识别子系统、车辆自动识别子系统、收费子系统、保安监控子系统等。设备通常包括中央控制计算机、自动识别装置、临时车票发放及检验装置、挡车器、车辆探测器、监控摄像机、可控提示牌等。

停车场自动管理系统的控制中枢是中央控制计算机，负责整个系统的协调与管理，包括软硬件参数控制、信息交流与分析、命令发布等。停车场自动管理的核心技术是车辆的自动识别与自动判别。每个停车场的出入口都安装电动挡车器，它受系统的控制升起或落下，只对合法车辆放行，防止非法车辆进出停车场，确保停车场及车辆的安全。车辆探测器一般设在出入口处，对每辆车的位置进行检测，结合监控摄像机、可控提示牌与系统配合，使系统更加完善与方便。

现代停车场越来越向大型化、复杂化及高科技化方向发展，传统的单一验车放行功能越来越不能满足管理者与车辆使用者的需求。随着科技的进步以及停车供需矛盾的发展，停车场领域的智能化改造需求仍然较为充分，停车场管理在以下四个方面的发展趋势越来越明显。

一是无人化。随着人力成本进一步上升以及科技的进一步发展，无人值守停车场将会得到进一步普及。

二是人性化。在停车场自动管理系统设计方面，开发人员更多基于便捷性和车辆、人员安全进行考量。停车场自动管理系统的人性化主要体现在以下三个方面。第一，人机的交互及互动性增强，例如在手机上实现缴费和预约停车等功能。第二，基于停车大数据而进行人性化推广的商业模式将进一步普及，例如消费折扣管理、积分管理等。第三，基于车位的精确诱导，借助多媒体信息发布，可以直接显示停车场空余的车位，帮助车主快速找到停车位，提高停车效率。

三是联网化。停车场的联网化体现在停车场的管控通过联网共享数据，打破信息孤岛，建设智慧停车物联网平台，实现车位诱导、停车预定、电子自助付款、快速出入等功能。

四是定制化。根据停车场的服务对象不同，可将停车场分为公共停车场、配建停车场和专用停车场。不同应用领域的停车场对系统的软硬件要求也有不同。以商业地产配套建设的停车场为例，客户一般要求停车场自动管理系统能够接入客户的内部信息管理系统，满足其客户积分管理兑换、内部客户进出数据分析、报表管理等各类管理要求。在智能交通建设日趋发展和市场需求不断扩大的情形下，停车场管理不仅需要能满足简单的车辆进出，更需要能针对不同停车场景满足多样化停车需求。

（4）安全防范系统。安全防范系统是指以维护社会公共安全为目的的安全防范产品和其他相关产品所构成的系统，包括入侵报警系统、视频安防监控系统、出入口控制系统、电子巡查系统、防爆安全检查系统等。

1）入侵报警系统。入侵报警系统是指利用传感器技术和电子信息技术探测并指示非法进入或试图非法进入设防区域的行为、处理报警信息、发出报警信息的电子系统。入侵报警系统一般由周界防护、建筑物内（外）区域/空间防护和实物目标防护等部分单独或组合构成。

2）视频安防监控系统。视频安防监控系统是指利用视频技术探测、监视设防区域并实时显示、记录现场图像的电子系统。

3）出入口控制系统。出入口控制系统是利用自定义符识别技术和模式识别技术对出入口目标进行识别并控制出入口执行机构启闭的电子系统。出入口控制系统一般由出入口对象（人、物）识别装置，出入口信息处理、控制、通信装置和出入口控制执行机构三部分组成。出入口控制系统应有防止一卡进多人或一卡出多人的防范措施，应有防止同类设备非法复制有效证件卡的密码系统，密码系统应能授权修改。

4）电子巡查系统。电子巡查系统是指对保安巡查人员的巡查路线、方式及过程进行管理和控制的电子系统。

5）防爆安全检查系统。防爆安全检查系统是指检查有关人员、行李、货物是否携带爆炸物、武器和其他违禁品的电子系统。

（5）楼宇设备自动控制系统。楼宇设备自动控制系统简称楼宇自控系统，是基于现代分布控制理论设计的集散系统，是通过网络系统将分布在各监控现场的系统控制器连接起来，共同完成集中操作管理和分散控制的综合自动化系统。楼宇自控系统能够更加合理地利用设备，增加设备的利用率，节省能源与人力，使设备能够低能耗、高效率地安全运行。

1）楼宇自控系统的构成。楼宇自控系统由管理层、控制层、现场设备层组成。管理层包括服务器、工作站、相关网络设备以及在服务器、工作站上运行的管理软件，主要用于日常控制监视和管理工作。控制层是整个控制系统的核心，用于对各种物理量进行测量，以及实现对被控系统的调节与控制。现场设备层包括传感器和执行调节机构。

2）楼宇自控系统的应用

①楼宇自控系统能对给排水系统进行实时监测，及时预警，提前采取措施减少损失。

②楼宇自控系统能对照明系统预设启停时间，自动启停，减少能源浪费和管理成本。

③楼宇自控系统能根据空气质量自动开关设备或控制启用设备的台数，既保证空气质量，又有效节约能源。

④楼宇自控系统能实时监测电梯运行情况，一旦发生故障，可第一时间自动报警，便于及时处理。

⑤楼宇自控系统能实现临界报警，在用电量接近极限时自动报警，以免发生灾害性事故。

⑥楼宇自控系统可根据实际需要统一控制环境温度，做到既节能又舒适。

⑦楼宇自控系统能为用户的设备提供历史运行数据，建立趋势分析，预测能耗，为用户建立运行模型提供依据。

培训模块 五
物业管理相关法律法规知识

培训项目 1

物业管理相关法律知识

法律是由国家制定或认可,并依靠国家强制力保证实施的,具体规定人们的权利和义务,具有普遍约束力的行为规范。法律由立法机关制定,并由司法机关保证执行。

在我国,法律是由我国最高权力机关全国人民代表大会及其常务委员会制定、颁布的规范性文件的总称。

法律的法律地位、法律效力仅次于宪法,是制定行政法规、地方性法规和其他规范性文件的依据。

目前,在物业管理活动中应用性较强的法律有《中华人民共和国民法典》《中华人民共和国劳动法》《中华人民共和国劳动合同法》《中华人民共和国消防法》《中华人民共和国特种设备安全法》《中华人民共和国安全生产法》《中华人民共和国招标投标法》《中华人民共和国治安管理处罚法》《中华人民共和国突发事件应对法》《中华人民共和国环境噪声污染防治法》《中华人民共和国水污染防治法》《中华人民共和国固体废弃物污染环境防治法》《中华人民共和国大气污染防治法》。

一、《中华人民共和国民法典》相关知识

1. 主要内容

《中华人民共和国民法典》共 7 编 1 260 条,各编依次为总则编、物权编、合同编、人格权编、婚姻家庭编、继承编、侵权责任编。其中总则编、物权编、合同编、侵权责任编与物业管理活动关联紧密。

(1) 总则编主要内容。总则编对其他各编起统领作用。总则编共 10 章,包括基本规定、自然人、法人、非法人组织、民事权利、民事法律行为、代理、民事

责任、诉讼时效、期间计算，共 204 条。

总则编从民法的私法属性出发，以体系化为方法，以民事权利为核心，以民事法律关系为基础，对民事主体、民事权利体系、民事法律行为、民事责任和诉讼时效等基本民事法律制度作出规定。

（2）物权编主要内容。物权是民事主体依法享有的重要财产权。物权编有通则、所有权、用益物权、担保物权、占有 5 个分编，共 20 章 258 条。

物权编确定的物权法律制度，调整因物的归属和利用而产生的民事关系，是最重要的民事基本制度之一。其中物权的设立、变更、转让和消灭，业主的建筑物区分所有权，相邻关系，共有等章对物业管理有直接意义。

（3）合同编主要内容。合同制度是社会主义市场经济的基本法律制度。合同编有通则、典型合同、准合同 3 个分编，共 29 章 526 条。

合同编规定了合同的调整范围、合同解释等一般性规定，明确了合同的订立、效力、履行、保全变更和转让以及违约责任等合同基本制度，规定了 19 种典型合同以及无因管理和不当得利的一般性规则。典型合同中的物业服务合同，对物业管理有直接意义。

（4）侵权责任编主要内容。侵权责任是民事主体侵害他人权益应当承担的法律后果。侵权责任编共 10 章 95 条。

侵权责任编规定了侵权责任的归责原则、多数人侵权的责任承担、侵权责任的减轻或者免除等一般规则；明确了侵害人身权益和财产权益的赔偿规则、精神损害赔偿规则等，明确了无民事行为能力人、限制民事行为能力人及其监护人的侵权责任，用人单位的侵权责任，网络侵权责任，以及经营场所、公共场所的安全保障义务等责任主体的特殊规定；具体规定了产品生产销售、机动车交通事故、医疗损害、环境污染和生态破坏、高度危险、饲养动物损害、建筑物和物件损害等侵权责任规则。其中公共场所的安全保障义务、环境污染和生态破坏、高度危险、饲养动物损害、建筑物和物件损害等内容，对物业管理有直接意义。

2. 主要条款[①]

第一百七十六条 民事主体依照法律规定或者按照当事人约定，履行民事义务，承担民事责任。

---

① 主要条款中的内容为摘录的法律、法规、规章原文，下同。

第一百七十九条 承担民事责任的方式主要有：

（一）停止侵害；

（二）排除妨碍；

（三）消除危险；

（四）返还财产；

（五）恢复原状；

（六）修理、重作、更换；

（七）继续履行；

（八）赔偿损失；

（九）支付违约金；

（十）消除影响、恢复名誉；

（十一）赔礼道歉。

法律规定惩罚性赔偿的，依照其规定。

本条规定的承担民事责任的方式，可以单独适用，也可以合并适用。

第一百八十条 因不可抗力不能履行民事义务的，不承担民事责任。法律另有规定的，依照其规定。

不可抗力是不能预见、不能避免且不能克服的客观情况。

第一百八十二条 因紧急避险造成损害的，由引起险情发生的人承担民事责任。

危险由自然原因引起的，紧急避险人不承担民事责任，可以给予适当补偿。

紧急避险采取措施不当或者超过必要的限度，造成不应有的损害的，紧急避险人应当承担适当的民事责任。

第二百七十一条 业主对建筑物内的住宅、经营性用房等专有部分享有所有权，对专有部分以外的共有部分享有共有和共同管理的权利。

第二百七十二条 业主对其建筑物专有部分享有占有、使用、收益和处分的权利。业主行使权利不得危及建筑物的安全，不得损害其他业主的合法权益。

第二百七十三条 业主对建筑物专有部分以外的共有部分，享有权利，承担义务；不得以放弃权利为由不履行义务。

业主转让建筑物内的住宅、经营性用房，其对共有部分享有的共有和共同管理的权利一并转让。

第二百七十四条　建筑区划内的道路，属于业主共有，但是属于城镇公共道路的除外。建筑区划内的绿地，属于业主共有，但是属于城镇公共绿地或者明示属于个人的除外。建筑区划内的其他公共场所、公用设施和物业服务用房，属于业主共有。

第二百七十五条　建筑区划内，规划用于停放汽车的车位、车库的归属，由当事人通过出售、附赠或者出租等方式约定。

占用业主共有的道路或者其他场地用于停放汽车的车位，属于业主共有。

第二百七十六条　建筑区划内，规划用于停放汽车的车位、车库应当首先满足业主的需要。

第二百七十七条　业主可以设立业主大会，选举业主委员会。业主大会、业主委员会成立的具体条件和程序，依照法律、法规的规定。

地方人民政府有关部门、居民委员会应当对设立业主大会和选举业主委员会给予指导和协助。

第二百七十八条　下列事项由业主共同决定：

（一）制定和修改业主大会议事规则；

（二）制定和修改管理规约；

（三）选举业主委员会或者更换业主委员会成员；

（四）选聘和解聘物业服务企业或者其他管理人；

（五）使用建筑物及其附属设施的维修资金；

（六）筹集建筑物及其附属设施的维修资金；

（七）改建、重建建筑物及其附属设施；

（八）改变共有部分的用途或者利用共有部分从事经营活动；

（九）有关共有和共同管理权利的其他重大事项。

业主共同决定事项，应当由专有部分面积占比三分之二以上的业主且人数占比三分之二以上的业主参与表决。决定前款第六项至第八项规定的事项，应当经参与表决专有部分面积四分之三以上的业主且参与表决人数四分之三以上的业主同意。决定前款其他事项，应当经参与表决专有部分面积过半数的业主且参与表决人数过半数的业主同意。

第二百七十九条　业主不得违反法律、法规以及管理规约，将住宅改变为经营性用房。业主将住宅改变为经营性用房的，除遵守法律、法规以及管理规约外，应当经有利害关系的业主一致同意。

第二百八十条 业主大会或者业主委员会的决定，对业主具有法律约束力。

业主大会或者业主委员会作出的决定侵害业主合法权益的，受侵害的业主可以请求人民法院予以撤销。

第二百八十一条 建筑物及其附属设施的维修资金，属于业主共有。经业主共同决定，可以用于电梯、屋顶、外墙、无障碍设施等共有部分的维修、更新和改造。建筑物及其附属设施的维修资金的筹集、使用情况应当定期公布。

紧急情况下需要维修建筑物及其附属设施的，业主大会或者业主委员会可以依法申请使用建筑物及其附属设施的维修资金。

第二百八十二条 建设单位、物业服务企业或者其他管理人等利用业主的共有部分产生的收入，在扣除合理成本之后，属于业主共有。

第二百八十三条 建筑物及其附属设施的费用分摊、收益分配等事项，有约定的，按照约定；没有约定或者约定不明确的，按照业主专有部分面积所占比例确定。

第二百八十四条 业主可以自行管理建筑物及其附属设施，也可以委托物业服务企业或者其他管理人管理。

对建设单位聘请的物业服务企业或者其他管理人，业主有权依法更换。

第二百八十五条 物业服务企业或者其他管理人根据业主的委托，依照本法第三编有关物业服务合同的规定管理建筑区划内的建筑物及其附属设施，接受业主的监督，并及时答复业主对物业服务情况提出的询问。

物业服务企业或者其他管理人应当执行政府依法实施的应急处置措施和其他管理措施，积极配合开展相关工作。

第二百八十六条 业主应当遵守法律、法规以及管理规约，相关行为应当符合节约资源、保护生态环境的要求。对于物业服务企业或者其他管理人执行政府依法实施的应急处置措施和其他管理措施，业主应当依法予以配合。

业主大会或者业主委员会，对任意弃置垃圾、排放污染物或者噪声、违反规定饲养动物、违章搭建、侵占通道、拒付物业费等损害他人合法权益的行为，有权依照法律、法规以及管理规约，请求行为人停止侵害、排除妨碍、消除危险、恢复原状、赔偿损失。

业主或者其他行为人拒不履行相关义务的，有关当事人可以向有关行政主管部门报告或者投诉，有关行政主管部门应当依法处理。

第二百八十七条 业主对建设单位、物业服务企业或者其他管理人以及其他业主侵害自己合法权益的行为，有权请求其承担民事责任。

第二百八十八条 不动产的相邻权利人应当按照有利生产、方便生活、团结互助、公平合理的原则，正确处理相邻关系。

第二百八十九条 法律、法规对处理相邻关系有规定的，依照其规定；法律、法规没有规定的，可以按照当地习惯。

第二百九十条 不动产权利人应当为相邻权利人用水、排水提供必要的便利。

对自然流水的利用，应当在不动产的相邻权利人之间合理分配。对自然流水的排放，应当尊重自然流向。

第二百九十二条 不动产权利人因建造、修缮建筑物以及铺设电线、电缆、水管、暖气和燃气管线等必须利用相邻土地、建筑物的，该土地、建筑物的权利人应当提供必要的便利。

第二百九十三条 建造建筑物，不得违反国家有关工程建设标准，不得妨碍相邻建筑物的通风、采光和日照。

第二百九十四条 不动产权利人不得违反国家规定弃置固体废物，排放大气污染物、水污染物、土壤污染物、噪声、光辐射、电磁辐射等有害物质。

第二百九十五条 不动产权利人挖掘土地、建造建筑物、铺设管线以及安装设备等，不得危及相邻不动产的安全。

第二百九十六条 不动产权利人因用水、排水、通行、铺设管线等利用相邻不动产的，应当尽量避免对相邻的不动产权利人造成损害。

第四百六十五条 依法成立的合同，受法律保护。

依法成立的合同，仅对当事人具有法律约束力，但是法律另有规定的除外。

第四百七十条 合同的内容由当事人约定，一般包括下列条款：

（一）当事人的姓名或者名称和住所；

（二）标的；

（三）数量；

（四）质量；

（五）价款或者报酬；

（六）履行期限、地点和方式；

（七）违约责任；

（八）解决争议的方法。

当事人可以参照各类合同的示范文本订立合同。

第九百二十一条 委托人应当预付处理委托事务的费用。受托人为处理委托事务垫付的必要费用，委托人应当偿还该费用并支付利息。

第九百三十七条 物业服务合同是物业服务人在物业服务区域内，为业主提供建筑物及其附属设施的维修养护、环境卫生和相关秩序的管理维护等物业服务，业主支付物业费的合同。

物业服务人包括物业服务企业和其他管理人。

第九百三十八条 物业服务合同的内容一般包括服务事项、服务质量、服务费用的标准和收取办法、维修资金的使用、服务用房的管理和使用、服务期限、服务交接等条款。

物业服务人公开作出的有利于业主的服务承诺，为物业服务合同的组成部分。

物业服务合同应当采用书面形式。

第九百三十九条 建设单位依法与物业服务人订立的前期物业服务合同，以及业主委员会与业主大会依法选聘的物业服务人订立的物业服务合同，对业主具有法律约束力。

第九百四十条 建设单位依法与物业服务人订立的前期物业服务合同约定的服务期限届满前，业主委员会或者业主与新物业服务人订立的物业服务合同生效的，前期物业服务合同终止。

第九百四十一条 物业服务人将物业服务区域内的部分专项服务事项委托给专业性服务组织或者其他第三人的，应当就该部分专项服务事项向业主负责。

物业服务人不得将其应当提供的全部物业服务转委托给第三人，或者将全部物业服务支解后分别转委托给第三人。

第九百四十二条 物业服务人应当按照约定和物业的使用性质，妥善维修、养护、清洁、绿化和经营管理物业服务区域内的业主共有部分，维护物业服务区域内的基本秩序，采取合理措施保护业主的人身、财产安全。

对物业服务区域内违反有关治安、环保、消防等法律法规的行为，物业服务人应当及时采取合理措施制止、向有关行政主管部门报告并协助处理。

第九百四十三条 物业服务人应当定期将服务的事项、负责人员、质量要求、收费项目、收费标准、履行情况，以及维修资金使用情况、业主共有部分的经营与收益情况等以合理方式向业主公开并向业主大会、业主委员会报告。

第九百四十四条 业主应当按照约定向物业服务人支付物业费。物业服务人已经按照约定和有关规定提供服务的，业主不得以未接受或者无需接受相关物业服务为由拒绝支付物业费。

业主违反约定逾期不支付物业费的，物业服务人可以催告其在合理期限内支付；合理期限届满仍不支付的，物业服务人可以提起诉讼或者申请仲裁。

物业服务人不得采取停止供电、供水、供热、供燃气等方式催交物业费。

第九百四十五条 业主装饰装修房屋的，应当事先告知物业服务人，遵守物业服务人提示的合理注意事项，并配合其进行必要的现场检查。

业主转让、出租物业专有部分、设立居住权或者依法改变共有部分用途的，应当及时将相关情况告知物业服务人。

第九百四十六条 业主依照法定程序共同决定解聘物业服务人的，可以解除物业服务合同。决定解聘的，应当提前六十日书面通知物业服务人，但是合同对通知期限另有约定的除外。

依据前款规定解除合同造成物业服务人损失的，除不可归责于业主的事由外，业主应当赔偿损失。

第九百四十七条 物业服务期限届满前，业主依法共同决定续聘的，应当与原物业服务人在合同期限届满前续订物业服务合同。

物业服务期限届满前，物业服务人不同意续聘的，应当在合同期限届满前九十日书面通知业主或者业主委员会，但是合同对通知期限另有约定的除外。

第九百四十八条 物业服务期限届满后，业主没有依法作出续聘或者另聘物业服务人的决定，物业服务人继续提供物业服务的，原物业服务合同继续有效，但是服务期限为不定期。

当事人可以随时解除不定期物业服务合同，但是应当提前六十日书面通知对方。

第九百四十九条 物业服务合同终止的，原物业服务人应当在约定期限或者合理期限内退出物业服务区域，将物业服务用房、相关设施、物业服务所必需的相关资料等交还给业主委员会、决定自行管理的业主或者其指定的人，配合新物业服务人做好交接工作，并如实告知物业的使用和管理状况。

原物业服务人违反前款规定的，不得请求业主支付物业服务合同终止后的物业费；造成业主损失的，应当赔偿损失。

第九百五十条 物业服务合同终止后，在业主或者业主大会选聘的新物业服务人或者决定自行管理的业主接管之前，原物业服务人应当继续处理物业服务事项，并可以请求业主支付该期间的物业费。

第一千一百九十八条 宾馆、商场、银行、车站、机场、体育场馆、娱乐场所等经营场所、公共场所的经营者、管理者或者群众性活动的组织者，未尽到安全保障义务，造成他人损害的，应当承担侵权责任。

因第三人的行为造成他人损害的，由第三人承担侵权责任；经营者、管理者或者组织者未尽到安全保障义务的，承担相应的补充责任。经营者、管理者或者组织者承担补充责任后，可以向第三人追偿。

第一千二百二十九条 因污染环境、破坏生态造成他人损害的，侵权人应当承担侵权责任。

第一千二百五十二条 建筑物、构筑物或者其他设施倒塌、塌陷造成他人损害的，由建设单位与施工单位承担连带责任，但是建设单位与施工单位能够证明不存在质量缺陷的除外。建设单位、施工单位赔偿后，有其他责任人的，有权向其他责任人追偿。

因所有人、管理人、使用人或者第三人的原因，建筑物、构筑物或者其他设施倒塌、塌陷造成他人损害的，由所有人、管理人、使用人或者第三人承担侵权责任。

第一千二百五十三条 建筑物、构筑物或者其他设施及其搁置物、悬挂物发生脱落、坠落造成他人损害，所有人、管理人或者使用人不能证明自己没有过错的，应当承担侵权责任。所有人、管理人或者使用人赔偿后，有其他责任人的，有权向其他责任人追偿。

第一千二百五十四条 禁止从建筑物中抛掷物品。从建筑物中抛掷物品或者从建筑物上坠落的物品造成他人损害的，由侵权人依法承担侵权责任；经调查难以确定具体侵权人的，除能够证明自己不是侵权人的外，由可能加害的建筑物使用人给予补偿。可能加害的建筑物使用人补偿后，有权向侵权人追偿。

物业服务企业等建筑物管理人应当采取必要的安全保障措施防止前款规定情形的发生；未采取必要的安全保障措施的，应当依法承担未履行安全保障义务的侵权责任。

发生本条第一款规定的情形的，公安等机关应当依法及时调查，查清责任人。

第一千二百五十五条 堆放物倒塌、滚落或者滑落造成他人损害，堆放人不能证明自己没有过错的，应当承担侵权责任。

第一千二百五十六条 在公共道路上堆放、倾倒、遗撒妨碍通行的物品造成他人损害的，由行为人承担侵权责任。公共道路管理人不能证明已经尽到清理、防护、警示等义务的，应当承担相应的责任。

第一千二百五十七条 因林木折断、倾倒或者果实坠落等造成他人损害，林木的所有人或者管理人不能证明自己没有过错的，应当承担侵权责任。

第一千二百五十八条 在公共场所或者道路上挖掘、修缮安装地下设施等造成他人损害，施工人不能证明已经设置明显标志和采取安全措施的，应当承担侵权责任。

窨井等地下设施造成他人损害，管理人不能证明尽到管理职责的，应当承担侵权责任。

二、《中华人民共和国劳动法》相关知识

1. 主要内容

《中华人民共和国劳动法》共13章107条，各章依次为总则、促进就业、劳动合同和集体合同、工作时间和休息休假、工资、劳动安全卫生、女职工和未成年工特殊保护、职业培训、社会保险和福利、劳动争议、监督检查、法律责任以及附则。

（1）总则。第一章总则共9条，主要对立法宗旨、适用范围，劳动者权利和义务，用人单位规章制度，国家发展劳动事业，倡导鼓励政策，工会的组织和权利，劳动者参与民主管理和平等协商，劳动行政部门设置等作出了规定。

（2）促进就业。第二章促进就业共6条，主要对国家、地方政府促进就业政策，就业平等原则，男女就业同权，特殊就业群体就业保护，禁止使用童工等作出了规定。

（3）劳动合同和集体合同。第三章劳动合同和集体合同共20条，主要对劳动合同的概念、订立原则，劳动合同的形式和内容、合同期限、保密约定，无效劳动合同，劳动合同的终止，劳动合同的解除、解除补偿、禁止解除情形、劳动者

无条件解除情形，工会对用人单位解除劳动合同的监督权，集体合同签订程序、审查、效力等作出了规定。

（4）工作时间和休息休假。第四章工作时间和休息休假共 10 条，主要对工作时间，其他工时制度，周休日、法定休假节日、年休假制度，延长工作时间等作出了规定。

（5）工资。第五章工资共 6 条，主要对工资分配基本原则，最低工资保障，工资支付形式和禁止性行为，法定休假日等的工资支付等作出了规定。

（6）劳动安全卫生。第六章劳动安全卫生共 6 条，主要对用人单位建立劳动安全卫生制度，劳动安全卫生设施，用人单位劳动保护义务，特种作业劳动者上岗要求，劳动者劳动安全的权利和义务，国家建立伤亡事故和职业病统计报告和处理制度等作出了规定。

（7）女职工和未成年工特殊保护。第七章女职工和未成年工特殊保护共 8 条，主要对女职工和未成年工的特殊劳动保护，女职工禁忌劳动的范围以及经期、孕期、产期、哺乳期保护，未成年工禁忌劳动的范围、定期健康检查等作出了规定。

（8）职业培训。第八章职业培训共 4 条，主要对国家发展职业培训事业，各级政府的职责，用人单位建立职业培训制度，职业资格等作出了规定。

（9）社会保险和福利。第九章社会保险和福利共 7 条，主要对社会保险制度，社会保险水平，社会保险基金统筹，享受社会保险待遇的条件和标准，社会保险基金管理，补充保险和个人储蓄保险，职工福利等作出了规定。

（10）劳动争议。第十章劳动争议共 8 条，主要对劳动争议的解决途径、处理原则，劳动争议的调解、仲裁和诉讼的相互关系，劳动争议的调解，劳动争议仲裁委员会的组成、仲裁程序、仲裁效力，集体合同争议的处理等作出了规定。

（11）监督检查。第十一章监督检查共 4 条，主要对劳动行政部门的监督检查，政府有关部门的监督检查，工会监督、社会监督等作出了规定。

（12）法律责任。第十二章法律责任共 17 条，主要对应当承担的法律责任等作出了规定。

（13）附则。第十三章附则共 2 条，主要对施行时间等作出了规定。

2. 主要条款

第四十一条 用人单位由于生产经营需要，经与工会和劳动者协商后可以延长工作时间，一般每日不得超过一小时；因特殊原因需要延长工作时间的，在保障劳动者身体健康的条件下延长工作时间每日不得超过三小时，但是每月不得超过三十六小时。

第四十二条 有下列情形之一的，延长工作时间不受本法第四十一条规定的限制：

（一）发生自然灾害、事故或者因其他原因，威胁劳动者生命健康和财产安全，需要紧急处理的；

（二）生产设备、交通运输线路、公共设施发生故障，影响生产和公众利益，必须及时抢修的；

（三）法律、行政法规规定的其他情形。

第四十四条 有下列情形之一的，用人单位应当按照下列标准支付高于劳动者正常工作时间工资的工资报酬：

（一）安排劳动者延长工作时间的，支付不低于工资的百分之一百五十的工资报酬；

（二）休息日安排劳动者工作又不能安排补休的，支付不低于工资的百分之二百的工资报酬；

（三）法定休假日安排劳动者工作的，支付不低于工资的百分之三百的工资报酬。

第五十条 工资应当以货币形式按月支付给劳动者本人。不得克扣或者无故拖欠劳动者的工资。

第五十一条 劳动者在法定休假日和婚丧假期间以及依法参加社会活动期间，用人单位应当依法支付工资。

第五十六条 劳动者在劳动过程中必须严格遵守安全操作规程。

劳动者对用人单位管理人员违章指挥、强令冒险作业，有权拒绝执行；对危害生命安全和身体健康的行为，有权提出批评、检举和控告。

第七十七条 用人单位与劳动者发生劳动争议，当事人可以依法申请调解、仲裁、提起诉讼，也可以协商解决。

调解原则适用于仲裁和诉讼程序。

第九十一条 用人单位有下列侵害劳动者合法权益情形之一的，由劳动行政部门责令支付劳动者的工资报酬、经济补偿，并可以责令支付赔偿金：

（一）克扣或者无故拖欠劳动者工资的；

（二）拒不支付劳动者延长工作时间工资报酬的；

（三）低于当地最低工资标准支付劳动者工资的；

（四）解除劳动合同后，未依照本法规定给予劳动者经济补偿的。

第九十六条 用人单位有下列行为之一，由公安机关对责任人员处以十五日以下拘留、罚款或者警告；构成犯罪的，对责任人员依法追究刑事责任：

（一）以暴力、威胁或者非法限制人身自由的手段强迫劳动的；

（二）侮辱、体罚、殴打、非法搜查和拘禁劳动者的。

三、《中华人民共和国劳动合同法》相关知识

1. 主要内容

《中华人民共和国劳动合同法》共8章98条，各章依次为总则、劳动合同的订立、劳动合同的履行和变更、劳动合同的解除和终止、特别规定、监督检查、法律责任以及附则。

（1）总则。第一章总则共6条，主要对立法宗旨，适用范围，订立劳动合同的基本原则、合同效力，用人单位规章制度，协调劳动关系的三方机制，集体协商机制等作出了规定。

（2）劳动合同的订立。第二章劳动合同的订立共22条，主要对劳动关系的建立，用人单位的告知义务和劳动者的说明义务，用人单位的禁止行为，未订立劳动合同且劳动报酬不明确的解决，劳动合同的形式、种类、内容、生效，劳动合同对劳动报酬、劳动条件约定不明确的解决，劳动合同的试用期、试用期解除合同，劳动合同的特殊内容要求，劳动合同无效、部分无效、无效后劳动报酬的支付等作出了规定。

（3）劳动合同的履行和变更。第三章劳动合同的履行和变更共7条，主要对劳动合同的履行，劳动报酬，加班，劳动者拒绝非安全作业，用人单位名称、法定代表人变更，用人单位合并或者分立，劳动合同变更等作出了规定。

（4）劳动合同的解除和终止。第四章劳动合同的解除和终止共15条，主要对劳动合同的解除，无过失性辞退，经济性裁员，用人单位不得解除情形，工会在解除劳动合同中的监督作用，劳动合同终止、逾期终止，经济补偿、经济补偿计算，违法解除或终止的法律后果，社会保险关系跨地区转移接续，劳动合同解除或终止后双方的义务等作出了规定。

（5）特别规定。第五章特别规定共22条，主要对集体合同，劳务派遣，非全日制用工等作出了规定。

（6）监督检查。第六章监督检查共7条，主要对劳动合同制度的监督管理体制，劳动行政部门监督检查事项、监督检查措施和监督检查要求，其他有关主管部门的监督管理，劳动者权利救济途径，工会监督，对违法行为的举报作出了规定。

（7）法律责任。第七章法律责任共16条，主要对应当承担的法律责任等作出了规定。

（8）附则。第八章附则共3条，主要对事业单位聘用制劳动合同的法律适用，过渡性条款，施行时间等作出了规定。

2. 主要条款

第八条 用人单位招用劳动者时，应当如实告知劳动者工作内容、工作条件、工作地点、职业危害、安全生产状况、劳动报酬，以及劳动者要求了解的其他情况；用人单位有权了解劳动者与劳动合同直接相关的基本情况，劳动者应当如实说明。

第十条 建立劳动关系，应当订立书面劳动合同。

已建立劳动关系，未同时订立书面劳动合同的，应当自用工之日起一个月内订立书面劳动合同。

用人单位与劳动者在用工前订立劳动合同的，劳动关系自用工之日起建立。

第十七条 劳动合同应当具备以下条款：

（一）用人单位的名称、住所和法定代表人或者主要负责人；

（二）劳动者的姓名、住址和居民身份证或者其他有效身份证件号码；

（三）劳动合同期限；

（四）工作内容和工作地点；

（五）工作时间和休息休假；

（六）劳动报酬；

（七）社会保险；

（八）劳动保护、劳动条件和职业危害防护；

（九）法律、法规规定应当纳入劳动合同的其他事项。

劳动合同除前款规定的必备条款外，用人单位与劳动者可以约定试用期、培训、保守秘密、补充保险和福利待遇等其他事项。

第三十条　用人单位应当按照劳动合同约定和国家规定，向劳动者及时足额支付劳动报酬。

用人单位拖欠或者未足额支付劳动报酬的，劳动者可以依法向当地人民法院申请支付令，人民法院应当依法发出支付令。

第三十五条　用人单位与劳动者协商一致，可以变更劳动合同约定的内容。变更劳动合同，应当采用书面形式。

变更后的劳动合同文本由用人单位和劳动者各执一份。

第三十七条　劳动者提前三十日以书面形式通知用人单位，可以解除劳动合同。劳动者在试用期内提前三日通知用人单位，可以解除劳动合同。

第三十八条　用人单位有下列情形之一的，劳动者可以解除劳动合同：

（一）未按照劳动合同约定提供劳动保护或者劳动条件的；

（二）未及时足额支付劳动报酬的；

（三）未依法为劳动者缴纳社会保险费的；

（四）用人单位的规章制度违反法律、法规的规定，损害劳动者权益的；

（五）因本法第二十六条第一款规定的情形致使劳动合同无效的；

（六）法律、行政法规规定劳动者可以解除劳动合同的其他情形。

用人单位以暴力、威胁或者非法限制人身自由的手段强迫劳动者劳动的，或者用人单位违章指挥、强令冒险作业危及劳动者人身安全的，劳动者可以立即解除劳动合同，不需事先告知用人单位。

第三十九条　劳动者有下列情形之一的，用人单位可以解除劳动合同：

（一）在试用期间被证明不符合录用条件的；

（二）严重违反用人单位的规章制度的；

（三）严重失职，营私舞弊，给用人单位造成重大损害的；

（四）劳动者同时与其他用人单位建立劳动关系，对完成本单位的工作任务造成严重影响，或者经用人单位提出，拒不改正的；

（五）因本法第二十六条第一款第一项规定的情形致使劳动合同无效的；

（六）被依法追究刑事责任的。

第四十条　有下列情形之一的，用人单位提前三十日以书面形式通知劳动者本人或者额外支付劳动者一个月工资后，可以解除劳动合同：

（一）劳动者患病或者非因工负伤，在规定的医疗期满后不能从事原工作，也不能从事由用人单位另行安排的工作的；

（二）劳动者不能胜任工作，经过培训或者调整工作岗位，仍不能胜任工作的；

（三）劳动合同订立时所依据的客观情况发生重大变化，致使劳动合同无法履行，经用人单位与劳动者协商，未能就变更劳动合同内容达成协议的。

第五十条 用人单位应当在解除或者终止劳动合同时出具解除或者终止劳动合同的证明，并在十五日内为劳动者办理档案和社会保险关系转移手续。

劳动者应当按照双方约定，办理工作交接。用人单位依照本法有关规定应当向劳动者支付经济补偿的，在办结工作交接时支付。

用人单位对已经解除或者终止的劳动合同的文本，至少保存二年备查。

第五十八条 劳务派遣单位是本法所称用人单位，应当履行用人单位对劳动者的义务。劳务派遣单位与被派遣劳动者订立的劳动合同，除应当载明本法第十七条规定的事项外，还应当载明被派遣劳动者的用工单位以及派遣期限、工作岗位等情况。

劳务派遣单位应当与被派遣劳动者订立二年以上的固定期限劳动合同，按月支付劳动报酬；被派遣劳动者在无工作期间，劳务派遣单位应当按照所在地人民政府规定的最低工资标准，向其按月支付报酬。

第八十五条 用人单位有下列情形之一的，由劳动行政部门责令限期支付劳动报酬、加班费或者经济补偿；劳动报酬低于当地最低工资标准的，应当支付其差额部分；逾期不支付的，责令用人单位按应付金额百分之五十以上百分之一百以下的标准向劳动者加付赔偿金：

（一）未按照劳动合同的约定或者国家规定及时足额支付劳动者劳动报酬的；

（二）低于当地最低工资标准支付劳动者工资的；

（三）安排加班不支付加班费的；

（四）解除或者终止劳动合同，未依照本法规定向劳动者支付经济补偿的。

第八十八条 用人单位有下列情形之一的，依法给予行政处罚；构成犯罪的，依法追究刑事责任；给劳动者造成损害的，应当承担赔偿责任：

（一）以暴力、威胁或者非法限制人身自由的手段强迫劳动的；

（二）违章指挥或者强令冒险作业危及劳动者人身安全的；

（三）侮辱、体罚、殴打、非法搜查或者拘禁劳动者的；

（四）劳动条件恶劣、环境污染严重，给劳动者身心健康造成严重损害的。

第九十条 劳动者违反本法规定解除劳动合同，或者违反劳动合同中约定的保密义务或者竞业限制，给用人单位造成损失的，应当承担赔偿责任。

第九十一条 用人单位招用与其他用人单位尚未解除或者终止劳动合同的劳动者，给其他用人单位造成损失的，应当承担连带赔偿责任。

四、《中华人民共和国消防法》相关知识

1. 主要内容

《中华人民共和国消防法》共 7 章 74 条，各章依次为总则、火灾预防、消防组织、灭火救援、监督检查、法律责任以及附则。

（1）总则。第一章总则共 7 条，主要对立法目的，消防工作的方针、原则，各级人民政府的消防工作职责，消防工作监督管理体制，单位、个人的消防义务，全社会消防宣传教育义务，鼓励支持消防事业等作出了规定。

（2）火灾预防。第二章火灾预防共 27 条，主要对消防规划，消防设计、施工、审查验收，公众聚集场所、单位、消防安全重点单位、共用建筑物的消防安全职责，易燃易爆危险品生产经营场所的安全设置要求，大型群众活动的消防安全，消防产品质量与监督，电器产品、燃气产品消防安全要求，保护消防设施、器材与保障消防通道畅通，公共消防设施维护，农村、基层组织及重要防火时期消防工作，火灾公众责任保险，消防安全技术服务的规范等作出了规定。

（3）消防组织。第三章消防组织共 8 条，主要对消防组织建设，应急救援职责，消防救援机构与专职消防队、志愿消防队等消防组织的关系等作出了规定。

（4）灭火救援。第四章灭火救援共 9 条，主要对火灾应急预案、应急反应和处置机制，火灾报警、现场疏散扑救、消防队接警出动，消防救援机构现场扑救指挥，重大灾害事故政府统一指挥领导，消防交通安全，消防设施、器材严禁挪用，扑救火灾、应急救援免收费，医疗抚恤，火灾事故调查等作出了规定。

（5）监督检查。第五章监督检查共 6 条，主要对人民政府的监督检查，消防救援机构的监督检查，消除火灾隐患，重大消防隐患的发现与处理，住建部门和消防救援机构的执法原则，对住建部门和消防救援机构的社会监督等作出了规定。

（6）法律责任。第六章法律责任共 15 条，主要对应当承担的法律责任等作出

了规定。

（7）附则。第七章附则共 2 条，主要对专门用语的含义、消防法生效日期等作出了规定。

2. 主要条款

第二条　消防工作贯彻预防为主、防消结合的方针，按照政府统一领导、部门依法监管、单位全面负责、公民积极参与的原则，实行消防安全责任制，建立健全社会化的消防工作网络。

第五条　任何单位和个人都有维护消防安全、保护消防设施、预防火灾、报告火警的义务。任何单位和成年人都有参加有组织的灭火工作的义务。

第十八条　同一建筑物由两个以上单位管理或者使用的，应当明确各方的消防安全责任，并确定责任人对共用的疏散通道、安全出口、建筑消防设施和消防车通道进行统一管理。

住宅区的物业服务企业应当对管理区域内的共用消防设施进行维护管理，提供消防安全防范服务。

第二十条　举办大型群众性活动，承办人应当依法向公安机关申请安全许可，制定灭火和应急疏散预案并组织演练，明确消防安全责任分工，确定消防安全管理人员，保持消防设施和消防器材配置齐全、完好有效，保证疏散通道、安全出口、疏散指示标志、应急照明和消防车通道符合消防技术标准和管理规定。

第二十一条　禁止在具有火灾、爆炸危险的场所吸烟、使用明火。因施工等特殊情况需要使用明火作业的，应当按照规定事先办理审批手续，采取相应的消防安全措施；作业人员应当遵守消防安全规定。

进行电焊、气焊等具有火灾危险作业的人员和自动消防系统的操作人员，必须持证上岗，并遵守消防安全操作规程。

第二十六条　建筑构件、建筑材料和室内装修、装饰材料的防火性能必须符合国家标准；没有国家标准的，必须符合行业标准。

人员密集场所室内装修、装饰，应当按照消防技术标准的要求，使用不燃、难燃材料。

第二十八条　任何单位、个人不得损坏、挪用或者擅自拆除、停用消防设施、器材，不得埋压、圈占、遮挡消火栓或者占用防火间距，不得占用、堵塞、封闭疏散通道、安全出口、消防车通道。人员密集场所的门窗不得设置影响逃生和灭火救援的障碍物。

第四十四条 任何人发现火灾都应当立即报警。任何单位、个人都应当无偿为报警提供便利，不得阻拦报警。严禁谎报火警。

人员密集场所发生火灾，该场所的现场工作人员应当立即组织、引导在场人员疏散。

任何单位发生火灾，必须立即组织力量扑救。邻近单位应当给予支援。

消防队接到火警，必须立即赶赴火灾现场，救助遇险人员，排除险情，扑灭火灾。

第五十一条 消防救援机构有权根据需要封闭火灾现场，负责调查火灾原因，统计火灾损失。

火灾扑灭后，发生火灾的单位和相关人员应当按照消防救援机构的要求保护现场，接受事故调查，如实提供与火灾有关的情况。

消防救援机构根据火灾现场勘验、调查情况和有关的检验、鉴定意见，及时制作火灾事故认定书，作为处理火灾事故的证据。

第五十四条 消防救援机构在消防监督检查中发现火灾隐患的，应当通知有关单位或者个人立即采取措施消除隐患；不及时消除隐患可能严重威胁公共安全的，消防救援机构应当依照规定对危险部位或者场所采取临时查封措施。

第六十二条 有下列行为之一的，依照《中华人民共和国治安管理处罚法》的规定处罚：

（一）违反有关消防技术标准和管理规定生产、储存、运输、销售、使用、销毁易燃易爆危险品的；

（二）非法携带易燃易爆危险品进入公共场所或者乘坐公共交通工具的；

（三）谎报火警的；

（四）阻碍消防车、消防艇执行任务的；

（五）阻碍消防救援机构的工作人员依法执行职务的。

第六十四条 违反本法规定，有下列行为之一，尚不构成犯罪的，处十日以上十五日以下拘留，可以并处五百元以下罚款；情节较轻的，处警告或者五百元以下罚款：

（一）指使或者强令他人违反消防安全规定，冒险作业的；

（二）过失引起火灾的；

（三）在火灾发生后阻拦报警，或者负有报告职责的人员不及时报警的；

（四）扰乱火灾现场秩序，或者拒不执行火灾现场指挥员指挥，影响灭火救援的；

（五）故意破坏或者伪造火灾现场的；

（六）擅自拆封或者使用被消防救援机构查封的场所、部位的。

五、《中华人民共和国特种设备安全法》相关知识

1. 主要内容

《中华人民共和国特种设备安全法》共 7 章 101 条，各章依次为总则，生产、经营、使用，检验、检测，监督管理，事故应急救援与调查处理，法律责任，附则。

（1）总则。第一章总则共 12 条，主要对立法宗旨、适用范围，特种设备定义及其目录的制定，特种设备安全工作的原则，特种设备生产、经营、使用环节安全监督管理体制，各级政府在特种设备安全工作中的职责，特种设备生产、经营、使用单位义务，特种设备安全技术规范的制定部门，行业协会的作用，国家支持鼓励先进技术、先进管理方法的研究和推广应用，特种设备安全的举报和处理等作出了规定。

（2）生产、经营、使用。第二章生产、经营、使用共 4 节 37 条，主要对生产单位、经营单位、使用单位应履行的义务，特种设备出厂文件，特种设备制造、安装监督检验要求，特种设备销售单位及出租单位应履行的义务，进出口特种设备的要求，特种设备的使用单位办理使用登记、建立设备使用档案、做好日常维护保养、进行定期检验、消除事故隐患的要求，特种设备安全管理人员及作业人员的相关要求，电梯的维护保养单位应当履行的义务，锅炉水（介）质处理的相关要求，特种设备报废等作出了规定。

（3）检验、检测。第三章检验、检测共 7 条，主要对检验、检测工作的性质、作用，机构核准要求和条件，机构人员资格要求，工作应当遵循的规定等作出了规定。

（4）监督管理。第四章监督管理共 12 条，主要对特种设备安全监督管理的重点场所，特种设备安全监督管理部门的权利义务、工作要求等作出了规定。

（5）事故应急救援与调查处理。第五章事故应急救援与调查处理共 5 条，主

要对制定特种设备事故应急预案，发生事故的应急救援，报告及调查处理等作出了规定。

（6）法律责任。第六章法律责任共 25 条，主要对应当承担的法律责任等作出了规定。

（7）附则。第七章附则共 3 条，主要对特种设备行政许可、检验收费，不属于本法调整范围和既受本法又受其他有关法律调整的内容，本法生效日期等作出了规定。

2. 主要条款

第三条 特种设备安全工作应当坚持安全第一、预防为主、节能环保、综合治理的原则。

第十五条 特种设备生产、经营、使用单位对其生产、经营、使用的特种设备应当进行自行检测和维护保养，对国家规定实行检验的特种设备应当及时申报并接受检验。

第二十二条 电梯的安装、改造、修理，必须由电梯制造单位或者其委托的依照本法取得相应许可的单位进行。电梯制造单位委托其他单位进行电梯安装、改造、修理的，应当对其安装、改造、修理进行安全指导和监控，并按照安全技术规范的要求进行校验和调试。电梯制造单位对电梯安全性能负责。

第二十五条 锅炉、压力容器、压力管道元件等特种设备的制造过程和锅炉、压力容器、压力管道、电梯、起重机械、客运索道、大型游乐设施的安装、改造、重大修理过程，应当经特种设备检验机构按照安全技术规范的要求进行监督检验；未经监督检验或者监督检验不合格的，不得出厂或者交付使用。

第三十二条 特种设备使用单位应当使用取得许可生产并经检验合格的特种设备。

禁止使用国家明令淘汰和已经报废的特种设备。

第三十三条 特种设备使用单位应当在特种设备投入使用前或者投入使用后三十日内，向负责特种设备安全监督管理的部门办理使用登记，取得使用登记证书。登记标志应当置于该特种设备的显著位置。

第三十五条 特种设备使用单位应当建立特种设备安全技术档案。安全技术档案应当包括以下内容：

（一）特种设备的设计文件、产品质量合格证明、安装及使用维护保养说明、监督检验证明等相关技术资料和文件；

（二）特种设备的定期检验和定期自行检查记录；

（三）特种设备的日常使用状况记录；

（四）特种设备及其附属仪器仪表的维护保养记录；

（五）特种设备的运行故障和事故记录。

第三十九条　特种设备使用单位应当对其使用的特种设备进行经常性维护保养和定期自行检查，并作出记录。

特种设备使用单位应当对其使用的特种设备的安全附件、安全保护装置进行定期校验、检修，并作出记录。

第四十条　特种设备使用单位应当按照安全技术规范的要求，在检验合格有效期届满前一个月向特种设备检验机构提出定期检验要求。

特种设备检验机构接到定期检验要求后，应当按照安全技术规范的要求及时进行安全性能检验。特种设备使用单位应当将定期检验标志置于该特种设备的显著位置。

未经定期检验或者检验不合格的特种设备，不得继续使用。

第四十二条　特种设备出现故障或者发生异常情况，特种设备使用单位应当对其进行全面检查，消除事故隐患，方可继续使用。

第四十五条　电梯的维护保养应当由电梯制造单位或者依照本法取得许可的安装、改造、修理单位进行。

电梯的维护保养单位应当在维护保养中严格执行安全技术规范的要求，保证其维护保养的电梯的安全性能，并负责落实现场安全防护措施，保证施工安全。

电梯的维护保养单位应当对其维护保养的电梯的安全性能负责；接到故障通知后，应当立即赶赴现场，并采取必要的应急救援措施。

第四十八条　特种设备存在严重事故隐患，无改造、修理价值，或者达到安全技术规范规定的其他报废条件的，特种设备使用单位应当依法履行报废义务，采取必要措施消除该特种设备的使用功能，并向原登记的负责特种设备安全监督管理的部门办理使用登记证书注销手续。

前款规定报废条件以外的特种设备，达到设计使用年限可以继续使用的，应当按照安全技术规范的要求通过检验或者安全评估，并办理使用登记证书变更，方可继续使用。允许继续使用的，应当采取加强检验、检测和维护保养等措施，确保使用安全。

第七十条 特种设备发生事故后，事故发生单位应当按照应急预案采取措施，组织抢救，防止事故扩大，减少人员伤亡和财产损失，保护事故现场和有关证据，并及时向事故发生地县级以上人民政府负责特种设备安全监督管理的部门和有关部门报告。

县级以上人民政府负责特种设备安全监督管理的部门接到事故报告，应当尽快核实情况，立即向本级人民政府报告，并按照规定逐级上报。必要时，负责特种设备安全监督管理的部门可以越级上报事故情况。对特别重大事故、重大事故，国务院负责特种设备安全监督管理的部门应当立即报告国务院并通报国务院安全生产监督管理部门等有关部门。

与事故相关的单位和人员不得迟报、谎报或者瞒报事故情况，不得隐匿、毁灭有关证据或者故意破坏事故现场。

第九十条 发生事故，对负有责任的单位除要求其依法承担相应的赔偿等责任外，依照下列规定处以罚款：

（一）发生一般事故，处十万元以上二十万元以下罚款；

（二）发生较大事故，处二十万元以上五十万元以下罚款；

（三）发生重大事故，处五十万元以上二百万元以下罚款。

第九十一条 对事故发生负有责任的单位的主要负责人未依法履行职责或者负有领导责任的，依照下列规定处以罚款；属于国家工作人员的，并依法给予处分：

（一）发生一般事故，处上一年年收入百分之三十的罚款；

（二）发生较大事故，处上一年年收入百分之四十的罚款；

（三）发生重大事故，处上一年年收入百分之六十的罚款。

第九十二条 违反本法规定，特种设备安全管理人员、检测人员和作业人员不履行岗位职责，违反操作规程和有关安全规章制度，造成事故的，吊销相关人员的资格。

第九十五条 违反本法规定，特种设备生产、经营、使用单位或者检验、检测机构拒不接受负责特种设备安全监督管理的部门依法实施的监督检查的，责令限期改正；逾期未改正的，责令停产停业整顿，处二万元以上二十万元以下罚款。

特种设备生产、经营、使用单位擅自动用、调换、转移、损毁被查封、扣押的特种设备或者其主要部件的，责令改正，处五万元以上二十万元以下罚款；情节严重的，吊销生产许可证，注销特种设备使用登记证书。

第九十七条 违反本法规定，造成人身、财产损害的，依法承担民事责任。

违反本法规定，应当承担民事赔偿责任和缴纳罚款、罚金，其财产不足以同时支付时，先承担民事赔偿责任。

六、《中华人民共和国安全生产法》相关知识

1. 主要内容

《中华人民共和国安全生产法》共7章119条，各章依次为总则、生产经营单位的安全生产保障、从业人员的安全生产权利义务、安全生产的监督管理、生产安全事故的应急救援与调查处理、法律责任以及附则。

（1）总则。第一章总则共19条，主要对本法的立法目的、适用范围、调整事项、原则和机制，生产经营单位安全生产基本义务、负责人和从业人员责任，各级人民政府、工会、协会组织的安全生产职责，安全生产规划和风险评估论证机制，安全生产监督管理体制，安全生产国家标准、行业标准的制定和执行，加强安全生产宣传教育，安全生产服务机构及委托责任，生产安全事故责任追究制度，编制安全生产权力和责任清单，国家安全生产方面鼓励、支持、奖励政策等作出了规定。

（2）生产经营单位的安全生产保障。第二章生产经营单位的安全生产保障共32条，主要对生产经营单位应当具备安全生产条件与资金投入、安全生产责任制、主要负责人职责与要求、机构设置和管理人员配备要求、劳动防护用品、特种作业人员从业资格、危险作业的现场安全管理、安全设备管理、重大危险源管理、安全警示标志设置、安全风险管控及事故隐患排查治理、矿山、金属冶炼建设项目等特殊建设项目的安全评价、安全设施设计、安全设施的施工和竣工验收及其监督检查，危险物品生产、储存、运输、废弃处置以及部分特种设备生产、检验检测的特殊管理，安全生产管理人员的安全检查和报告义务，生产经营场所、员工宿舍以及生产经营项目、场所、设备发包或者出租的安全管理要求与责任，工伤社会保险和安全生产责任险等作出了规定。

（3）从业人员的安全生产权利义务。第三章从业人员的安全生产权利义务共10条，主要对劳动合同的劳动安全必备事项以及禁止订立非法协议，从业人员知

情权、建议权和拒绝违章指挥或者强令冒险作业、紧急处置与自我保护、保险和民事索赔等权利以及落实岗位安全责任、接受安全生产教育和培训、使用劳动防护用品、事故隐患报告等义务，被派遣劳动者的权利义务，生产经营单位的及时救治义务，工会安全生产工作职责等作出了规定。

（4）安全生产的监督管理。第四章安全生产的监督管理共17条，主要对各级政府以及应急管理部门有关职责，安全生产监督管理职能部门和检查人员监督管理职责、执法准则，有关部门和机构开展联合惩戒和违法失信公开，承担安全评价、认证、检测、检验职责的机构具备的资格条件及其责任，存在重大事故隐患的生产经营单位强制停止生产经营活动，居民委员会、村民委员会安全生产方面报告义务，媒体安全生产舆论监督权、公益宣传教育义务等作出了规定。

（5）生产安全事故的应急救援与调查处理。第五章生产安全事故的应急救援与调查处理共11条，主要对国家加强生产安全事故救援能力和信息化水平建设，地方各级人民政府组织制定生产安全事故应急救援预案、建立应急救援体系职责，安全生产监督管理部门对生产安全事故的报告职责，生产经营单位制定生产安全事故应急救援预案与定期演练、生产安全事故报告和组织抢救，高危行业生产经营单位应急救援义务，事故调查基本原则、主要任务和相关要求等作出了规定。

（6）法律责任。第六章法律责任共27条，主要对应当承担的法律责任等作出了规定。

（7）附则。第七章附则共3条，主要对危险物品、重大危险源的定义，事故分类标准、重大危险源辨识标准和重大事故隐患判定标准，本法生效日期等作出了规定。

2. 主要条款

第五条 生产经营单位的主要负责人是本单位安全生产第一责任人，对本单位的安全生产工作全面负责。其他负责人对职责范围内的安全生产工作负责。

第六条 生产经营单位的从业人员有依法获得安全生产保障的权利，并应当依法履行安全生产方面的义务。

第三十条 生产经营单位的特种作业人员必须按照国家有关规定经专门的安全作业培训，取得相应资格，方可上岗作业。

特种作业人员的范围由国务院应急管理部门会同国务院有关部门确定。

第三十五条 生产经营单位应当在有较大危险因素的生产经营场所和有关设

施、设备上，设置明显的安全警示标志。

第三十六条 安全设备的设计、制造、安装、使用、检测、维修、改造和报废，应当符合国家标准或者行业标准。

生产经营单位必须对安全设备进行经常性维护、保养，并定期检测，保证正常运转。维护、保养、检测应当作好记录，并由有关人员签字。

生产经营单位不得关闭、破坏直接关系生产安全的监控、报警、防护、救生设备、设施，或者篡改、隐瞒、销毁其相关数据、信息。

餐饮等行业的生产经营单位使用燃气的，应当安装可燃气体报警装置，并保障其正常使用。

第四十三条 生产经营单位进行爆破、吊装、动火、临时用电以及国务院应急管理部门会同国务院有关部门规定的其他危险作业，应当安排专门人员进行现场安全管理，确保操作规程的遵守和安全措施的落实。

第四十五条 生产经营单位必须为从业人员提供符合国家标准或者行业标准的劳动防护用品，并监督、教育从业人员按照使用规则佩戴、使用。

第五十三条 生产经营单位的从业人员有权了解其作业场所和工作岗位存在的危险因素、防范措施及事故应急措施，有权对本单位的安全生产工作提出建议。

第五十四条 从业人员有权对本单位安全生产工作中存在的问题提出批评、检举、控告；有权拒绝违章指挥和强令冒险作业。

生产经营单位不得因从业人员对本单位安全生产工作提出批评、检举、控告或者拒绝违章指挥、强令冒险作业而降低其工资、福利等待遇或者解除与其订立的劳动合同。

第五十五条 从业人员发现直接危及人身安全的紧急情况时，有权停止作业或者在采取可能的应急措施后撤离作业场所。

生产经营单位不得因从业人员在前款紧急情况下停止作业或者采取紧急撤离措施而降低其工资、福利等待遇或者解除与其订立的劳动合同。

第五十七条 从业人员在作业过程中，应当严格落实岗位安全责任，遵守本单位的安全生产规章制度和操作规程，服从管理，正确佩戴和使用劳动防护用品。

第五十八条 从业人员应当接受安全生产教育和培训，掌握本职工作所需的安全生产知识，提高安全生产技能，增强事故预防和应急处理能力。

第五十九条 从业人员发现事故隐患或者其他不安全因素，应当立即向现场安全生产管理人员或者本单位负责人报告；接到报告的人员应当及时予以处理。

第八十一条 生产经营单位应当制定本单位生产安全事故应急救援预案，与所在地县级以上地方人民政府组织制定的生产安全事故应急救援预案相衔接，并定期组织演练。

第八十三条 生产经营单位发生生产安全事故后，事故现场有关人员应当立即报告本单位负责人。

单位负责人接到事故报告后，应当迅速采取有效措施，组织抢救，防止事故扩大，减少人员伤亡和财产损失，并按照国家有关规定立即如实报告当地负有安全生产监督管理职责的部门，不得隐瞒不报、谎报或者迟报，不得故意破坏事故现场、毁灭有关证据。

培训项目 2

物业管理相关行政法规知识

行政法规是由国家最高行政机关国务院根据宪法和法律制定的有关国家行政管理活动的规范性文件，包括条例、规定、办法三种形式。

行政法规的法律地位、法律效力低于宪法和法律，是制定国家部门规章、地方性法规和其他规范性文件的依据。

目前，在物业管理活动中应用性较强的行政法规有《物业管理条例》《保安服务管理条例》《城市绿化条例》《城市市容和环境卫生管理条例》《城市房地产开发经营管理条例》《建设工程质量管理条例》。

一、《物业管理条例》相关知识

1. 主要内容

《物业管理条例》共 7 章 67 条，各章依次为总则、业主及业主大会、前期物业管理、物业管理服务、物业的使用与维护、法律责任以及附则。

（1）总则。第一章总则共 5 条，对立法目的、调整对象和适用范围、倡导原则和行政管理体制等作出了规定。

（2）业主及业主大会。第二章业主及业主大会共 15 条，对业主的概念、权利与义务，业主大会的组成、宗旨、成立条件、职责、会议制度、议事规则，业主委员会的性质、职责与组成，管理规约的内容、法律效力，业主大会、业主委员会与居民委员会的关系等作出了规定。

（3）前期物业管理。第三章前期物业管理共 11 条，对前期物业服务合同、临时管理规约、前期物业管理招标投标、物业承接查验、物业资料的移交、物业管理用房、物业的保修责任等作出了规定。

（4）物业管理服务。第四章物业管理服务共17条，对物业服务企业独立法人资格、行业诚信管理，单个物业管理区域中物业管理企业的唯一性，物业服务合同的订立、形式与内容，物业服务企业履行合同、合同违约法律责任，物业服务企业承接验收，物业管理用房的权属和用途，物业服务合同终止时物业服务企业返还及交接，物业服务企业转委托，物业服务收费基本原则、物业服务费用义务人、收费监督，物业服务合同约定以外的服务、物业服务企业代收费用，物业服务企业对违法违规行为的制止义务、报告义务和安全防范义务，物业使用人的权利义务约定与业主连带责任，物业投诉处理制度等作出了规定。

（5）物业的使用与维护。第五章物业的使用与维护共7条，对改变公共建筑及共用设施的程序，占用、挖掘物业管理区域内道路、场地，管线等公用事业设施维护责任，房屋装修时业主及物业服务企业的告知义务，建立住房专项维修资金制度，利用物业共用部位、共用设施设备经营与收益用途，责任人对存在安全隐患物业的维修养护义务等作出了规定。

（6）法律责任。第六章法律责任共11条，对违反本条例规定应当承担的法律责任等作出了规定。

（7）附则。第七章附则共1条，对本条例生效日期作出了规定。

2．主要条款

第二条 本条例所称物业管理，是指业主通过选聘物业服务企业，由业主和物业服务企业按照物业服务合同约定，对房屋及配套的设施设备和相关场地进行维修、养护、管理，维护物业管理区域内的环境卫生和相关秩序的活动。

第二十一条 在业主、业主大会选聘物业服务企业之前，建设单位选聘物业服务企业的，应当签订书面的前期物业服务合同。

第二十八条 物业服务企业承接物业时，应当对物业共用部位、共用设施设备进行查验。

第二十九条 在办理物业承接验收手续时，建设单位应当向物业服务企业移交下列资料：

（一）竣工总平面图，单体建筑、结构、设备竣工图，配套设施、地下管网工程竣工图等竣工验收资料；

（二）设施设备的安装、使用和维护保养等技术资料；

（三）物业质量保修文件和物业使用说明文件；

（四）物业管理所必需的其他资料。

物业服务企业应当在前期物业服务合同终止时将上述资料移交给业主委员会。

第三十二条 从事物业管理活动的企业应当具有独立的法人资格。

国务院建设行政主管部门应当会同有关部门建立守信联合激励和失信联合惩戒机制，加强行业诚信管理。

第三十三条 一个物业管理区域由一个物业服务企业实施物业管理。

第三十四条 业主委员会应当与业主大会选聘的物业服务企业订立书面的物业服务合同。

物业服务合同应当对物业管理事项、服务质量、服务费用、双方的权利义务、专项维修资金的管理与使用、物业管理用房、合同期限、违约责任等内容进行约定。

第三十五条 物业服务企业应当按照物业服务合同的约定，提供相应的服务。

物业服务企业未能履行物业服务合同的约定，导致业主人身、财产安全受到损害的，应当依法承担相应的法律责任。

第三十六条 物业服务企业承接物业时，应当与业主委员会办理物业验收手续。

业主委员会应当向物业服务企业移交本条例第二十九条第一款规定的资料。

第三十七条 物业管理用房的所有权依法属于业主。未经业主大会同意，物业服务企业不得改变物业管理用房的用途。

第三十八条 物业服务合同终止时，物业服务企业应当将物业管理用房和本条例第二十九条第一款规定的资料交还给业主委员会。

物业服务合同终止时，业主大会选聘了新的物业服务企业的，物业服务企业之间应当做好交接工作。

第三十九条 物业服务企业可以将物业管理区域内的专项服务业务委托给专业性服务企业，但不得将该区域内的全部物业管理一并委托给他人。

第四十五条 对物业管理区域内违反有关治安、环保、物业装饰装修和使用等方面法律、法规规定的行为，物业服务企业应当制止，并及时向有关行政管理部门报告。

有关行政管理部门在接到物业服务企业的报告后，应当依法对违法行为予以制止或者依法处理。

第四十六条 物业服务企业应当协助做好物业管理区域内的安全防范工作。发生安全事故时，物业服务企业在采取应急措施的同时，应当及时向有关行政管理部门报告，协助做好救助工作。

物业服务企业雇请保安人员的，应当遵守国家有关规定。保安人员在维护物业管理区域内的公共秩序时，应当履行职责，不得侵害公民的合法权益。

第四十九条 物业管理区域内按照规划建设的公共建筑和共用设施，不得改变用途。

业主依法确需改变公共建筑和共用设施用途的，应当在依法办理有关手续后告知物业服务企业；物业服务企业确需改变公共建筑和共用设施用途的，应当提请业主大会讨论决定同意后，由业主依法办理有关手续。

第五十条 业主、物业服务企业不得擅自占用、挖掘物业管理区域内的道路、场地，损害业主的共同利益。

因维修物业或者公共利益，业主确需临时占用、挖掘道路、场地的，应当征得业主委员会和物业服务企业的同意；物业服务企业确需临时占用、挖掘道路、场地的，应当征得业主委员会的同意。

业主、物业服务企业应当将临时占用、挖掘的道路、场地，在约定期限内恢复原状。

第五十一条 供水、供电、供气、供热、通信、有线电视等单位，应当依法承担物业管理区域内相关管线和设施设备维修、养护的责任。

前款规定的单位因维修、养护等需要，临时占用、挖掘道路、场地的，应当及时恢复原状。

第五十二条 业主需要装饰装修房屋的，应当事先告知物业服务企业。

物业服务企业应当将房屋装饰装修中的禁止行为和注意事项告知业主。

第五十四条 利用物业共用部位、共用设施设备进行经营的，应当在征得相关业主、业主大会、物业服务企业的同意后，按照规定办理有关手续。业主所得收益应当主要用于补充专项维修资金，也可以按照业主大会的决定使用。

第五十五条 物业存在安全隐患，危及公共利益及他人合法权益时，责任人应当及时维修养护，有关业主应当给予配合。

责任人不履行维修养护义务的，经业主大会同意，可以由物业服务企业维修养护，费用由责任人承担。

二、《保安服务管理条例》相关知识

1. 主要内容

《保安服务管理条例》共9章52条,各章依次为总则、保安服务公司、自行招用保安员的单位、保安员、保安服务、保安培训单位、监督管理、法律责任以及附则。

(1) 总则。第一章总则共7条,对立法目的、保安服务含义与适用范围、保安服务活动监督管理体制和保安服务行业协会开展行业自律活动、保安从业单位制度建设以及保安员素质建设、保安从业单位依法保障保安员合法权益、保安服务活动的基本原则以及保安员合法从业活动受法律保护、对保安从业单位和保安员进行表彰和奖励等作出了规定。

(2) 保安服务公司。第二章保安服务公司共5条,对保安服务公司的设立条件和程序、申请设立从事武装守护押运服务的保安服务公司的条件和程序、保安服务公司的工商登记等作出了规定。

(3) 自行招用保安员的单位。第三章自行招用保安员的单位共3条,对自行招用保安员的单位的资格以及娱乐场所招用保安员、自行招用保安员的单位备案制度、自行招用保安员的单位的禁止服务范围等作出了规定。

(4) 保安员。第四章保安员共5条,对颁发保安员证,保安员入职禁止条件,保安员招录、待遇和培训、管理、从业保障措施等作出了规定。

(5) 保安服务。第五章保安服务共11条,对保安服务合同、治安保卫重点单位聘请保安服务公司的特殊规定,保安服务公司跨省经营备案,保安服务公司提供保安服务的各方义务,技术防范产品及保护影像资料和报警记录,保安从业单位保密义务和禁止行为,保安员服装及保安服务标志、装备配备、工作措施、禁止行为、拒绝执行违法指令等作出了规定。

(6) 保安培训单位。第六章保安培训单位共4条,对保安培训单位应当具备的条件、从事保安培训申请程序、枪支使用培训工作、保安员培训内容等作出了规定。

(7) 监督管理。第七章监督管理共5条,对公安机关监督管理责任,信息化建设和公安机关保密义务,监督检查具体工作制度,社会监督,设立、经营保安服务公司主体资格限制等作出了规定。

（8）法律责任。第八章法律责任共9条，对违反本条例规定应当承担的法律责任等作出了规定。

（9）附则。第九章附则共3条，对规范证件式样的授权，保安从业单位、保安员管理新旧制度衔接，本条例施行日期等作出了规定。

2. 主要条款

第二条 本条例所称保安服务是指：

（一）保安服务公司根据保安服务合同，派出保安员为客户单位提供的门卫、巡逻、守护、押运、随身护卫、安全检查以及安全技术防范、安全风险评估等服务；

（二）机关、团体、企业、事业单位招用人员从事的本单位门卫、巡逻、守护等安全防范工作；

（三）物业服务企业招用人员在物业管理区域内开展的门卫、巡逻、秩序维护等服务。

前款第（二）项、第（三）项中的机关、团体、企业、事业单位和物业服务企业，统称自行招用保安员的单位。

第六条 保安服务活动应当文明、合法，不得损害社会公共利益或者侵犯他人合法权益。

保安员依法从事保安服务活动，受法律保护。

第十五条 自行招用保安员的单位不得在本单位以外或者物业管理区域以外提供保安服务。

第十六条 年满18周岁，身体健康，品行良好，具有初中以上学历的中国公民可以申领保安员证，从事保安服务工作。申请人经设区的市级人民政府公安机关考试、审查合格并留存指纹等人体生物信息的，发给保安员证。

提取、留存保安员指纹等人体生物信息的具体办法，由国务院公安部门规定。

第十七条 有下列情形之一的，不得担任保安员：

（一）曾被收容教育、强制隔离戒毒、劳动教养或者3次以上行政拘留的；

（二）曾因故意犯罪被刑事处罚的；

（三）被吊销保安员证未满3年的；

（四）曾两次被吊销保安员证的。

第十八条 保安从业单位应当招用符合保安员条件的人员担任保安员，并与被招用的保安员依法签订劳动合同。保安从业单位及其保安员应当依法参加社会保险。

保安从业单位应当根据保安服务岗位需要定期对保安员进行法律、保安专业知识和技能培训。

第二十条 保安从业单位应当根据保安服务岗位的风险程度为保安员投保意外伤害保险。

保安员因工伤亡的，依照国家有关工伤保险的规定享受工伤保险待遇；保安员牺牲被批准为烈士的，依照国家有关烈士褒扬的规定享受抚恤优待。

第二十五条 保安服务中使用的技术防范产品，应当符合有关的产品质量要求。保安服务中安装监控设备应当遵守国家有关技术规范，使用监控设备不得侵犯他人合法权益或者个人隐私。

保安服务中形成的监控影像资料、报警记录，应当至少留存30日备查，保安从业单位和客户单位不得删改或者扩散。

第二十六条 保安从业单位对保安服务中获知的国家秘密、商业秘密以及客户单位明确要求保密的信息，应当予以保密。

保安从业单位不得指使、纵容保安员阻碍依法执行公务、参与追索债务、采用暴力或者以暴力相威胁的手段处置纠纷。

第二十九条 在保安服务中，为履行保安服务职责，保安员可以采取下列措施：

（一）查验出入服务区域的人员的证件，登记出入的车辆和物品；

（二）在服务区域内进行巡逻、守护、安全检查、报警监控；

（三）在机场、车站、码头等公共场所对人员及其所携带的物品进行安全检查，维护公共秩序；

（四）执行武装守护押运任务，可以根据任务需要设立临时隔离区，但应当尽可能减少对公民正常活动的妨碍。

保安员应当及时制止发生在服务区域内的违法犯罪行为，对制止无效的违法犯罪行为应当立即报警，同时采取措施保护现场。

从事武装守护押运服务的保安员执行武装守护押运任务使用枪支，依照《专职守护押运人员枪支使用管理条例》的规定执行。

第三十条 保安员不得有下列行为：

（一）限制他人人身自由、搜查他人身体或者侮辱、殴打他人；

（二）扣押、没收他人证件、财物；

（三）阻碍依法执行公务；

（四）参与追索债务、采用暴力或者以暴力相威胁的手段处置纠纷；

（五）删改或者扩散保安服务中形成的监控影像资料、报警记录；

（六）侵犯个人隐私或者泄露在保安服务中获知的国家秘密、商业秘密以及客户单位明确要求保密的信息；

（七）违反法律、行政法规的其他行为。

第三十一条 保安员有权拒绝执行保安从业单位或者客户单位的违法指令。保安从业单位不得因保安员不执行违法指令而解除与保安员的劳动合同，降低其劳动报酬和其他待遇，或者停缴、少缴依法应当为其缴纳的社会保险费。

培训项目 3
物业管理相关部门规章知识

部门规章是由国务院所属各部委在部门权限内根据法律和行政法规制定和发布的规范性文件，又称为部门行政规章。部门规章的地位低于宪法、法律、行政法规，不得与它们相抵触，其主要形式是令、指示、规定、办法等。

目前，在物业管理活动中应用性及相关性较强的部门规章主要有《前期物业管理招标投标管理暂行办法》《物业承接查验办法》《房屋建筑工程质量保修办法》《物业服务收费管理办法》《物业服务定价成本监审办法（试行）》《物业服务收费明码标价规定》《住宅专项维修资金管理办法》《业主大会和业主委员会指导规则》《住宅室内装饰装修管理办法》《城市危险房屋管理规定》《高层民用建筑消防安全管理规定》《城市绿化规划建设指标的规定》《城市生活垃圾管理办法》《房屋修缮工程施工管理规定》。

一、《前期物业管理招标投标管理暂行办法》相关知识

1. 主要内容

《前期物业管理招标投标管理暂行办法》共 5 章 44 条，各章依次为总则，招标，投标，开标、评标和中标，附则。

《前期物业管理招标投标管理暂行办法》的主要内容包括制定目的、前期物业管理的定义、适用范围、招标基本要求、招标投标原则、招标投标监督管理机制、招标投标禁止行为、招标人与招标人禁止行为、招标方式和招标实施方式、招标文件、招标备案、投标人资格预审、招标人行为规范、招标时限、投标人与投标人资格、投标人行为规范、投标人禁止行为、开标规范、评标委员会组成与行为规范、评标专家库、评标要求、确定中标人、中标人与招标人中标行为规范、投

标人和其他利害关系人投诉、招标文件与投标文件的文字规范、住宅规模较小的标准等。

2. 主要条款

第二条 前期物业管理，是指在业主、业主大会选聘物业管理企业之前，由建设单位选聘物业管理企业实施的物业管理。

建设单位通过招投标的方式选聘具有相应资质的物业管理企业和行政主管部门对物业管理招投标活动实施监督管理，适用本办法。

第三条 住宅及同一物业管理区域内非住宅的建设单位，应当通过招投标的方式选聘具有相应资质的物业管理企业；投标人少于3个或者住宅规模较小的，经物业所在地的区、县人民政府房地产行政主管部门批准，可以采用协议方式选聘具有相应资质的物业管理企业。

国家提倡其他物业的建设单位通过招投标的方式，选聘具有相应资质的物业管理企业。

第四条 前期物业管理招标投标应当遵循公开、公平、公正和诚实信用的原则。

第六条 任何单位和个人不得违反法律、行政法规规定，限制或者排斥具备投标资格的物业管理企业参加投标，不得以任何方式非法干涉物业管理招标投标活动。

第七条 本办法所称招标人是指依法进行前期物业管理招标的物业建设单位。

前期物业管理招标由招标人依法组织实施。招标人不得以不合理条件限制或者排斥潜在投标人，不得对潜在投标人实行歧视待遇，不得对潜在投标人提出与招标物业管理项目实际要求不符的过高的资格等要求。

第十七条 招标人不得向他人透露已获取招标文件的潜在投标人的名称、数量以及可能影响公平竞争的有关招标投标的其他情况。

招标人设有标底的，标底必须保密。

第十八条 在确定中标人前，招标人不得与投标人就投标价格、投标方案等实质内容进行谈判。

第二十条 本办法所称投标人是指响应前期物业管理招标、参与投标竞争的物业管理企业。

投标人应当具有相应的物业管理企业资质和招标文件要求的其他条件。

第二十一条 投标人对招标文件有疑问需要澄清的，应当以书面形式向招标人提出。

第二十五条 投标人不得以他人名义投标或者以其他方式弄虚作假，骗取中标。

投标人不得相互串通投标，不得排挤其他投标人的公平竞争，不得损害招标人或者其他投标人的合法权益。

投标人不得与招标人串通投标，损害国家利益、社会公共利益或者他人的合法权益。

禁止投标人以向招标人或者评标委员会成员行贿等不正当手段谋取中标。

第三十八条 招标人和中标人应当自中标通知书发出之日起 30 日内，按照招标文件和中标人的投标文件订立书面合同；招标人和中标人不得再行订立背离合同实质性内容的其他协议。

第三十九条 招标人无正当理由不与中标人签订合同，给中标人造成损失的，招标人应当给予赔偿。

二、《物业承接查验办法》相关知识

1. 主要内容

《物业承接查验办法》的主要内容包括制定目的、物业承接查验的定义、物业承接查验的原则、物业承接查验指导监督的行政主体、物业承接查验的责任主体与实施主体、物业承接查验的条件、物业承接查验的依据、物业承接查验的程序、物业承接查验的内容和方法、物业承接查验的范围、现场查验内容与要求、查验发现问题的处理、物业承接查验协议、交接记录、物业承接查验费用承担主体、物业承接查验的备案、物业承接查验遗留问题的解决与保修责任、物业承接查验的法律责任、物业承接查验争议的解决等。

2. 主要条款

第二条 本办法所称物业承接查验，是指承接新建物业前，物业服务企业和建设单位按照国家有关规定和前期物业服务合同的约定，共同对物业共用部位、共用设施设备进行检查和验收的活动。

第三条 物业承接查验应当遵循诚实信用、客观公正、权责分明以及保护业主共有财产的原则。

第九条 建设单位应当按照国家有关规定和物业买卖合同的约定，移交权属明确、资料完整、质量合格、功能完备、配套齐全的物业。

第十条 建设单位应当在物业交付使用15日前，与选聘的物业服务企业完成物业共用部位、共用设施设备的承接查验工作。

第十一条 实施承接查验的物业，应当具备以下条件：

（一）建设工程竣工验收合格，取得规划、消防、环保等主管部门出具的认可或者准许使用文件，并经建设行政主管部门备案；

（二）供水、排水、供电、供气、供热、通信、公共照明、有线电视等市政公用设施设备按规划设计要求建成，供水、供电、供气、供热已安装独立计量表具；

（三）教育、邮政、医疗卫生、文化体育、环卫、社区服务等公共服务设施已按规划设计要求建成；

（四）道路、绿地和物业服务用房等公共配套设施按规划设计要求建成，并满足使用功能要求；

（五）电梯、二次供水、高压供电、消防设施、压力容器、电子监控系统等共用设施设备取得使用合格证书；

（六）物业使用、维护和管理的相关技术资料完整齐全；

（七）法律、法规规定的其他条件。

第十二条 实施物业承接查验，主要依据下列文件：

（一）物业买卖合同；

（二）临时管理规约；

（三）前期物业服务合同；

（四）物业规划设计方案；

（五）建设单位移交的图纸资料；

（六）建设工程质量法规、政策、标准和规范。

第十三条 物业承接查验按照下列程序进行：

（一）确定物业承接查验方案；

（二）移交有关图纸资料；

（三）查验共用部位、共用设施设备；

（四）解决查验发现的问题；

（五）确认现场查验结果；

（六）签订物业承接查验协议；

（七）办理物业交接手续。

第十四条 现场查验 20 日前，建设单位应当向物业服务企业移交下列资料：

（一）竣工总平面图，单体建筑、结构、设备竣工图，配套设施、地下管网工程竣工图等竣工验收资料；

（二）共用设施设备清单及其安装、使用和维护保养等技术资料；

（三）供水、供电、供气、供热、通信、有线电视等准许使用文件；

（四）物业质量保修文件和物业使用说明文件；

（五）承接查验所必需的其他资料。

未能全部移交前款所列资料的，建设单位应当列出未移交资料的详细清单并书面承诺补交的具体时限。

第十六条 物业服务企业应当对下列物业共用部位、共用设施设备进行现场检查和验收：

（一）共用部位：一般包括建筑物的基础、承重墙体、柱、梁、楼板、屋顶以及外墙、门厅、楼梯间、走廊、楼道、扶手、护栏、电梯井道、架空层及设备间等；

（二）共用设备：一般包括电梯、水泵、水箱、避雷设施、消防设备、楼道灯、电视天线、发电机、变配电设备、给排水管线、电线、供暖及空调设备等；

（三）共用设施：一般包括道路、绿地、人造景观、围墙、大门、信报箱、宣传栏、路灯、排水沟、渠、池、污水井、化粪池、垃圾容器、污水处理设施、机动车（非机动车）停车设施、休闲娱乐设施、消防设施、安防监控设施、人防设施、垃圾转运设施以及物业服务用房等。

第十九条 现场查验应当形成书面记录。查验记录应当包括查验时间、项目名称、查验范围、查验方法、存在问题、修复情况以及查验结论等内容，查验记录应当由建设单位和物业服务企业参加查验的人员签字确认。

第二十条 现场查验中，物业服务企业应当将物业共用部位、共用设施设备的数量和质量不符合约定或者规定的情形，书面通知建设单位，建设单位应当及时解决并组织物业服务企业复验。

第二十一条 建设单位应当委派专业人员参与现场查验，与物业服务企业共同确认现场查验的结果，签订物业承接查验协议。

第二十四条 建设单位应当在物业承接查验协议签订后 10 日内办理物业交接手续，向物业服务企业移交物业服务用房以及其他物业共用部位、共用设施设备。

第二十八条 物业承接查验费用的承担，由建设单位和物业服务企业在前期物业服务合同中约定。没有约定或者约定不明确的，由建设单位承担。

第二十九条 物业服务企业应当自物业交接后 30 日内，持下列文件向物业所在地的区、县（市）房地产行政主管部门办理备案手续：

（一）前期物业服务合同；

（二）临时管理规约；

（三）物业承接查验协议；

（四）建设单位移交资料清单；

（五）查验记录；

（六）交接记录；

（七）其他承接查验有关的文件。

第三十三条 物业交接后，发现隐蔽工程质量问题，影响房屋结构安全和正常使用的，建设单位应当负责修复；给业主造成经济损失的，建设单位应当依法承担赔偿责任。

第三十四条 自物业交接之日起，物业服务企业应当全面履行前期物业服务合同约定的、法律法规规定的以及行业规范确定的维修、养护和管理义务，承担因管理服务不当致使物业共用部位、共用设施设备毁损或者灭失的责任。

第三十五条 物业服务企业应当将承接查验有关的文件、资料和记录建立档案并妥善保管。

物业承接查验档案属于全体业主所有。前期物业服务合同终止，业主大会选聘新的物业服务企业的，原物业服务企业应当在前期物业服务合同终止之日起 10 日内，向业主委员会移交物业承接查验档案。

第三十九条 物业服务企业擅自承接未经查验的物业，因物业共用部位、共用设施设备缺陷给业主造成损害的，物业服务企业应当承担相应的赔偿责任。

第四十二条 建设单位、物业服务企业未按本办法履行承接查验义务的，由物业所在地房地产行政主管部门责令限期改正；逾期仍不改正的，作为不良经营行为记入企业信用档案，并予以通报。

第四十四条 物业承接查验中发生的争议，可以申请物业所在地房地产行政主管部门调解，也可以委托有关行业协会调解。

三、《房屋建筑工程质量保修办法》相关知识

1. 主要内容

《房屋建筑工程质量保修办法》的主要内容包括制定目的、适用范围、房屋建筑工程质量保修和质量缺陷的定义、施工单位保修义务、房屋建筑工程质量保修指导监督的行政主体、建设单位和施工单位工程质量保修书约定内容、房屋建筑工程最低保修期限、房屋建筑工程保修期计算、房屋建筑工程保修程序、房屋建筑工程质量缺陷责任、建设单位保修责任、保修不及时责任、商品房保修其他规定等。

2. 主要条款

第三条 本办法所称房屋建筑工程质量保修，是指对房屋建筑工程竣工验收后在保修期限内出现的质量缺陷，予以修复。

本办法所称质量缺陷，是指房屋建筑工程的质量不符合工程建设强制性标准以及合同的约定。

第四条 房屋建筑工程在保修范围和保修期限内出现质量缺陷，施工单位应当履行保修义务。

第六条 建设单位和施工单位应当在工程质量保修书中约定保修范围、保修期限和保修责任等，双方约定的保修范围、保修期限必须符合国家有关规定。

第八条 房屋建筑工程保修期从工程竣工验收合格之日起计算。

第十条 发生涉及结构安全的质量缺陷，建设单位或者房屋建筑所有人应当立即向当地建设行政主管部门报告，采取安全防范措施；由原设计单位或者具有相应资质等级的设计单位提出保修方案，施工单位实施保修，原工程质量监督机构负责监督。

第十一条 保修完成后，由建设单位或者房屋建筑所有人组织验收。涉及结构安全的，应当报当地建设行政主管部门备案。

第十二条 施工单位不按工程质量保修书约定保修的，建设单位可以另行委托其他单位保修，由原施工单位承担相应责任。

第十三条 保修费用由质量缺陷的责任方承担。

第十四条 在保修期限内，因房屋建筑工程质量缺陷造成房屋所有人、使用

人或者第三方人身、财产损害的，房屋所有人、使用人或者第三方可以向建设单位提出赔偿要求。建设单位向造成房屋建筑工程质量缺陷的责任方追偿。

第十五条 因保修不及时造成新的人身、财产损害，由造成拖延的责任方承担赔偿责任。

四、《物业服务收费管理办法》相关知识

1. 主要内容

《物业服务收费管理办法》的主要内容包括制定目的，物业服务收费的定义、原则、定价方式、收取形式，国家鼓励正当价格竞争，物业服务收费监督管理的行政主体、行政处罚依据，物业服务成本与物业服务费用构成，物业服务费用酬金制的实行要求，业主支付物业费义务、物业服务企业催要物业费权利，建设单位支付物业费的情形，供水、供电、供气、供热、通信、有线电视等单位收取有关费用与物业服务企业接受委托代收规范，利用共有部分经营收益的使用，特约服务收费等。

2. 主要条款

第二条 本办法所称物业服务收费，是指物业管理企业按照物业服务合同的约定，对房屋及配套的设施设备和相关场地进行维修、养护、管理，维护相关区域内的环境卫生和秩序，向业主所收取的费用。

第三条 国家提倡业主通过公开、公平、公正的市场竞争机制选择物业管理企业；鼓励物业管理企业开展正当的价格竞争，禁止价格欺诈，促进物业服务收费通过市场竞争形成。

第五条 物业服务收费应当遵循合理、公开以及费用与服务水平相适应的原则。

第七条 物业服务收费实行政府指导价的，有定价权限的人民政府价格主管部门应当会同房地产行政主管部门根据物业管理服务等级标准等因素，制定相应的基准价及其浮动幅度，并定期公布。具体收费标准由业主与物业管理企业根据规定的基准价和浮动幅度在物业服务合同中约定。

实行市场调节价的物业服务收费，由业主与物业管理企业在物业服务合同中约定。

第九条 业主与物业管理企业可以采取包干制或者酬金制等形式约定物业服

务费用。

包干制是指由业主向物业管理企业支付固定物业服务费用，盈余或者亏损均由物业管理企业享有或者承担的物业服务计费方式。

酬金制是指在预收的物业服务资金中按约定比例或者约定数额提取酬金支付给物业管理企业，其余全部用于物业服务合同约定的支出，结余或者不足均由业主享有或者承担的物业服务计费方式。

第十条 建设单位与物业买受人签订的买卖合同，应当约定物业管理服务内容、服务标准、收费标准、计费方式及计费起始时间等内容，涉及物业买受人共同利益的约定应当一致。

第十一条 实行物业服务费用包干制的，物业服务费用的构成包括物业服务成本、法定税费和物业管理企业的利润。

实行物业服务费用酬金制的，预收的物业服务资金包括物业服务支出和物业管理企业的酬金。

物业服务成本或者物业服务支出构成一般包括以下部分：

1. 管理服务人员的工资、社会保险和按规定提取的福利费等；
2. 物业共用部位、共用设施设备的日常运行、维护费用；
3. 物业管理区域清洁卫生费用；
4. 物业管理区域绿化养护费用；
5. 物业管理区域秩序维护费用；
6. 办公费用；
7. 物业管理企业固定资产折旧；
8. 物业共用部位、共用设施设备及公众责任保险费用；
9. 经业主同意的其他费用。

物业共用部位、共用设施设备的大修、中修和更新、改造费用，应当通过专项维修资金予以列支，不得计入物业服务支出或者物业服务成本。

第十五条 业主应当按照物业服务合同的约定按时足额交纳物业服务费用或者物业服务资金。业主违反物业服务合同约定逾期不交纳服务费用或者物业服务资金的，业主委员会应当督促其限期交纳；逾期仍不交纳的，物业管理企业可以依法追缴。

业主与物业使用人约定由物业使用人交纳物业服务费用或者物业服务资金的，

从其约定，业主负连带交纳责任。

物业发生产权转移时，业主或者物业使用人应当结清物业服务费用或者物业服务资金。

第十七条 物业管理区域内，供水、供电、供气、供热、通讯、有线电视等单位应当向最终用户收取有关费用。物业管理企业接受委托代收上述费用的，可向委托单位收取手续费，不得向业主收取手续费等额外费用。

第二十条 物业管理企业根据业主的委托提供物业服务合同约定以外的服务，服务收费由双方约定。

第二十一条 政府价格主管部门会同房地产行政主管部门，应当加强对物业管理企业的服务内容、标准和收费项目、标准的监督。物业管理企业违反价格法律、法规和规定，由政府价格主管部门依据《中华人民共和国价格法》和《价格违法行为行政处罚规定》予以处罚。

五、《住宅专项维修资金管理办法》相关知识

1. 主要内容

《住宅专项维修资金管理办法》共 6 章 44 条，各章依次为总则、交存、使用、监督管理、法律责任和附则。其主要内容包括制定目的、适用范围，住宅专项维修资金的定义、用途、适用范围、管理原则、所有权归属，住宅专项维修资金的交存、保管、使用以及使用禁止，监督管理和法律责任等。

2. 主要条款

第二条 商品住宅、售后公有住房住宅专项维修资金的交存、使用、管理和监督，适用本办法。

本办法所称住宅专项维修资金，是指专项用于住宅共用部位、共用设施设备保修期满后的维修和更新、改造的资金。

第四条 住宅专项维修资金管理实行专户存储、专款专用、所有权人决策、政府监督的原则。

第十八条 住宅专项维修资金应当专项用于住宅共用部位、共用设施设备保修期满后的维修和更新、改造，不得挪作他用。

第十九条 住宅专项维修资金的使用，应当遵循方便快捷、公开透明、受益人和负担人相一致的原则。

第二十条 住宅共用部位、共用设施设备的维修和更新、改造费用，按照下列规定分摊：

（一）商品住宅之间或者商品住宅与非住宅之间共用部位、共用设施设备的维修和更新、改造费用，由相关业主按照各自拥有物业建筑面积的比例分摊。

（二）售后公有住房之间共用部位、共用设施设备的维修和更新、改造费用，由相关业主和公有住房售房单位按照所交存住宅专项维修资金的比例分摊；其中，应由业主承担的，再由相关业主按照各自拥有物业建筑面积的比例分摊。

（三）售后公有住房与商品住宅或者非住宅之间共用部位、共用设施设备的维修和更新、改造费用，先按照建筑面积比例分摊到各相关物业。其中，售后公有住房应分摊的费用，再由相关业主和公有住房售房单位按照所交存住宅专项维修资金的比例分摊。

第二十一条 住宅共用部位、共用设施设备维修和更新、改造，涉及尚未售出的商品住宅、非住宅或者公有住房的，开发建设单位或者公有住房单位应当按照尚未售出商品住宅或者公有住房的建筑面积，分摊维修和更新、改造费用。

第二十二条 住宅专项维修资金划转业主大会管理前，需要使用住宅专项维修资金的，按照以下程序办理：

（一）物业服务企业根据维修和更新、改造项目提出使用建议；没有物业服务企业的，由相关业主提出使用建议；

（二）住宅专项维修资金列支范围内专有部分占建筑物总面积三分之二以上的业主且占总人数三分之二以上的业主讨论通过使用建议；

（三）物业服务企业或者相关业主组织实施使用方案；

（四）物业服务企业或者相关业主持有关材料，向所在地直辖市、市、县人民政府建设（房地产）主管部门申请列支；其中，动用公有住房住宅专项维修资金的，向负责管理公有住房住宅专项维修资金的部门申请列支；

（五）直辖市、市、县人民政府建设（房地产）主管部门或者负责管理公有住房住宅专项维修资金的部门审核同意后，向专户管理银行发出划转住宅专项维修资金的通知；

（六）专户管理银行将所需住宅专项维修资金划转至维修单位。

第二十三条 住宅专项维修资金划转业主大会管理后，需要使用住宅专项维修资金的，按照以下程序办理：

（一）物业服务企业提出使用方案，使用方案应当包括拟维修和更新、改造的项目、费用预算、列支范围、发生危及房屋安全等紧急情况以及其他需临时使用住宅专项维修资金的情况的处置办法等；

（二）业主大会依法通过使用方案；

（三）物业服务企业组织实施使用方案；

（四）物业服务企业持有关材料向业主委员会提出列支住宅专项维修资金；其中，动用公有住房住宅专项维修资金的，向负责管理公有住房住宅专项维修资金的部门申请列支；

（五）业主委员会依据使用方案审核同意，并报直辖市、市、县人民政府建设（房地产）主管部门备案；动用公有住房住宅专项维修资金的，经负责管理公有住房住宅专项维修资金的部门审核同意；直辖市、市、县人民政府建设（房地产）主管部门或者负责管理公有住房住宅专项维修资金的部门发现不符合有关法律、法规、规章和使用方案的，应当责令改正；

（六）业主委员会、负责管理公有住房住宅专项维修资金的部门向专户管理银行发出划转住宅专项维修资金的通知；

（七）专户管理银行将所需住宅专项维修资金划转至维修单位。

第二十四条 发生危及房屋安全等紧急情况，需要立即对住宅共用部位、共用设施设备进行维修和更新、改造的，按照以下规定列支住宅专项维修资金：

（一）住宅专项维修资金划转业主大会管理前，按照本办法第二十二条第四项、第五项、第六项的规定办理；

（二）住宅专项维修资金划转业主大会管理后，按照本办法第二十三条第四项、第五项、第六项和第七项的规定办理。

发生前款情况后，未按规定实施维修和更新、改造的，直辖市、市、县人民政府建设（房地产）主管部门可以组织代修，维修费用从相关业主住宅专项维修资金分户账中列支；其中，涉及已售公有住房的，还应当从公有住房住宅专项维修资金中列支。

第二十五条 下列费用不得从住宅专项维修资金中列支：

（一）依法应当由建设单位或者施工单位承担的住宅共用部位、共用设施设备维修、更新和改造费用；

（二）依法应当由相关单位承担的供水、供电、供气、供热、通讯、有线电视

等管线和设施设备的维修、养护费用;

(三)应当由当事人承担的因人为损坏住宅共用部位、共用设施设备所需的修复费用;

(四)根据物业服务合同约定,应当由物业服务企业承担的住宅共用部位、共用设施设备的维修和养护费用。

六、《业主大会和业主委员会指导规则》相关知识

1. 主要内容

《业主大会和业主委员会指导规则》共5章64条,各章依次为总则、业主大会、业主委员会、指导和监督、附则。其主要内容包括制定目的,业主大会和业主委员会组织、机构的性质,业主大会、业主委员会决定的效力,业主大会和业主委员会处理侵权业主,基层政府对业主大会的指导监督、行政处罚,成立业主大会的条件、程序以及业主大会的职责,业主大会会议的类型、表决规则、表决有效性规定,管理规约、业主大会议事规则的内容,业主委员会的组成、任期、职责、换届要求,业主委员会委员任职条件、资格终止条件,业主委员会会议有效性规定等。

2. 主要条款

第四条 业主大会或者业主委员会的决定,对业主具有约束力。

业主大会和业主委员会应当依法履行职责,不得作出与物业管理无关的决定,不得从事与物业管理无关的活动。

第五条 业主大会和业主委员会,对业主损害他人合法权益和业主共同利益的行为,有权依照法律、法规以及管理规约,要求停止侵害、消除危险、排除妨害、赔偿损失。

第十条 首次业主大会会议筹备组由业主代表、建设单位代表、街道办事处、乡镇人民政府代表和居民委员会代表组成。筹备组成员人数应为单数,其中业主代表人数不低于筹备组总人数的一半,筹备组组长由街道办事处、乡镇人民政府代表担任。

第二十条 业主拒付物业服务费,不缴存专项维修资金以及实施其他损害业主共同权益行为的,业主大会可以在管理规约和业主大会议事规则中对其共同管理权的行使予以限制。

第三十五条 业主委员会履行以下职责：

（一）执行业主大会的决定和决议；

（二）召集业主大会会议，报告物业管理实施情况；

（三）与业主大会选聘的物业服务企业签订物业服务合同；

（四）及时了解业主、物业使用人的意见和建议，监督和协助物业服务企业履行物业服务合同；

（五）监督管理规约的实施；

（六）督促业主交纳物业服务费及其他相关费用；

（七）组织和监督专项维修资金的筹集和使用；

（八）调解业主之间因物业使用、维护和管理产生的纠纷；

（九）业主大会赋予的其他职责。

第三十六条 业主委员会应当向业主公布下列情况和资料：

（一）管理规约、业主大会议事规则；

（二）业主大会和业主委员会的决定；

（三）物业服务合同；

（四）专项维修资金的筹集、使用情况；

（五）物业共有部分的使用和收益情况；

（六）占用业主共有的道路或者其他场地用于停放汽车车位的处分情况；

（七）业主大会和业主委员会工作经费的收支情况；

（八）其他应当向业主公开的情况和资料。

第五十八条 因客观原因未能选举产生业主委员会或者业主委员会委员人数不足总数的二分之一的，新一届业主委员会产生之前，可以由物业所在地的居民委员会在街道办事处、乡镇人民政府的指导和监督下，代行业主委员会的职责。

第五十九条 业主大会、业主委员会作出的决定违反法律法规的，物业所在地的区、县房地产行政主管部门和街道办事处、乡镇人民政府应当责令限期改正或者撤销其决定，并通告全体业主。

第六十一条 物业管理区域内，可以召开物业管理联席会议。物业管理联席会议由街道办事处、乡镇人民政府负责召集，由区、县房地产行政主管部门、公安派出所、居民委员会、业主委员会和物业服务企业等方面的代表参加，共同协调解决物业管理中遇到的问题。

七、《住宅室内装饰装修管理办法》相关知识

1. 主要内容

《住宅室内装饰装修管理办法》共 8 章 48 条，各章依次为总则、一般规定、开工申报与监督、委托与承接、室内环境质量、竣工验收与保修、法律责任、附则。其主要内容包括制定目的、适用范围，住宅室内装饰装修定义、应用标准，监督管理行政主体，住宅室内装饰装修禁止行为、限制行为、变动设计标准的手续，施工质量与施工安全，开工申报手续、告知注意事项、住宅室内装饰装修管理服务协议以及监督管理内容，装饰装修企业资质要求、住宅室内装饰装修合同内容、纠纷调处，室内环境质量要求，住宅室内装饰装修竣工验收、保修责任，违反本办法的法律责任，非住宅装饰装修活动、住宅竣工验收合格前装饰装修工程管理等。

2. 主要条款

第二条 在城市从事住宅室内装饰装修活动，实施对住宅室内装饰装修活动的监督管理，应当遵守本办法。

本办法所称住宅室内装饰装修，是指住宅竣工验收合格后，业主或者住宅使用人（以下简称装修人）对住宅室内进行装饰装修的建筑活动。

第五条 住宅室内装饰装修活动，禁止下列行为：

（一）未经原设计单位或者具有相应资质等级的设计单位提出设计方案，变动建筑主体和承重结构；

（二）将没有防水要求的房间或者阳台改为卫生间、厨房间；

（三）扩大承重墙上原有的门窗尺寸，拆除连接阳台的砖、混凝土墙体；

（四）损坏房屋原有节能设施，降低节能效果；

（五）其他影响建筑结构和使用安全的行为。

本办法所称建筑主体，是指建筑实体的结构构造，包括屋盖、楼盖、梁、柱、支撑、墙体、连接接点和基础等。

本办法所称承重结构，是指直接将本身自重与各种外加作用力系统地传递给基础地基的主要结构构件和其连接接点，包括承重墙体、立杆、柱、框架柱、支墩、楼板、梁、屋架、悬索等。

第六条 装修人从事住宅室内装饰装修活动，未经批准，不得有下列行为：

（一）搭建建筑物、构筑物；

（二）改变住宅外立面，在非承重外墙上开门、窗；

（三）拆改供暖管道和设施；

（四）拆改燃气管道和设施。

本条所列第（一）项、第（二）项行为，应当经城市规划行政主管部门批准；第（三）项行为，应当经供暖管理单位批准；第（四）项行为应当经燃气管理单位批准。

第七条 住宅室内装饰装修超过设计标准或者规范增加楼面荷载的，应当经原设计单位或者具有相应资质等级的设计单位提出设计方案。

第八条 改动卫生间、厨房间防水层的，应当按照防水标准制订施工方案，并做闭水试验。

第九条 装修人经原设计单位或者具有相应资质等级的设计单位提出设计方案变动建筑主体和承重结构的，或者装修活动涉及本办法第六条、第七条、第八条内容的，必须委托具有相应资质的装饰装修企业承担。

第十条 装饰装修企业必须按照工程建设强制性标准和其他技术标准施工，不得偷工减料，确保装饰装修工程质量。

第十一条 装饰装修企业从事住宅室内装饰装修活动，应当遵守施工安全操作规程，按照规定采取必要的安全防护和消防措施，不得擅自动用明火和进行焊接作业，保证作业人员和周围住房及财产的安全。

第十二条 装修人和装饰装修企业从事住宅室内装饰装修活动，不得侵占公共空间，不得损害公共部位和设施。

第十三条 装修人在住宅室内装饰装修工程开工前，应当向物业管理企业或者房屋管理机构（以下简称物业管理单位）申报登记。

非业主的住宅使用人对住宅室内进行装饰装修，应当取得业主的书面同意。

第十五条 物业管理单位应当将住宅室内装饰装修工程的禁止行为和注意事项告知装修人和装修人委托的装饰装修企业。

装修人对住宅进行装饰装修前，应当告知邻里。

第十六条 装修人，或者装修人和装饰装修企业，应当与物业管理单位签订住宅室内装饰装修管理服务协议。

住宅室内装饰装修管理服务协议应当包括下列内容：

（一）装饰装修工程的实施内容；

（二）装饰装修工程的实施期限；

（三）允许施工的时间；

（四）废弃物的清运与处置；

（五）住宅外立面设施及防盗窗的安装要求；

（六）禁止行为和注意事项；

（七）管理服务费用；

（八）违约责任；

（九）其他需要约定的事项。

第十七条 物业管理单位应当按照住宅室内装饰装修管理服务协议实施管理，发现装修人或者装饰装修企业有本办法第五条行为的，或者未经有关部门批准实施本办法第六条所列行为的，或者有违反本办法第七条、第八条、第九条规定行为的，应当立即制止；已造成事实后果或者拒不改正的，应当及时报告有关部门依法处理。对装修人或者装饰装修企业违反住宅室内装饰装修管理服务协议的，追究违约责任。

第十九条 禁止物业管理单位向装修人指派装饰装修企业或者强行推销装饰装修材料。

第二十条 装修人不得拒绝和阻碍物业管理单位依据住宅室内装饰装修管理服务协议的约定，对住宅室内装饰装修活动的监督检查。

第三十条 住宅室内装饰装修工程竣工后，装修人应当按照工程设计合同约定和相应的质量标准进行验收。验收合格后，装饰装修企业应当出具住宅室内装饰装修质量保修书。

物业管理单位应当按照装饰装修管理服务协议进行现场检查，对违反法律、法规和装饰装修管理服务协议的，应当要求装修人和装饰装修企业纠正，并将检查记录存档。

第四十二条 物业管理单位发现装修人或者装饰装修企业有违反本办法规定的行为不及时向有关部门报告的，由房地产行政主管部门给予警告，可处装饰装修管理服务协议约定的装饰装修管理服务费2至3倍的罚款。

八、《城市危险房屋管理规定》相关知识

1. 主要内容

《城市危险房屋管理规定》共5章29条，各章依次为总则、鉴定、治理、法

律责任、附则。其主要内容包括制定目的、适用范围，行政管理主体，鉴定机构、申请与鉴定程序、鉴定要求、鉴定费收取、鉴定依据，危险房屋的分类处理，房屋安全检查，危险房屋的解危、解危费用、手续，异产毗连危险房屋的各所有人的责任，具体情形的法律责任等。

2. 主要条款

第二条 本规定适用于城市（指直辖市、市、建制镇，下同）内各种所有制的房屋。

本规定所称危险房屋，系指结构已严重损坏或承重构件已属危险构件，随时有可能丧失结构稳定和承载能力，不能保证居住和使用安全的房屋。

第四条 房屋所有人和使用人，应当爱护和正确使用房屋。

第七条 房屋所有人或使用人向当地鉴定机构提供鉴定申请时，必须持有证明其具备相关民事权利的合法证件。

鉴定机构接到鉴定申请后，应及时进行鉴定。

第八条 鉴定机构进行房屋安全鉴定应按下列程序进行：

（一）受理申请；

（二）初始调查，摸清房屋的历史和现状；

（三）现场查勘、测试、记录各种损坏数据和状况；

（四）检测验算，整理技术资料；

（五）全面分析，论证定性，作出综合判断，提出处理建议；

（六）签发鉴定文书。

第九条 对被鉴定为危险房屋的，一般可分为以下四类进行处理：

（一）观察使用。适用于采取适当安全技术措施后，尚能短期使用，但需继续观察的房屋。

（二）处理使用。适用于采取适当技术措施后，可解除危险的房屋。

（三）停止使用。适用于已无修缮价值，暂时不便拆除，又不危及相邻建筑和影响他人安全的房屋。

（四）整体拆除。适用于整幢危险且无修缮价值，需立即拆除的房屋。

第十五条 房屋所有人应定期对其房屋进行安全检查。在暴风、雨雪季节，房屋所有人应做好排险解危的各项准备；市、县人民政府房地产行政主管部门要加强监督检查，并在当地政府统一领导下，做好抢险救灾工作。

第十六条　房屋所有人对危险房屋能解危的，要及时解危；解危暂时有困难的，应采取安全措施。

第十七条　房屋所有人对经鉴定的危险房屋，必须按照鉴定机构的处理建议，及时加固或修缮治理；如房屋所有人拒不按照处理建议修缮治理，或使用人有阻碍行为的，房地产行政主管部门有权指定有关部门代修，或采取其它强制措施。发生的费用由责任人承担。

第二十一条　异产毗连危险房屋的各所有人，应按照国家对异产毗连房屋的有关规定，共同履行治理责任。拒不承担责任的，由房屋所在地房地产行政主管部门调处；当事人不服的，可向当地人民法院起诉。

第二十三条　因下列原因造成事故的，使用人、行为人应承担民事责任：

（一）使用人擅自改变房屋结构、构件、设备或使用性质；

（二）使用人阻碍房屋所有人对危险房屋采取解危措施；

（三）行为人由于施工、堆物、碰撞等行为危及房屋。

九、《高层民用建筑消防安全管理规定》相关知识

1. 主要内容

《高层民用建筑消防安全管理规定》共6章51条，各章依次为总则、消防安全职责、消防安全管理、消防宣传教育和灭火疏散预案、法律责任、附则。其主要内容包括制定目的、适用范围，消防安全管理方针和安全责任制，消防安全责任主体、业主单位和使用单位消防安全职责、消防安全管理人及职责、业主和使用人消防安全义务、物业服务企业消防安全职责，消防救援机构和其他负责消防监督检查机构的消防监督检查，村民委员会、居民委员会的消防安全职责，专业运营单位消防安全职责，建设单位与施工单位施工现场消防安全责任，明火作业消防安全管理，电器设备、燃气用具的安装使用，建筑外墙外保温系统消防安全管理，建筑配套管井、户外广告牌、外装饰和外墙的防火要求，消防车通道、消防车登高操作场地消防安全管理，附属库房、设备用房的消防安全管理，消防控制室与配置人员的要求，专职消防队、志愿消防队建设，疏散通道、安全出口、防火门、消火栓、消防器材以及标识的消防安全管理，消防技术服务机构或者消防设施施工安装企业对消防设施的维护保养和检测，消防设施的维修、更新、改造的费用，防火巡查频次、内容、记录的要求，防火检查频次、内容、记录的要

求,电动自行车及充电的管理,鼓励应用物联网和智能化技术手段进行监控和预警,消防安全评估、火灾公众责任保险,消防宣传教育、疏散演练的要求,安全疏散示意图、灭火和应急疏散预案以及全要素综合演练,火灾报警、火灾现场保护,违反本规定的法律责任,高层住宅建筑、高层公共建筑等术语的含义等。

2. 主要条款

第十条 接受委托的高层住宅建筑的物业服务企业应当依法履行下列消防安全职责:

(一)落实消防安全责任,制定消防安全制度,拟订年度消防安全工作计划和组织保障方案;

(二)明确具体部门或者人员负责消防安全管理工作;

(三)对管理区域内的共用消防设施、器材和消防标志定期进行检测、维护保养,确保完好有效;

(四)组织开展防火巡查、检查,及时消除火灾隐患;

(五)保障疏散通道、安全出口、消防车通道畅通,对占用、堵塞、封闭疏散通道、安全出口、消防车通道等违规行为予以制止;制止无效的,及时报告消防救援机构等有关行政管理部门依法处理;

(六)督促业主、使用人履行消防安全义务;

(七)定期向所在住宅小区业主委员会和业主、使用人通报消防安全情况,提示消防安全风险;

(八)组织开展经常性的消防宣传教育;

(九)制定灭火和应急疏散预案,并定期组织演练;

(十)法律、法规规定和合同约定的其他消防安全职责。

第十四条 高层民用建筑施工期间,建设单位应当与施工单位明确施工现场的消防安全责任。施工期间应当严格落实现场防范措施,配置消防器材,指定专人监护,采取防火分隔措施,不得影响其他区域的人员安全疏散和建筑消防设施的正常使用。

高层民用建筑的业主、使用人不得擅自变更建筑使用功能、改变防火防烟分区,不得违反消防技术标准使用易燃、可燃装修装饰材料。

第十五条 高层民用建筑的业主、使用人或者物业服务企业、统一管理人应当对动用明火作业实行严格的消防安全管理,不得在具有火灾、爆炸危险的场所使用明火；因施工等特殊情况需要进行电焊、气焊等明火作业的，应当按照规定办理动火审批手续，落实现场监护人，配备消防器材，并在建筑主入口和作业现场显著位置公告。作业人员应当依法持证上岗，严格遵守消防安全规定，清除周围及下方的易燃、可燃物，采取防火隔离措施。作业完毕后，应当进行全面检查，消除遗留火种。

高层公共建筑内的商场、公共娱乐场所不得在营业期间动火施工。

高层公共建筑内应当确定禁火禁烟区域，并设置明显标志。

第二十条 高层民用建筑的电缆井、管道井等竖向管井和电缆桥架应当在每层楼板处进行防火封堵，管井检查门应当采用防火门。

禁止占用电缆井、管道井，或者在电缆井、管道井等竖向管井堆放杂物。

第二十一条 高层民用建筑的户外广告牌、外装饰不得采用易燃、可燃材料，不得妨碍防烟排烟、逃生和灭火救援，不得改变或者破坏建筑立面防火结构。

禁止在高层民用建筑外窗设置影响逃生和灭火救援的障碍物。

建筑高度超过50米的高层民用建筑外墙上设置的装饰、广告牌应当采用不燃材料并易于破拆。

第二十二条 禁止在消防车通道、消防车登高操作场地设置构筑物、停车泊位、固定隔离桩等障碍物。

禁止在消防车通道上方、登高操作面设置妨碍消防车作业的架空管线、广告牌、装饰物等障碍物。

第二十五条 高层民用建筑内的锅炉房、变配电室、空调机房、自备发电机房、储油间、消防水泵房、消防水箱间、防排烟风机房等设备用房应当按照消防技术标准设置，确定为消防安全重点部位，设置明显的防火标志，实行严格管理，并不得占用和堆放杂物。

第二十六条 高层民用建筑消防控制室应当由其管理单位实行24小时值班制度，每班不应少于2名值班人员。

消防控制室值班操作人员应当依法取得相应等级的消防行业特有工种职业资格证书，熟练掌握火警处置程序和要求，按照有关规定检查自动消防设施、联动控制设备运行情况，确保其处于正常工作状态。

消防控制室内应当保存高层民用建筑总平面布局图、平面布置图和消防设施系统图及控制逻辑关系说明、建筑消防设施维修保养记录和检测报告等资料。

第二十七条 高层公共建筑内有关单位、高层住宅建筑所在社区居民委员会或者物业服务企业按照规定建立的专职消防队、志愿消防队（微型消防站）等消防组织，应当配备必要的人员、场所和器材、装备，定期进行消防技能培训和演练，开展防火巡查、消防宣传，及时处置、扑救初起火灾。

第二十八条 高层民用建筑的疏散通道、安全出口应当保持畅通，禁止堆放物品、锁闭出口、设置障碍物。平时需要控制人员出入或者设有门禁系统的疏散门，应当保证发生火灾时易于开启，并在现场显著位置设置醒目的提示和使用标识。

高层民用建筑的常闭式防火门应当保持常闭，闭门器、顺序器等部件应当完好有效；常开式防火门应当保证发生火灾时自动关闭并反馈信号。

禁止圈占、遮挡消火栓，禁止在消火栓箱内堆放杂物，禁止在防火卷帘下堆放物品。

第二十九条 高层民用建筑内应当在显著位置设置标识，指示避难层（间）的位置。

禁止占用高层民用建筑避难层（间）和避难走道或者堆放杂物，禁止锁闭避难层（间）和避难走道出入口。

第三十一条 高层民用建筑的消防车通道、消防车登高操作场地、灭火救援窗、灭火救援破拆口、消防车取水口、室外消火栓、消防水泵接合器、常闭式防火门等应当设置明显的提示性、警示性标识。消防车通道、消防车登高操作场地、防火卷帘下方还应当在地面标识出禁止占用的区域范围。消火栓箱、灭火器箱上应当张贴使用方法的标识。

高层民用建筑的消防设施配电柜电源开关、消防设备用房内管道阀门等应当标识开、关状态；对需要保持常开或者常闭状态的阀门，应当采取铅封等限位措施。

第三十四条 高层民用建筑应当进行每日防火巡查，并填写巡查记录。其中，高层公共建筑内公众聚集场所在营业期间应当至少每2小时进行一次防火巡查，医院、养老院、寄宿制学校、幼儿园应当进行白天和夜间防火巡查，高层住宅建筑和高层公共建筑内的其他场所可以结合实际确定防火巡查的频次。

防火巡查应当包括下列内容：

（一）用火、用电、用气有无违章情况；

（二）安全出口、疏散通道、消防车通道畅通情况；

（三）消防设施、器材完好情况，常闭式防火门关闭情况；

（四）消防安全重点部位人员在岗在位等情况。

第三十五条 高层住宅建筑应当每月至少开展一次防火检查，高层公共建筑应当每半个月至少开展一次防火检查，并填写检查记录。

防火检查应当包括下列内容：

（一）安全出口和疏散设施情况；

（二）消防车通道、消防车登高操作场地和消防水源情况；

（三）灭火器材配置及有效情况；

（四）用火、用电、用气和危险品管理制度落实情况；

（五）消防控制室值班和消防设施运行情况；

（六）人员教育培训情况；

（七）重点部位管理情况；

（八）火灾隐患整改以及防范措施的落实等情况。

第三十七条 禁止在高层民用建筑公共门厅、疏散走道、楼梯间、安全出口停放电动自行车或者为电动自行车充电。

鼓励在高层住宅小区内设置电动自行车集中存放和充电的场所。电动自行车存放、充电场所应当独立设置，并与高层民用建筑保持安全距离；确需设置在高层民用建筑内的，应当与该建筑的其他部分进行防火分隔。

电动自行车存放、充电场所应当配备必要的消防器材，充电设施应当具备充满自动断电功能。

第四十二条 高层民用建筑应当在每层的显著位置张贴安全疏散示意图，公共区域电子显示屏应当播放消防安全提示和消防安全知识。

高层公共建筑除遵守本条第一款规定外，还应当在首层显著位置提示公众注意火灾危险，以及安全出口、疏散通道和灭火器材的位置。

高层住宅小区除遵守本条第一款规定外，还应当在显著位置设置消防安全宣传栏，在高层住宅建筑单元入口处提示安全用火、用电、用气，以及电动自行车存放、充电等消防安全常识。

第四十五条 高层公共建筑内的人员密集场所应当按照楼层、区域确定疏散引导员，负责在火灾发生时组织、引导在场人员安全疏散。

培训项目 4 物业管理相关技术标准知识

技术标准是对标准化领域中需要协调统一的技术事项制定的标准。

技术标准主要规定事物的技术性内容，是标准体系的主体，主要包括基础标准，产品标准，设计标准，工艺标准，检验和试验标准，信息标识、包装、搬运、储存、安装、交付、维修、服务标准，设备和工艺装备标准，基础设施和能源标准，医药卫生和职业健康标准，安全标准，环境标准。

技术标准，按法律的约束性分为强制性标准、推荐性标准和标准化指导性技术文件。强制性国家标准的代号为"GB"，推荐性国家标准的代号为"GB/T"。

目前，在物业管理活动中应用性较强的技术标准有《民用建筑设计统一标准》（GB 50352—2019）、《民用建筑通用规范》（GB 55031—2022）、《消防设施通用规范》（GB 55036—2022）、《生活饮用水卫生标准》（GB 5749—2022）、《生活垃圾分类标志》（GB/T 19095—2019）、《中国建筑防水修缮造价定额标准》（T/CCSW 1001—2020）、《建筑工程施工质量验收统一标准》（GB 50300—2013）、《建筑装饰装修工程质量验收标准》（GB 50210—2018）、《建筑内部装修设计防火规范》（GB 50222—2017）、《建筑电气工程施工质量验收规范》（GB 50303—2015）、《电梯工程施工质量验收规范》（GB 50310—2002）、《通风与空调工程施工质量验收规范》（GB 50243—2016）、《建筑给水排水及采暖工程施工质量验收规范》（GB 50242—2002）、《火灾自动报警系统施工及验收标准》（GB 50166—2019）、《自动喷水灭火系统施工及验收规范》（GB 50261—2017）、《建筑灭火器配置验收及检查规范》（GB 50444—2008）、《智能建筑工程质量验收规范》（GB 50339—2013）、《园林绿化工程项目规范》（GB 55014—2021）、《房屋渗漏修缮技术规程》（JGJ/T 53—2011）、《建筑外墙外保温系统修缮标准》（JGJ 376—2015）。

一、《民用建筑通用规范》(GB 55031—2022)相关知识

《民用建筑通用规范》(GB 55031—2022)共6个部分,分别为:总则;基本规定,包括功能要求、性能与措施;建筑面积与高度,包括建筑面积、建筑高度;建筑室外场地,包括环境与场地、建筑控制、基地道路、场地铺装与水体、构筑物与设施;建筑通用空间,包括出入口、台阶与人行坡道、楼梯与走廊、电梯与自动扶梯及自动人行道、公共厨房、公共厕所(卫生间)、母婴室、设备用房、地下室与半地下室;建筑部件与构造,包括屋面、内墙与外墙、楼面与地面、顶棚与吊顶、门窗、栏杆与栏板、管道井与烟道及通风道、变形缝。

本规范为强制性工程建设规范,全部条文必须严格执行。现行工程建设标准中有关规定与本规范不一致的,以本规范的规定为准。

民用建筑的建设和使用维护应遵循以下原则:按照可持续发展的原则,正确处理人、建筑与环境的相互关系,营建与使用功能匹配的合理空间;贯彻节能、节地、节水、节材、保护环境的政策要求;与所处环境协调,体现时代特色、地域文化。

民用建筑建设应遵循安全、卫生、健康、舒适的原则,为人们的生活、工作、交流等社会活动提供合理的使用空间,使用空间应满足人体工学的基本尺度要求。民用建筑选址应满足安全要求。居住建筑应保障居住者生活安全及私密性,并应满足采光、通风和隔声等方面的要求;教育、办公科研、商业服务、公众活动、交通、医疗及社会民生服务等公共建筑除应满足各类活动所需空间及使用需求外,还应满足交通、人员集散的要求。民用建筑应设置相应的安全及导向标识系统。

民用建筑应综合采取防火、抗震、防洪、防空、抗风雪及防雷击等防灾安全措施。民用建筑的结构应满足相应的设计工作年限要求。民用建筑应满足无障碍要求,且具有无障碍性能的设施设置应系统连贯。室外装修不应影响建筑物结构的安全性,且应选择安全环保型装修材料;装修材料、装饰面层或构配件与主体结构的连接应安全牢固;建筑物外墙装饰面层、构件、门窗等材料及构造应安全可靠,在设计工作年限内应满足功能和性能要求,使用期间应定期维护,防止坠落。装配式建筑应采用集成化、模块化、标准化及通用化的预制部品、部件。民用建筑的室外公共场地、建筑空间、建筑部件及公共设备设施应定期进行日常保养、维修和监管。

二、《消防设施通用规范》（GB 55036—2022）相关知识

《消防设施通用规范》（GB 55036—2022）共12个部分，分别为：总则；基本规定；消防给水与消火栓系统；自动喷水灭火系统；泡沫灭火系统；水喷雾、细水雾灭火系统；固定消防炮、自动跟踪定位射流灭火系统；气体灭火系统；干粉灭火系统；灭火器；防烟与排烟系统；火灾自动报警系统。

本规范为强制性工程建设规范，全部条文必须严格执行。现行工程建设标准中有关规定与本规范不一致的，以本规范的规定为准。

《消防设施通用规范》（GB 55036—2022）主要规定了新建、扩建和改建等建设工程中消防给水与消火栓系统、自动喷水灭火系统、泡沫灭火系统、水喷雾灭火系统、细水雾灭火系统、固定消防炮、自动跟踪定位射流灭火系统、气体灭火系统、干粉灭火系统、灭火器、防烟与排烟系统，以及火灾自动报警系统的设计、施工、验收、使用和维护的功能、性能要求及技术措施。

用于控火、灭火的消防设施，应能有效地控制或扑救建（构）筑物的火灾；用于防护冷却或防火分隔的消防设施，应能在规定时间内阻止火灾蔓延。消防给水与灭火设施应具有在火灾时可靠动作，并按照设定要求持续运行的性能；与火灾自动报警系统联动的灭火设施，其火灾探测与联动控制系统应能联动灭火设施及时启动。消防给水与灭火设施的性能和防护措施应与防护对象、防护目的及应用环境条件相适应，满足消防给水与灭火设施稳定和可靠运行的要求。消防给水与灭火设施中位于爆炸危险性环境的供水管道及其他灭火介质输送管道和组件，应采取静电防护措施。消防设施的施工现场应满足施工的要求；消防设施的安装过程应进行质量控制，每道工序结束后应进行质量检查；隐蔽工程在隐蔽前应进行验收，其他工程在施工完成后，应对其安装质量、系统与设备的功能进行检查、测试。消防给水与灭火设施中的供水管道及其他灭火剂输送管道，在安装后应进行强度试验、严密性试验和冲洗。消防设施的安装工程应进行工程质量和消防设施功能验收，验收结果应有明确的合格与不合格的结论。消防设施施工、验收过程应有相应的记录，并应存档。消防设施投入使用后，应定期进行巡查、检查和维护，并应保证其处于正常运行或工作状态，不应擅自关停、拆改或移动；超过有效期的灭火介质、消防设施或经检验不符合继续使用要求的管道、组件和压力容器不应使用。消防设施上或附近应设置区别于环境的明显标识，说明文字应准

确、清楚且易于识别，颜色、符号或标志应规范；手动操作按钮等装置处应采取防止误操作或被损坏的防护措施。

三、《生活饮用水卫生标准》（GB 5749—2022）相关知识

《生活饮用水卫生标准》（GB 5749—2022）共9个部分，分别为：范围；规范性引用文件；术语和定义，包括生活饮用水、集中式供水、小型集中式供水、分散式供水、出厂水、末梢水、常规指标、扩展指标；生活饮用水水质要求；生活饮用水水源水质要求；集中式供水单位卫生要求；二次供水卫生要求；涉及饮用水卫生安全的产品卫生要求；水质检验方法。

《生活饮用水卫生标准》（GB 5749—2022）明确生活饮用水水质应符合下列基本要求，以保证用户饮用安全：生活饮用水中不应含有病原微生物；生活饮用水中化学物质不应危害人体健康；生活饮用水中放射性物质不应危害人体健康；生活饮用水的感官性状良好；生活饮用水应经消毒处理。

《生活饮用水卫生标准》（GB 5749—2022）对集中式供水单位的卫生要求是，应符合《生活饮用水集中式供水单位卫生规范》规定；对二次供水的设施和处理要求是，应符合《二次供水设施卫生规范规定》（GB 17051—1997）。

四、《生活垃圾分类标志》（GB/T 19095—2019）相关知识

《生活垃圾分类标志》（GB/T 19095—2019）共8个部分，分别为：范围；规范性引用文件；生活垃圾分类标志类别构成；生活垃圾分类标志大类用图形符号；生活垃圾分类标志大类标志的设计，包括标志版面、标志尺寸、标志配色；生活垃圾分类标志小类用图形符号；生活垃圾分类标志小类标志的设计，包括标志版面、标志尺寸、标志配色；生活垃圾分类标志的设置，包括总体要求、位置要求、规格要求、安装要求、材料及维护。

生活垃圾分类标志由4个大类标志和11个小类标志组成，相对应地就是将生活垃圾类别分为4个大类和11个小类：可回收物，包括纸类、塑料、金属、玻璃、织物；有害垃圾，包括灯管、家用化学品、电池；厨余垃圾，包括家庭厨余垃圾、餐厨垃圾、其他厨余垃圾；其他垃圾。